U0143212

耕地多功能供需协同与价值提升机制

胡伟艳　李世香　张丝雨　著

科学出版社

北京

内 容 简 介

本书构建了耕地多功能"供需错位—权衡与协同关系—供给侧效应—需求侧效应—价值提升机制"的分析框架,梳理了耕地多功能的研究进展、概念分类与测度方法,揭示了耕地多功能供需错位的时空规律、主体关系、权衡与协同关系,从供给侧探讨了耕地多功能与农业经济增长、农业绿色增长的关系,从需求侧评估了耕地多功能的福利效应与价值评估,提出了分区规划机制、主体合作机制与政策整合机制等价值提升机制。本书融合微观尺度和宏观尺度展开研究,是耕地多功能系列研究成果,可为研究区乃至全国耕地保护以及农业和农村的可持续发展提供参考价值。

本书适合从事耕地多功能与耕地保护的研究人员与实践工作者阅读,可供土地管理、人文地理、空间规划等专业高年级本科生和研究生学习参考。

图书在版编目(CIP)数据

耕地多功能供需协同与价值提升机制 / 胡伟艳,李世香,张丝雨著.
北京 : 科学出版社,2024. 7.
　　ISBN 978-7-03-078774-3

Ⅰ. F301.21

中国国家版本馆 CIP 数据核字第 2024UX7458 号

责任编辑:陶　璇 / 责任校对:贾娜娜
责任印制:张　伟 / 封面设计:有道文化

科学出版社出版
北京东黄城根北街 16 号
邮政编码:100717
http://www.sciencep.com

北京科印技术咨询服务有限公司数码印刷分部印刷
科学出版社发行　各地新华书店经销
*
2024 年 7 月第 一 版　　开本:720×1000　1/16
2024 年 7 月第一次印刷　　印张:13 3/4
字数:278 000
定价:148.00 元
(如有印装质量问题,我社负责调换)

序

耕地是人类赖以生存和发展的关键性资源，具有多功能特性。20 世纪以来，单一功能生产性农业对土壤质量、农村活力以及粮食安全和生态环境造成了巨大影响，农业多功能性得到了联合国粮食及农业组织（Food and Agriculture Organization of the United Nations，FAO）、欧盟以及经济合作与发展组织（Organisation for Economic Co-operation and Development，OECD）的认可，成为维持世界各国国内农业农村可持续发展的共识和焦点。耕地是农业经营的最主要元素和载体，耕地的多功能利用可达成农业的多功能性。长期以来关注耕地单一生产性商品功能，忽视非商品功能，造成耕地资源"质"与"量"的破坏和流失，加强耕地多功能管理以寻求农业和农村的可持续发展，将成为破解中国"三农"问题，让"农业更强、农民更富、农村更美"的重要策略。

耕地多功能是自然系统和人类系统耦合发展的产物，是为满足人类需求而产生的外在表现，包括土地自身具备的功能以及人类利用所衍生的功能。就单一的土地功能比较，耕地不如建设用地，但从经济、生态和文化功能综合比较，耕地多功能的综合优势非常突出，并且随着城乡居民收入的增加更显珍贵。近年来，耕地的生态功能、景观功能和社会功能显现，耕地保护逐渐由数量、质量并重转向数量、质量与生态"三位一体"的综合保护格局。党的十八大提出"大力推进生态文明建设""建设美丽中国"[①]，为耕地多功能的发展带来新的挑战和机遇；党的十九大提出"实施乡村振兴战略""构建国土空间开发保护制度"[②]；党的二十大提出"加快建设农业强国"[③]，强调"构建多元化食物供给体系""确保中国人的饭碗牢牢端在自己手中"，对我国耕地保护与管理提出了新的要求。

我国颁布的一系列政策要求促使耕地多功能供给由单一特征生产功能向多功能转变，并呈现出需求多样性的特征。一方面，由于主体（供给主体）角色缺位、错位、弱化现象并存，耕地多功能的需求难以得到满足，进而导致供给不足、供

---

① 《胡锦涛在中国共产党第十八次全国代表大会上的报告》https://www.gov.cn/govweb/ldhd/2012-11/17/content_2268826_5.htm[2023-11-14]。

② 《习近平：决胜全面建成小康社会 夺取新时代中国特色社会主义伟大胜利——在中国共产党第十九次全国代表大会上的报告》https://www.gov.cn/zhuanti/2017-10/27/content_5234876.htm[2023-11-14]。

③ 《习近平：高举中国特色社会主义伟大旗帜 为全面建设社会主义现代化国家而团结奋斗——在中国共产党第二十次全国代表大会上的报告》https://www.gov.cn/xinwen/2022-10/25/content_5721685.htm[2023-11-14]。

给落后于需求并存,造成时空上供需错位现象;另一方面,单一强势的物质生产功能易导致系统失衡,而耕地的多种功能之间客观上存在权衡与协同。因此,如何识别并有效协调多样化的耕地功能,通过耕地多功能空间管理,创造土地价值,提升耕地保护和利用的总体效益是耕地可持续利用的新思路;如何以较低成本权衡与协同耕地多功能,如何实现耕地多功能供需有效对接,从多功能视角加强耕地管理将成为农业农村可持续发展的重要课题。

　　本书系统梳理了国内外研究文献,对耕地多功能进行了分类和评价,开展了耕地多功能供给与需求的空间以及主体错位识别、耕地多功能权衡与协同关系研究,从供给侧探讨耕地多功能与农业经济增长、农业绿色增长的关系,从需求侧揭示耕地多功能的福利效应与价值评估,提出了分区规划机制、主体合作机制与政策整合机制等耕地多功能价值提升机制。本书作者胡伟艳教授主持了多项国家级和省部级课题,长期以来对耕地多功能进行了较为系统的探索,提出了一系列具有科学性与前瞻性的理论框架、评价方法与研究思路,部分研究成果已应用于高标准农田建设规划、全域土地综合整治、国土空间生态修复规划等,为农业农村的可持续发展提供了参考。本书的出版将有助于土地资源管理学科在耕地多功能这一特定研究领域的实践与探索,有助于耕地保护、规划与管理,为我国建设农业强国、实现乡村振兴提供智力支撑。

目　　录

第1章 绪　　论

1.1　背景与提出问题

1.1.1　耕地资源稀缺、质量下降、生态退化，迫切需要提升耕地保护的有效性、加强多功能管理

耕地是粮食生产的命根子，是人类赖以生存和发展不可或缺的重要生产资源和关键资源环境要素，耕地的可持续利用直接关系粮食安全、经济安全、社会安全和国民健康发展。20世纪以来，随着城乡转型的快速推进，产生了尖锐而复杂的土地问题，农地非农化侵占了大量优质农田（Hailu and Rosenberger，2004），导致耕地数量减少、质量下降，成为全球最紧迫的问题之一。在美国，城市扩张占用农地中有60%源自耕地，流失的耕地中有90%为优质良田，占土地转移总量的35%；在加拿大，流转的土地57%为适应性强的土地（Pond and Yeates，1993）。中国20世纪80年代以来的乡镇企业发展、经济开发区建设和城镇化推进占用了大量耕地，导致耕地数量整体上呈现下降趋势。据对《中国统计年鉴2015》和《中国统计年鉴2021》中国历年分地区耕地面积的统计，2009～2019年全国耕地总面积净减少7522.7khm^2，第三次全国国土调查数据显示，我国耕地19.18亿亩①，占总土地的15.96%，人均耕地面积仅1.36亩，不足美国人均耕地的1/5，不及世界人均耕地的1/2，人地矛盾十分突出，中国耕地资源的稀缺性日益凸显（史洋洋等，2019）。随着全球人口增长，粮食需求不断增加，化肥、农药使用量也不断攀升，耕地面临严重的污染风险。美国作为全球农业产品输出大国，其农药生产量和施用量于19世纪80年代位列世界第一，约占全球杀虫剂施用量1/3～1/2（包锡南，1992），过量的农用化学品导致了农业生态环境和地下水的严重污染（李文腾，2017）。20世纪80年代以来中国采用高强度投入农药、化肥等生物化学品的方式增加耕地的产出规模，自2007年后常年维持在5000万t以上的较高水平（黄祖辉等，2022）。耕地常年高强度利用，加之化肥、农药不当使用等因素，导致耕地地力下降、中低产田占比高等问题逐渐显现。根据农业农村部发布的《2019年全国耕地质量等级情况公报》，耕地按质量等级由高到低依次划分为一等至十等，全国耕地平均等级为4.76等。评价为一等至三等的耕地面积6.32亿亩，占耕地总面积的31.24%；评价

---

① 1亩≈0.067公顷。

为四等至十等的耕地面积占耕地总面积的 68.76%，其中耕地基础地力相对较差、生产障碍因素突出的耕地占比达 21.95%（黄祖辉等，2022）。

农地具有多功能特性，不仅具有粮食衣物等商品功能，还具有国内粮食安全、农业文化遗产、景观、乡村经济活动、生物多样性保存等非商品功能。就单一的土地功能比较，农地不如建设用地，但从经济、生态和文化功能综合比较，农地多功能的综合优势非常突出，并且随着城乡居民收入的增加越来越显得珍贵（胡伟艳等，2017）。长期以来的耕地单一生产性商品功能重视增田、增产、增收，对农地进行过度开发和掠夺性经营，忽视耕地的非商品功能，耕地多功能之间存在无序的竞争。识别并有效协调多样化的耕地功能，通过耕地多功能空间管理，创造土地价值，提升耕地保护和利用的总体效益是耕地可持续利用的新思路（樊杰等，2013）。

1.1.2 耕地多种功能的权衡与供需错位凸显的无序竞争，需要有效的空间规划和政策干预

耕地多功能是自然系统和人类系统耦合发展的产物，是为满足人类需求而产生的外在表现，包括土地自身具备的功能以及人类利用所衍生的功能（周丁扬等，2020）。人类根据自身需求，有目的、有组织地对耕地进行治理改造和经营管理，不断深化与丰富耕地提供的服务与功能。农耕时期，粮食属于生存的硬通货，耕地的基本功能是满足人类的粮食生产需求。物质文明及社会经济的发展，在不断改变和重塑人类的生产、生活方式和价值观念。人类对耕地多功能的需求遵循马斯洛需求层次理论，需求层次的渐进使得耕地生产功能外的其他功能逐渐被人类所认知并在市场经济条件下反映在微观土地利用上（赵华甫等，2007）。耕地的利用方式在需求多样化的导向下也发生了较大的变化，从以农产品供给为首要任务的生产模式，逐渐演变为多产业融合发展的新模式。耕地功能也相应地从单一生产功能为主阶段转变为农作物生产、生态调节、科普教育、美学欣赏、休闲游憩等多功能并存的协调发展阶段（宋小青和欧阳竹，2012a）。居民的多元化需求促使耕地多功能供给由单一特征生产功能向多功能转变，并呈现出需求多样化特征。生态系统服务管理目标在于确保生态系统服务功能的供给大于需求（Maron et al.，2017），但因主体角色缺位、错位、弱化现象并存，耕地多功能需求难以得到满足，"供给不足""供给落后于需求"并存造成时空上呈现"供需不匹配"现象（胡伟艳等，2017）。

耕地多功能供需错位与多功能之间的权衡与协同密切相关。当某些服务的最大化以牺牲其他服务为代价时，可能会引发生态系统服务功能间的权衡关系（Rodríguez et al.，2006），某些生态系统服务功能供需匹配程度变好，通常伴随着其他生态系统服务功能的匹配度变差（Kroll et al.，2012）。在同一空间单元上，耕地的联合生产属性使得多种功能之间并非独立存在，而是存在线性或非线性等作用机制，同时在

相邻的空间单元上耕地多功能存在相互影响,多功能间可能存在协同作用即一种功能的增强(减弱)使得其他某种功能或相邻单元该功能、其他功能增强(减弱),也可能存在权衡作用即一种功能增强使得同一单元上其他功能的衰退,或相邻单元该功能、其他功能的衰退(朱庆莹等,2018)。为了更好地分析与揭示耕地多功能供给和需求的匹配,需要厘清多功能之间的权衡与协同的关系,既包括自然因素引起的农地多功能之间的此消彼长的竞争关系,也包括人为因素根据自身需求和价值对生态系统施加的选择性干预引起的功能权衡与协同。揭示耕地多功能的这种权衡和协同关系以及供需错位的时空规律,为编制、制定有效的空间规划和耕地保护政策,创造耕地多功能价值,持续改善乡村居民福祉提供依据(胡伟艳等,2017)。

1.1.3 耕地多功能已被用来作为维持世界各国国内农业农村可持续发展和乡村振兴的战略举措

全球 20 世纪以来的单一功能生产性农业不仅对土壤质量、粮食安全和生态环境、乡村活力造成了巨大影响(李承嘉等,2009;胡伟艳等,2017),美国、瑞典、日本、韩国等国家相继出现了乡村人口过快减少、产业岗位缺失、农村过疏、农村传统文化、伦理秩序受到冲击等问题。据统计,世界乡村人口占总人口比重由1960 年的 66.44%下降到 2015 年的 46.16%,降幅达 30.5%。以代表世界新兴市场的金砖五国①为例,在 1960~2015 年,俄罗斯乡村人口占比减少了 44%,中国为47%,印度为 18%,南非为 34%,巴西乡村人口占比减少幅度最大,达 73%。乡村人口的大规模、快速减少,劳动力缺失、农业效益低效、市场萎缩、公共服务短缺等问题,制约了乡村地区的可持续发展,乡村振兴迫在眉睫。

融合农村一二三产业,解决城乡发展不平衡不充分矛盾,推进农村经济走向持续繁荣、高质量发展的根本逻辑在于利用农业多种功能、乡村多元价值(宁满秀等,2018)。欧盟、联合国粮食及农业组织以及经济合作与发展组织从最初局限于自由贸易的探讨延伸至农业政策手段、多功能指标建立并实际运用于国家政策的调整等(Huang et al.,2015),农业多功能已被用作维持世界各国国内农业与乡村可持续发展策略,如欧盟、挪威、瑞士及日本等国家集约使用农业区,已经逐渐从原先单一生产导向使用方式转向多功能的使用(李承嘉等,2009)。第二次世界大战后 40 年间欧洲乡村一直是食物与服装的主要产地,目前的欧洲乡村已经融入了休闲、生态服务、农产品生产、经济基础等多种功能(Hall et al.,2004)。20 世纪 80 年代以来,贸易自由化与市场开放对农业的冲击加剧了日本乡村的衰

---

① 金砖五国,英文名称为 BRICS,是指巴西(Brazil)、俄罗斯(Russia)、印度(India)、中国(China)、南非(South Africa)五个国家。

退，日本重视发挥农业的多功能性、推进"一村一品"与六次产业化，通过城乡融合发展提升产业竞争力，因地施策激发农业农村活力。美国虽然对农业多功能性持批判态度，但一直肯定农业对环境的作用与影响，在近来农业补贴政策和农地保护计划中，强调对环境质量的关注，重视农地多功能保护（Nickerson and Hellerstein，2003；陈秋珍和 Sumelius，2007；胡伟艳等，2015）。主要发达国家的农业就业比例、产值比例均很低，但乡村非农产业仍依赖农业的文化传承、生态服务等延伸功能，多功能农业为基础的乡村发展成为主流（房艳刚和刘继生，2015）。

我国农业农村在受惠于工业化、城镇化辐射带动效应的同时，凸显"三农"自身积弱难返，以及城乡在要素资源、人口环境等方面的矛盾张力（郁建兴等，2013；李双成，2014）。这些问题突出的表现为：粮食供求仍处于"紧平衡"状态，在 2004 年以来粮食生产实现"二十连丰"背景下仍存在比较大的总需求缺口；农村地区青壮年劳动力流失、农村空心化现象严重；工业化和城镇化进程中城镇空间变化引发征地问题，优质农地大量流失，乡村景观同质化，人居环境受影响，城乡差距增大，已成为我国粮食安全、乡村居民收入福利增长乃至农业农村可持续发展的障碍（张安录等，1999；郁建兴和高翔，2013）。中央政府于 2006 年、2011 年提出划定"耕地红线"和"生态红线"，生态文明建设的必要性日益凸显；2010 年，《全国主体功能区规划》发布后，全国省、市、县先后提出主体功能区划，通过设定重点开发区、农产品主产区和重点生态区，对国土空间功能定位；2017 年，农业部等 11 部门提出《关于积极开发农业多种功能大力促进休闲农业发展的通知》。2018 年《中共中央 国务院关于实施乡村振兴战略的意见》指出，"大力开发农业多种功能、延长产业链、提升价值链、完善利益链"。2021 年，农业农村部发布《农业农村部关于拓展农业多种功能促进乡村产业高质量发展的指导意见》指出，"拓展农业多种功能，促进乡村产业高质量发展"。2022 年《中共中央 国务院关于做好 2022 年全面推进乡村振兴重点工作的意见》指出，"鼓励各地拓展农业多种功能、挖掘乡村多元价值"。从多功能视角加强耕地多功能管理，寻求可持续的农业和农村发展，将可能成为破解我国"三农"问题，让"农业更强、农民更富、农村更美"的策略。

1.2　耕地多功能研究进展[*]

1.2.1　耕地多功能内涵、分类与评价研究

1. 耕地多功能内涵研究

多功能（multifunctionality，MF）指为满足人类需求提供的多种产品或服务，

---

[*] 本章部分内容来源于胡伟艳等（2017），内容有增改。

是保障人类生存和可持续发展的基础。1935 年，坦斯利（Tansley）最先在生态学研究中引入多功能概念，多功能指在可持续发展的基础上满足人类需求提供的多种产品与服务，如今被逐渐应用于农业、景观、土地等研究领域。20 世纪 80 年代，农业多功能概念在欧盟印发的《农村社会的未来》文件中被首次提出，日本政府在同一时期呼吁"保护稻米文化"。1992 年，农业多功能性这一概念在联合国环境与发展大会正式通过，并将未来的农业发展定义为"基于农业多功能性考虑之上的农业政策、规划和综合计划"。1996 年联合国粮食及农业组织进一步强调了多功能性的重要性。2005 年《千年生态系统评估报告》提出耕地对人类福祉具有供给、调节、支持、文化等功能。国内学者赵华甫等（2007）从北京经济快速发展过程的背景出发，研究城市居民对耕地功能需求具有阶段性，提出不同时期应重点保护的耕地功能；宋小青和欧阳竹（2012a）从实证和规范、供给与需求及其作用关系角度，研究了耕地多功能内涵框架、本质特征和管理的实践路径。总体而言，国内外众多学者对耕地多功能研究进行了有益探索，进一步丰富了耕地多功能理论，为加强耕地多功能利用与管理实践提供依据。

经过几十年的发展，最初的农产品贸易逐渐转变为粮食安全保障和农业可持续发展，耕地多功能重要性进一步凸显。朱庆莹等（2018）将耕地多功能定义为耕地所提供的以满足人类社会生存发展所需的各类农业产品和各项服务的能力，包括利用耕地为人类生存发展提供粮食作物的生产功能，以水源涵养、调节水文气候和形成建设发展空间阻隔为主的生态功能，以及提供居民休憩娱乐、景观美学观赏和保障居民生活的景观文化功能。根据系统论的观点，耕地系统是由自然生态系统与人工社会经济系统耦合而成的半自然-半人工复合生态系统。因此，耕地功能不仅受到人类活动和社会制度的影响，还受到耕地生态系统承载力的制约（宋小青和欧阳竹，2012a），耕地的多功能特性是耕地客观、内在的本质属性之一。

2. 耕地多功能分类研究

耕地多功能的分类是研究基础，学者依据各自研究目的和研究区域，从不同角度构建耕地多功能指标体系，但尚未形成科学、统一的标准。

早期研究的学者从价值评估的角度出发普遍将耕地多功能划分为经济产出、生态服务及社会保障三大类功能（蔡运龙和霍雅勤，2006）；随着社会文明的提升，学界开始关注耕地景观文化功能，从耕地多功能的内在属性及人类需求的层次出发，将人类享受田园风光和农耕文化的耕地景观文化功能纳入耕地多功能分类体系中（赵华甫等，2007；袁弘等，2007；杨雪和谈明洪，2014；杜继丰和袁中友，2015）。随着研究的深入，耕地多功能分类体系进一步拓展，王成等（2018）将耕地多功能分为粮食生产功能、景观休憩功能、社会保障功能和建设空间储备功能四类。周小靖等（2019）选取物质产出功能、生态环境功能、劳动力承载功能和景观美学功能四种功能进行评价。国外研究文献更关注整体生态系统的生态环境、景观功能。比如，Verburg 等（2004）研究表明土地利用正由传统单一功能利用向多功能综合利用方向发展，包括为人类提供健康福利、景观休憩观赏、生态环境维护和经济就业支撑等。Schröter 等（2014）认为耕地不仅能够维护土地景观与土地多功能利用，也能提供生态系统服务。Sylla 等（2020）认为生态系统的作用主要是由土地来支撑的，他们将生态环境的功能分为三类：供应、调节与维护、文化服务。

国内外学者受社会、政治、经济与文化背景差异的影响，对耕地多功能分类尚未形成完全一致的认知体系，但仍具有共通内容，如耕地基本的生产功能、生态功能、景观功能，这些可为本书后续设定耕地多功能选择提供依据。

3. 耕地多功能评价研究

耕地多功能度量与评价是全面认识耕地资源，促进耕地资源可持续利用和保护的基础，耕地多功能的测度方法主要包括物质量法、价值量法、能值法及功能表征指标体系法四种。

（1）物质量法。物质量法主要是从物质转换的视角出发，对耕地系统中有物质参与和循环的各项功能进行定量评价的方法，根据耕地利用的系统结构、功能机制、物质循环过程，确定耕地功能效应发挥过程中产生的物质数量或引起的数量变化，并以此度量某项耕地功能的大小（陈丽，2016）。具体而言，物质量法可以分为模型法和实地采样法两类。模型法基于自然生态过程，通过各项因子输入模型进行公式运算，然后输出单项功能的物质量，常用 InVEST（Integrated Valuation of Ecosystem Services and Trade-offs，生态系统服务和权衡的综合评估）模型对耕地土壤保持、水源涵养、固氮等各项功能进行评价。实地采样法则是通过一系列试验操作，直接测算自然生态系统某项功能的物质量大小。例如，许菁等（2015）通过测算土壤有机碳、氮储量及其年均相对变化幅度来度量农田固碳、固氮能力；陈丽（2016）则依据水量平衡原理，根据耕地利用系统水量平衡公式进行耕地蓄水能力测算。物质量法能够客观且直接地评估耕地的各项生态功能，评估结果稳定，不受市场价格波动的影响，该方法可实现耕地某项单一功能不同区域间或同一区域不同时间序列上的比较，但不同功能之间量纲不一致，难以综合反映耕地多功能的整体状况。

（2）价值量法。价值量法是从货币价值视角对耕地多功能进行定量评价。耕地多功能价值评估起源于农业地租，学界普遍认为耕地多功能价值评估方法的形成受到土壤生产潜力法、收益还原法、市场法和成本法的影响。国外耕地多功能价值研究主要集中在耕地功能的非市场价值，如 Drake（1992）利用支付意愿法评估了瑞典的耕地景观价值；Balmford 等（2002）对旱作耕地和水田的生物多样性功能价值进行评价；Yoshida（2007）采用多种方法结合评价耕地的八项功能价值。国内耕地多功能价值评估方法大致可分三类：一是直接市场法，包括市场价值法、费用支出收益还原法、市场比较法等；二是替代市场法，包括机会成本法、影子工程法、旅行费用法、特征价格法等；三是模拟市场法，包括支付意愿法、条件价值法等（谭永忠等，2012）。当前学者对土地利用变化引起的生态系统服务物质量与价值量进行了大量研究，研究单元包括土地斑块、乡镇、县（市、区）等多种尺度。价值量法在耕地多功能评价上实现了量纲的统一，不仅反映耕地某项单一功能价值，还可通过耕地各项功能价值的加总求和，综合反映耕地资源的总体价值，但该方法计算出的耕地生态、社会等非市场价值往往高于实际价值，不利于研究结果的实际应用。

（3）能值法。能值法最早由美国生态学家 Odum（1984）提出，是将自然生态系统中各项功能统一转化为标准太阳能值来评价和比较多种功能的综合核算方法。目前能值法在农业、环境资源、工业、城市等领域中得到广泛应用（Fang et al.，2017）。国内学者陈丽等（2018）通过对大都市区北京市的耕地功能与系统输出建立对应关系，对耕地多功能运行效益进行综合评价。虽然能值法能够利用能值转换率将不同生态系统功能度量指标换算为统一标准太阳能值，实现不同功能效应间横向比较，但囿于该方法计算复杂且系统服务输出项目的能值转换率不易获取，故而能值法在耕地多功能评价研究的应用相对较少。

（4）功能表征指标体系法。功能表征指标体系法是国内外学者的主要研究焦点，评价指标的选取及评价指标体系的构建对耕地多功能评价结果具有重要影响。耕地生产功能评价多选取粮食作物/经济作物单产水平、土地垦殖率、耕地地均产值、复种指数、土壤有机质含量、盐渍化程度、pH 值、灌溉保证率、排水条件等评价指标；生态功能多选取固碳释氧量、生境破碎度、灰水足迹、土壤/气候/立地条件指数、植被状况指数、土壤污染损毁指数、生态压力指数及农用化肥使用量等（方莹等，2018；胡伟艳等，2018；董鹏宇和赵华甫，2019；殷如梦等，2020）；社会功能多选取人均农业纯收入、人均耕地面积、第一产业从业人口比例、人均粮食保证率等（王成等，2018；白海江，2020）；景观功能选取景观集聚度指数、景观形状指数、景观多样性指数、距离通达性、农耕多样性、农业观光园个数等（董鹏宇和赵华甫，2019；周丁扬等，2020）。国外学者则侧重选取基础数据，包括每公顷耕地范围内的猪肉产量、枫糖浆产量等（Raudsepp-Hearne et al.，2010），如 Luukkanen 等（2009）对葡萄牙东北部"热地"（Terra Quente）地区橄榄园种植业构建了生产、生态、经济、社会功能多维评价模型。Zasada（2011）基于市场需求和农业产出的商品和服务对城郊农业多功能进行了研究。功能表征指标体系法数据获取便捷、计算简单，既能实现耕地资源的单功能评价又能实现其多功能综合评价，但当前各分类体系大多只针对特定的研究目的、研究区域和研究尺度，尚未形成科学、统一的标准。

1.2.2　耕地多功能供给与需求关系研究

1. 耕地多功能供给研究

耕地多功能供给是耕地系统客观存在的自然属性的外在表现，是耕地系统与人口系统、经济系统、社会系统及资源系统相互作用的结果（Jiang et al.，2020）。现有研究将耕地多功能供给分为实际供给与潜在供给两个方面。Burkhard 等（2012）指出多功能供给是在特定时间段特定领域提供产品和服务的能力，这里的供给等同于实际产出的商品与服务。Schröter 等（2014）认为多功能供给是生态系统基于其自身结构与功能的完整性，能提供的一系列潜在供给。潜在供给往往大于实际供给，因其测度涉及复杂的自然系统，受数据收集制约与测度方法偏差的影响较大，相对耕地多功能实际供给的测度研究较少，然而研究二者之差更利于揭示可释放供给的最大潜力，是表征耕地多功能供给能力的科学方式。

耕地多功能供给研究主要围绕识别、表征及评估展开，大致可分为以下 5 种方式。①基于专家经验排序的功能量化方法。通过建立土地利用类型与生态系统服务间的对应关系，采用供给矩阵等定性方法分析耕地多功能的供给特征（Burkhard et al.，2012；孟庆香等，2022）。②基于直接或者加权指标作为近似值的功能量化方法，主要采用土地利用、社会经济、农业生产及夜间灯光等数据，经过标准化处理及加权等方式来构建综合评价指标体系及无量纲的功能值或指数，评估耕地多功能供给的时空变化（张英男等，2018；Lyu et al.，2021；牛海鹏等，2022；Wang et al.，2022a；方莹等，2018；周丁扬等，2020；许多艺等，2022；李嘉仪和董玉祥，2019）。③借鉴资源环境经济学的价值核算方法，通过将耕地提供产品和服务的物质量转换为货币来核算（高星等，2021；朱从谋等，2020；王亚辉等，2020；Aizaki et al.，2006）。④基于能值的功能量化方法，将耕地提供的产品和服务转换为太阳能等来核算（Grassauer et al.，2021；吕晓等，2022；Basavalingaiah et al.，2022）。⑤基于生物物理模型的功能量化方法，主要从物质量的角度，对耕地功能发挥过程中物质循环进行定量评估（Tzilivakis et al.，2019；汪容基等，2022）。

耕地多功能供给识别及评估是复杂的过程，涉及不同学科和数据集的整合（吕立刚等，2023）。由于现有技术追踪耕地功能的生产链存在困难，较多研究通过将耕地多功能供给与土地利用特征或生物多样性联系起来，采用了简单易获取的评估指标。事实上，传统的基于遥感解译的土地利用/覆盖的数据可供量化功能的信息较少，未来随着新方法和新技术的出现，应着重从物质量角度去量化耕地资源系统所提供的功能，进而提高评估结果的可靠性、科学性及数据精度。

2. 耕地多功能需求研究

耕地多功能需求是指一定时期特定范围内人类实际消耗或需要使用耕地资源系统所提供产品和服务的总和，也可划分为实际需求与潜在需求两个方面。Burkhard 等（2012）认为，多功能需求是指一定时间、一定范围内人类实际所消耗或使用产品和服务的总和，常用产品消耗量直接衡量（如农产品内外部销售量、地区消费水平、城乡收入等），对于难以直接衡量的生态、文化功能需求以自身条件的优劣程度作为间接性指标（如空气质量、水资源量、城市休闲空间面积等）（周丁扬等，2020）。Bastian 等（2013）则认为，人类对于耕地功能的需求是从耕地中可获得的实际利益，常用意愿、偏好等表示社会要求或期望的多功能量（Schröter et al.，2014）。潜在需求往往超过实际使用的产品和服务，相较实际需求更注重人类福祉，因不同时期意愿和偏好改变，其更能反映出耕地在特定社会经济背景下的价值。

人们对耕地功能的认识和需求随着社会经济发展不断深入和演变，在农业社会，因物质生活资料极度短缺，耕地的生产功能受到极大重视；在当前进入工业化后期，由于生态环境的恶化，人类对于耕地的生态和景观文化功能需求增强（陈丽，2017；姜广辉等，2011）。评估一定时期人类对耕地多功能的需求，主要通过社会经济统计、模拟以及调查访谈展开，当前研究耕地多功能需求的方法主要有以下 4 种。①指标法，部分研究采用最小人均耕地面积、粮食需求量等单一指标来量化耕地的生产功能需求（蔡运龙和霍雅勤，2006；Schröter et al.，2014）；此外部分学者采用土地利用开发程度（建设用地面积占区域土地总面积）、人口密度和地均 GDP 等多指标来量化耕地多功能的综合需求（彭建等，2017；周丁扬等，2020），这种方法的本质是，将人口密度或者经济发展程度与平均或期望的功能消耗量（或者限值、目标值）直接或间接结合起来考虑（Song and Robinson，2020；Fanfani et al.，2022）。②需求调查法，主要是通过深度访谈或者调查问卷等方式，基于行为、意愿及社会文化偏好理论从微观主体角度调查的耕地功能需求（张娇娇等，2018；Gu et al.，2022），微观主体主要涉及企业、非政府组织、农户、游客及研究人员等利益相关者（Wang et al.，2019）。③生态模型法，主要采用有一定生物物理意义的生态模型，来评估和测算耕地生态功能需求（Zhang et al.，2021；Palacios-Agundez et al.，2015）。④数理统计法，采用灰色模型等数理方法来预测和推断耕地多功能需求（于昊辰等，2021；方斌等，2021）。

总体来看，与耕地多功能供给相比，围绕耕地多功能需求开展的研究相对较少，尚未形成专门且成熟的测算方法和标准。耕地多功能的需求评估出发点是社会经济系统或人类的需求，因此评估所需的数据以精细化、空间化的社会经济信息为佳，而现有统计制度约束下获取的数据多以县级以上行政单元为主，在乡镇（街道）、村（社区）级及栅格尺度层面获取真实客观的数据难度较大，很大程度上限制了耕地多功能需求评估研究的开展。

3. 耕地多功能供需匹配研究

耕地多功能的供需匹配是社会系统与耕地生态系统协调发展的关键。生态系统的演化更替与社会需求的不断增长导致了耕地多功能供需关系的变化。一方面，城镇化进程加快带来农业生态系统破坏，对耕地的结构和功能造成威胁，从而降低了耕地多功能的综合供给能力。另一方面，城市扩张产生了社会经济因素（如人口规模、居民收入水平）聚集，增加了耕地多功能的社会需求（Zhang et al.，2021）。耕地多功能市场的供需差距逐渐扩大，研究耕地多功能供需的重要性日益凸显。

由于自然地理和社会经济因素的时空分布不均，耕地多功能供给与需求之间存在着质和量的差异（Li et al.，2023；Metzger et al.，2021），这种差异本质上反映了人类社会经济系统的需求与耕地资源系统的供给之间的多维关系（时间、空间及利益相关者）。近年来，相关学者深入开展了耕地多功能供需匹配研究，主要借鉴生态系统服务供需匹配相关研究进行了系列实证分析（Jiang et al.，2020；Cao et al.，2020；He et al.，2019；周丁扬等，2020；何山，2019），研究从早期生态系统服务供需矩阵定性方法发展到当前以匹配指数为主的定量方法，并开展了供需匹配空间制图。其中，供需矩阵法主要借用了生态系统服务供需评估矩阵（Burkhard et al.，2012），基于专家经验构建矩阵，主要适用于基础数据缺乏的区域。匹配指数法常采用耕地多功能供需匹配度（supply-demand matching degree of cultivated land mutifunction）来表征（Li et al.，2023），在定量化和空间制图化评估空间单元耕地多功能供给和需求的基础上，测算供需匹配度来表征多功能的供需匹配状况。问卷调查法则用于微观农户尺度，对多功能耕地供需的认知、意愿和行为进行分析，从而确定耕地多功能在受试者之间的供需不匹配问题（Zhang et al.，2019）。此外，空间聚类方法（He et al.，2021）、四象限模型（周丁扬等，2020）等方法也被用来评估匹配程度，这类方法主要是在测算多功能供给量和需求量的数值或者指数的基础上，对其进行分级分类，按照程度的相对高低进行匹配。

综上，现有研究多关注耕地多功能供需"数量"的匹配关系，较少关注"质量"的供需匹配，较多关注空间维度，较少关注时间维度和利益相关者维度。供需匹配识别方法仍以定性分析为主，缺乏系统性，定量研究方法单一，实践应用仍显不足，主要在于供需匹配识别的直接可比性，应探索相同单位量化指标的选取，重点关注分析方法与空间尺度的适用性问题。

1.2.3　耕地多功能权衡与协同关系研究

1. 耕地多功能权衡与协同关系的类型研究

近年来，国外学者针对生态系统服务间的关系进行了大量研究，发现生态系统服务之间的权衡与协同关系是普遍存在的，人类的选择偏好、供需双方不同角度下多功能类型及驱动因素都是权衡形成的原因（赵志尚，2017；杨凤妍子等，2022）。当一种生态系统服务供给由于另一种生态系统服务使用而减少时，则产生了权衡，如粮食、肉类、木材生产等供给性服务与土壤保持、水源涵养、生物多样性保护等支持或调节服务之间往往存在着权衡关系。当一种生态系统服务供给由于另一种生态系统服务的使用而增加时，则产生了协同，如土壤保持、碳蓄积、气候调节等支持或调节服务之间存在着协同关系（Wu et al.，2013；Swallow et al.，2009；李双成等，2013）。耕地作为人类社会主导的半自然生态系统，其多功能性是伴随着耕地利用过程而产生的，如陈丽（2017）认为各种自然资源和人工辅助功能通过耕地利用产生出相应的产品和服务输出，涉及供给、调节、文化等多种功能，多功能之间的相互联系使得功能之间存在权衡与协同关系。

耕地多功能间的相互作用形成于耕地利用过程中，耕地多功能权衡与协同关系存在时间动态性与空间差别。耕地多功能权衡关系划分为时间权衡、空间权衡和可逆性权衡三大类（Deng et al.，2006），其中时间权衡是一种当前和未来的分配关系，是指不同类型耕地功能供需的时间差异性而导致的在面临干扰和刺激时存在的反馈时间差异（Carpenter et al.，2006），如管理决策中耕地的生产功能通常反馈相对迅速，而生态功能由于变化缓慢会相对滞后。空间权衡主要指耕地多功能供给和需求的空间不一致性导致的耕地多功能空间上的此消彼长（李鹏等，2012），即区域内某种耕地功能的提高会导致同区域其他耕地功能的降低。可逆性权衡是指农地多功能在引起权衡的干扰因素消失后，恢复到原本状态的能力。如果人类对耕地系统干扰过度，甚至突破耕地生态系统的阈值，耕地将会出现无法恢复的退化现象。因此为实现耕地资源的可持续性，在耕地管理决策中应充分考虑耕地系统的稳定性和恢复性，在耕地利用与保护中寻求平衡点，并且对被破坏耕地采取及时的整治修复措施。

2. 耕地多功能权衡与协同关系的识别方法研究

国内外学者利用不同的研究方法对耕地多功能之间的权衡和协同关系展开了大量研究（Cord et al.，2017；Wang et al.，2022b，2022c；Hao et al.，2023）。一方面，从统计学的角度出发对耕地功能之间的线性关系展开研究（Asadolahi et al.，

2018；付鸿昭等，2021）。周小靖等（2019）基于 2005～2015 年浙江省经济社会发展、农业等数据，利用 Spearman 相关分析法探究浙江省城市群耕地多功能协同权衡时空变化规律。白海江（2020）采用相关系数的方法对耕地多功能权衡与协调关系进行分析，相关系数为正表示两个功能之间呈现协同关系，相关系数为负表示两个功能之间呈现权衡关系。殷如梦等（2020）采用波段集统计法揭示耕地多功能之间的权衡与协同关系，从而形成耕地空间组织经营模式。王芳和张路路（2019）参考动态耦合度函数模型分析耕地系统的协调性，实现耕地系统功能水平测算。董鹏宇和赵华甫（2019）指出，农地系统中呈现出功能之间的复合化，基于两组关系的相关分析在第三变量出现时存在偏差效应，采用偏相关分析科学剔除偏差，提高了相关关系分析结果的净相关。另一方面，聚焦地理空间分析方法对耕地功能之间的非线性关系开展研究，实现权衡与协同关系在空间上的映射，进而探究其时空演变，并据此识别主导关系类型区。空间映射及其演变方面，王成等（2018）运用"波段集统计"工具测算耕地多功能权衡与协同关系；刘超等（2021）使用综合评价法、二变量空间自相关法、面积优势法等测定 1990～2015 年土地使用功能权衡与协同关系；任国平等（2019）采用局部莫兰指数（local Moran's I）统计量和 LISA（local indicators spatial association，局部空间聚类指数）统计量综合分析研究区乡村尺度景观功能的权衡与协同关系变化。主导关系区域识别方面，王全喜等（2020）借助双变量局部空间自相关结果，以不同集聚类型为依据划定权衡关系区与协同关系区；朱庆莹等（2018）则从整体、局部两个角度出发，识别湖北省耕地功能权衡关系区域与协同关系区域。

耕地利用的生产、生态、社会等功能之间相互联系、制约，多因素综合评价不能直观地反映各功能之间的结合协调程度，耕地多功能权衡和协同的复杂关系逐渐引发学者的浓厚兴趣。Luukkanen 等（2012）提出了综合分析多种功能之间的权衡与协调关系的高级可持续性分析（advanced sustainability analysis，ASA）方法。Jopke 等（2015）将农地的多功能属性扩展到生态服务的多功能和景观的多功能，并以欧洲区域为例使用双重变量方框图，分析供应服务、协调服务和文化服务之间的权衡和协同关系。方莹等（2018）从组合协同调度视角提出耕地利用多功能组合协同调度测算模型，同时利用权衡关系量化方法对耕地利用多功能之间的协调关系进行定量化，研究生产、生活、保障三个功能之间的协调权衡关系。王洪政（2019）构建耕地生产-经济-生态-社会功能结合度模型，更好地反映生产、经济、生态、社会功能之间的相互关联和相互制约。同时，一些学者尝试从物理学的角度出发，引用三维空间场的力学综合模型来测度耕地系统内部功能之间的协调关系（余富祥等，2019；康庆等，2021），该模型以三维坐标系 X、Y、Z 三个方向的力代表耕地不同功能，以三个力的合力呈现耕地多功能组合的状态和特征，动态地反映耕地系统的协调程度和匹配的问题。

综上，现有研究主要采用统计学与地理学方法，多数仍侧重于农地多功能权衡与协同的线性关系研究，随着研究的不断深入，农地多功能权衡与协同的非线性关系或多重性关系逐渐增多（Jopke et al.，2015），其中动态性、比较性等研究方法还有待加强。

3. 耕地多功能权衡与协同关系的驱动力研究

耕地多功能权衡与协同受系统内外部作用力共同驱动，一是直接相互作用，即耕地多功能内部子系统间在无外力作用情况下的相互影响，主要表现形式为各功能间的权衡与协同关系研究和耦合协调程度研究。李佳层（2019）探究了湖北省耕地粮食生产功能、社会保障功能、国民经济贡献功能和生态功能四项功能中两两功能在空间上表现出同时增减或一增一减的空间格局。二是研究系统外部的自然和社会经济驱动因素影响（戴尔阜等，2015），如降水、土地利用结构的变化、工程经济措施（如动物栖息地的保护措施、大型水库的建设）等，也包括内部的生态因素，如林分密度、植被盖度等。张英男等（2018）在利用耦合模型对黄淮海平原耕地功能的研究中指出耕地生态、社会、经济等功能的演化方向与强度受到快速城镇化和工业化发展过程中人口和产业发展模式转型的影响，研究结果显示研究区本底因素和外部各项驱动因素共同影响了耕地功能的演化进程。赵华甫等（2007）指出人类不同的发展阶段需求呈层次渐进特征，该特征使人类在不同阶段对耕地功能的偏好不同。例如，中华人民共和国成立初期我国的耕地保护主要关注生产功能，随着化肥、农药等投入的不断加大，耕地生产功能的提高，耕地资源本底条件却逐步恶化，影响到耕地的生态功能（宋小青和欧阳竹，2012b）。近年来，城市郊区兴起绿色生态观光园、绿色农产品供应基地等，人类社会对耕地多功能认知水平的提高及耕地多功能价值的不断凸显，政府对耕地的宏观管理决策正在由农业产业扶持向资源保育方向转化。

1.2.4　耕地多功能价值提升机制研究

1. 耕地多功能空间规划研究

随着耕地多功能的显现，有针对性地深度、复合利用耕地是耕地资源可持续利用的重要路径。关于如何在耕地保护过程中发挥耕地多功能特性，加强耕地资源多功能管理成为当前研究的热点，但是学界尚未形成统一观点。姜广辉等（2011）认为应该着重通过发展耕地的衍生价值来提高耕地利用价值，重点在于建立耕地多功能保护的协调机制、优化耕地多功能布局。宋小青等（2014）认为应该通过构建以主体功能差异化为前提的耕地多功能空间融合模式，拓展耕地价值的提升途径，以期建立耕地多功能统筹利用保障机制。罗成和蔡银莺（2016）则从湖北省主体功能区规划出发，分析各主体功能区耕地资源功能的变化特征，识别不同主体功能区耕地资源利用的优势功能，提出不同主体功能区耕地资源管理的保护模式与政策建议。王亚运（2018）从农户微观视角出发，分析湖北省不同主体功能区内农户家庭耕地资源利用多功能对其土地利用行为的影响，发现在国土空间规划管制的背景下，受区域资源禀赋、资源承载力及经济发展条件等因素的影响，不同主体功能区农户家庭耕地资源所承载的耕地功能及其基本特征存在差异，进而影响其土地利用优化策略。总体来看，学者普遍认为应根据不同地区的资源优势，因地制宜、分区管理、有针对性地进行科学决策，结合不同社会需求和目标导向进行耕地资源的差异化管理与多元化保护，才能实现对耕地资源多功能的科学长效保护，这就对耕地多功能保护规划提出了更高的要求。

耕地保护作为土地利用规划的重要内容，部分学者对于农业、农地保护规划进行了研究细化。刘军萍等（2006）、宋志军和刘黎明（2011）依据城乡地理位置远近和土地类型划分北京农业功能区。李俊岭（2009）以农业功能及地域分异类型为指导，将东北地区划分为平原国家农产品生产基地区、辽中南城乡一体化发展区、长白山老爷岭林区和大兴安岭林区。朱俊林等（2011）将湖北省分为大众农产品供给功能区、特色农产品供给与就业保障功能区、生态调节与防护功能区和大城市周边休闲功能区；高宁等（2012）提出用多功能农业分区指导空间布局和土地规划。代兵（2010）以我国特大型城市上海市作为典型案例，以遥感数据、统计数据和调查数据为基础，根据不同功能基本农田的规划方法，完成上海市不同功能基本农田规划。郑世开（2017）结合耕地多功能研究，围绕生产、生态、景观以及游憩功能四大空间构建多层次、多目标的耕地多功能规划设计体系，实现耕地多功能研究与实践的有效结合。特尔格勒（2017）以内蒙古自治区杭锦旗为例，针对可开发利用部分的宜农沙地进行了多功能农地规划与布局。

2. 耕地多功能价值共创研究

价值共创最早可以追溯到19世纪，来源于服务经济学，其主要观点是生产者和消费者充分利用各自拥有的资源，彼此相互合作，共同生产、创造服务，最终实现双方利益的共赢（刘丹丹，2015）。21世纪初，国外学者 Prahalad 和 Ramaswamy（2000）正式对价值共创概念进行界定，他们认为价值创造不只是依靠企业本身，强调企业与顾客二者之间共同合作创造价值。Aarikka-Stenroos 和 Jaakkola（2012）认为价值共创是多方利益相关者共同合作，通过调动各方资源，进行资源整合的协同行动。Gouillart 和 Billings（2013）对价值共创含义界定进行延伸，不同利益团体在价值共创过程中，发挥各自资源优势和能力，共同解决问题。Ranjan 和 Read（2016）对价值共创概念界定为两个及以上利益团体之间，互动交流、共同合作以此实现各自所需价值的过程。Leclercq 等（2016）认为价值共创本质上是每个参与者进行互动合作、资源置换并整合，以此开发新资源，是一个互惠互利的过程。国内学者刘文超等（2011）认为价值共创是顾客参与到产品研发、生产活动中，使得企业提供更优产品和服务。简兆权等（2016）在系统整理价值共创的发展脉络的基础上，认为价值共创是所有价值创造主体之间资源整合、服务交换的动态过程。国内外学者对价值共创的概念解释各有不同，但都强调各利益相关者共同生产、创造价值。价值共创的互动主体研究从企业与供应商之间、企业与顾客之间的二元关系（Gebauer et al.，2010），到所有利益相关者和组织共同参与（李丽娟，2012）的多元利益主体关系。

在价值共创行为分类研究方面，国外学者最早按照顾客主动程度将其分为两种：一是主动性、自发性地参与价值创造过程，二是被动参与到价值创造过程。Rodie 和 Kleine（2000）从身体参与、心理认知、情感认同三个维度，研究顾客参与价值共创行为。Zwass（2010）认为价值共创活动可以由企业发起和顾客自发两种形式，价值共创行为由此分为价值共创发起行为和自发行为，发起行为是顾客在价值共创过程中做出的贡献，自发行为是顾客在价值共创过程中的主动参与。Yi 和 Gong（2013）制定了较完整的共创行为量表，从参与行为和公民行为两方面衡量共创行为，参与行为包括信息分享、责任行为、信息获取、个体互动，公民行为分为反馈、帮助、拥护和谅解。Minkiewicz 等（2014）将价值共创分为互动参与、合作生产和个性化。对价值共创行为的主体，Kazadi 等（2016）将其分为企业、非政府组织、当地政府以及消费者。Mijnheer 和 Gamble（2019）对遗产旅游景点的一项研究强调当地居民在价值共创中的重要作用，他们指出当地居民积极、开放的行为有利于价值共创过程，能够作为当地的一种标识吸引游客，并且对非物质生活领域的幸福感也有着积极影响。我国学者姚山季和王永贵（2011）从顾客体验视角，将价值共创行为分为高、中、低三类。李朝辉和金永生（2013）、申光龙等（2016）基于 Zwass（2010）价值共创行为的分类，认为发起行为是顾客参与价值共创活动，自发行为是顾客主动与其他利益主体间的交流互动。刘小燕（2016）在 Yi 和 Gong（2013）的价值共创行为划分的基础上进一步解释共创行为量表。

综上，关于价值共创的研究国外相对较早，对价值共创活动的研究也逐渐从二元主体的价值共创到多元主体的价值共创网络，逐步丰富了价值共创行为的理论框架。研究主体上，目前对于价值共创多从需求者（消费者、游客）角度出发，供给者角度则围绕企业展开，对其他利益主体研究不足。研究领域上，主要研究企业、旅游营销，遗产文化保护等方面，对农村土地方面的研究较少。

3. 耕地多功能政策整合研究

我国耕地保护政策经历了从"数量"保护到"数量、质量"保护，再到"数量、质量、生态"保护的演化过程（王文旭等，2020）。《中共中央 国务院关于积极发展现代农业扎实推进社会主义新农村建设的若干意见》明确提出"必须注重开发农业的多种功能"；2021 年农业农村部发布《农业农村部关于拓展农业多种

功能 促进乡村产业高质量发展的指导意见》；2022 年党的二十大报告指出，"牢牢守住十八亿亩耕地红线""发展乡村特色产业，拓宽农民增收致富渠道"①《中共中央 国务院关于做好 2023 年全面推进乡村振兴重点工作的意见》提出"推进农业绿色发展"。这些政策迫切要求农地从单一生产的弱多功能走向强多功能，以农业多种功能全面推进农业强国建设和农业农村可持续发展。

公共政策和制度因素是驱动农地多功能发展的关键社会经济因素，现有文献从是否需要政府支持的争论（Song and Robinson，2020；Masuda et al.，2022）转向政府如何支持（向敬伟等，2019），制定了哪些政策（Chen et al.，2009；于晓华等，2019；Masuda et al.，2022）。Masuda 等（2022）指出，农地多功能的公共产品属性会存在市场失灵，或者多样化的功能对公众非常有益，但由于难以将其转化为市场价值，要利用这些功能，需要政府的支持。另外，农民通过市场提供生态环境和社会服务等公共产品的能力可能不足，从而需要政府支持这些产品的生产（Song and Robinson，2020）。向敬伟等（2019）认为，政策因素是影响耕地多功能的重要因素之一，不同区域一般会制定适宜自身发展的政策以促进耕地多功能。于晓华等（2019）指出，改革深化农业支持保护政策、承包地产权制度，给予农业生产经营者予以补贴支持农业多功能。上述文献主要基于定性研究，Masuda 等（2022）则用政策文本量化方法审查了日本 179 个城市的自然环境、城市规划、土地利用、防灾和农业领域的 8 种行政规划，分析这些规划中提到的农田功能，包括自然环境保护、景观/文化、防洪防灾等。该方法已被用于创新政策、城市土地集约利用政策、居民生活节能引导政策等多个政策领域的政策强度研究中，在政策文本的政策力度、政策目标、政策措施等方面衡量效果较好（彭纪生等，2008；纪陈飞和吴群，2015；芈凌云和杨洁，2017）。

综上，现有研究大多从宏观层面，如自然、经济发展、城镇化、人口密度、技术、政策等探讨农地多功能发展的阻力或动力（付慧等，2020；Li et al.，2023），然而融合宏观尺度和微观尺度揭示农地多功能政策发展及其作用的研究比较欠缺，整合土地政策、农业政策、环境政策等部门性政策和地域性政策探讨耕地保护政策作用的研究还鲜有报道。

1.2.5　国内外研究文献评述

与国外研究相比，国内研究农地多功能价值评估较多，形成机制研究较少；农地多功能本身整体性的研究较多，功能之间的关系、权衡与协同研究较少，李

---

① 《习近平：高举中国特色社会主义伟大旗帜 为全面建设社会主义现代化国家而团结奋斗——在中国共产党第二十次全国代表大会上的报告》，https://www.gov.cn/xinwen/2022-10/25/content_5721685.htm[2024-04-15]。

海燕等（2016）从农户微观尺度分析多功能利用的重要程度排序，一定程度上体现了农户对多功能重要性的权衡，但背后的解释、形成机制还鲜有报道；曾杰等（2014）对武汉城市圈的研究表明，20 世纪 90 年代以来，研究区粮食生产、原材料生产、土壤保持、气候调节等功能均发生了一定程度的减少，水文调节、废物处理、提供美学景观等价值却保持着较大幅度的上升态势，由此可见，农地多功能存在此消彼长的规律，即多功能之间的权衡，一类功能因另一类功能的提高而降低，也可能存在协同作用，但还没有得到解释。农地多功能供给研究较多，需求研究较少。

到目前为止，国内外研究还存在一些问题和局限。①农地多功能供需双边匹配的研究还比较少见。目前研究采取的策略主要是单边单维度的研究，即通过供给研究发现供给特征以期引导需求，或通过需求研究发现需求偏好促进有效供给，从而实现农地多功能供需对接。将需求纳入农地多功能研究对揭示人与环境的关系非常重要，尤其是将多功能需求空间化，与供给的空间化结合，为决策者识别和诊断农地多功能供需匹配程度提供基础。可能由于需求面的数据比供给面的成本数据难获取，许多研究忽略了需求及需求微观机理的研究，在空间上直接比较多功能供给和需求的研究还比较少见。②农地多功能的形成机制、多功能之间的相互关系、权衡与协同机制还不清晰。③农地多功能尺度效应研究需要进一步深化。Wilson（2009）认为，农地多功能是一种地域表达，不同行动者与群体尝试在特定的空间范畴采取特定的策略，依空间规模的尺度分为农场、乡村社区、区域、国家与全球。除全球层级以外，其他四个空间层级对多功能性更具实践指导意义，但各层级均有限制，四个空间层面必须相互整合，多功能才能落实。

总之，农地具有多功能特性，多功能之间的多重性、非线性以及相互交织，常常发生在时间和空间上，表现为时间秩序、空间秩序和空间关联秩序。同时，农地多功能具有内在统一性的供给和需求两个层面内涵，随着中国社会经济转型的推进，农地多功能供给由单中心向多中心转变，由单一特征生产功能向多元特征多功能转变。由此可见，农地多功能协同不仅体现为多功能之间的权衡与协同，也体现为供给需求的权衡与协同。早期研究基于完全理性，侧重于单边单维度的供需对接研究，忽略了双边互动及其认知、期望与实际的差距造成的收益或损失，从而影响资源的最优化配置。因此，构建农地生物物理特征、结构、功能的供给需求双边匹配多尺度理论分析框架，分析农地多功能供需错位，探讨农地多功能之间的关系，权衡与协同类型、影响因素、形成机制及其尺度效应是未来农地多功能利用管理研究的重要领域。

1.3 研究内容与框架

本书以土地利用外部性理论、耕地系统理论、协同理论、供需理论等相关理论为依据，综合运用地理信息系统（geographic information system，GIS）技术、空间统计等多种分析方法，利用土地利用、气象、社会经济统计等多源数据以及实地调查数据，对研究区耕地物质生产功能、生态服务功能、景观文化功能进行多尺度评价，开展耕地多功能供需错位识别、权衡与协同关系、供给侧与需求侧耕地多功能效应以及价值提升机制研究。

　　全书聚焦耕地多功能系统开展了相关研究，共分为 8 个章节（图 1-1）。第 1 章为绪论，主要陈述研究背景、文献综述与主要研究内容；第 2 章为耕地多功能的分

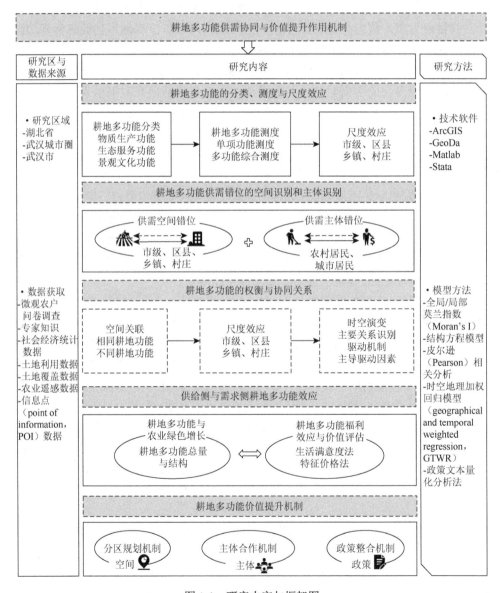

图 1-1　研究内容与框架图

类、测度与尺度效应，包括耕地多功能的概念、分类、测度方法，选取武汉城市圈开展了耕地多功能的尺度效应分析；第 3 章为耕地多功能供需错位的空间识别，以供需理论为基础分别探讨了耕地多功能的供给、需求、供需关系的空间多尺度效应；第 4 章为耕地多功能供需错位的主体识别，以主体的认知-意愿-行为为研究对象，通过样本调查识别耕地物质生产、生态服务、景观文化功能的主体错位；第 5 章为耕地多功能权衡与协同关系，通过 GIS 空间分析、Pearson 相关分析方法等展开耕地多功能权衡与协同关系的空间关联、尺度效应、时空演变及驱动机制研究；第 6 章为供给侧：耕地多功能与农业绿色增长，主要从总量和结构两个视角测度耕地多功能对农业经济增长的影响，剖析耕地多功能与农业绿色全要素生产率的相互作用机制；第 7 章为需求侧：耕地多功能福利效应与价值评估，分别采用生活满意度法、特征价格法对耕地多功能福利效应与价值评估进行了研究；第 8 章为耕地多功能价值提升机制，涵盖耕地多功能的分区规划机制、主体合作机制、政策整合机制。

第 2 章　耕地多功能的分类、测度与尺度效应*

2.1　耕地多功能的概念与分类

耕地多功能源于农业多功能，欧盟、经济合作与发展组织等国际机构从不同视角对农业多功能的概念陈述，都认为农业生产不仅包含商品的产出，还包括公共物品的产出（OECD，2001）。农业多功能是耕地多功能认识的基础，耕地多功能是农业多功能实践的途径。同时，耕地是一个生态系统（姜广辉等，2011），《千年生态系统评估报告》认为，生态系统对人类福利发挥着供给调节、支持、文化等功能，中国工业碳排放信息系统（China Industrial Carbon Emission Information System，CICES）深入研究生态系统中生物和非生物部分的相互作用，将其分为供给、调节和维护文化服务三大类。这些分类体系较全面地概括了生态系统提供的产品或功能，为研究耕地多功能分类及其评估建立了框架。综合农业多功能与生态系统多功能的分类研究，耕地多功能的分类体系基本形成（表 2-1）。

表 2-1　农业多功能、生态系统多功能与耕地多功能的分类体系

功能	分类			
农业多功能	一级分类	社会经济功能	自然生态功能	农耕文化功能
	二级分类	农产品供给、产业发展基础、食物安全保障、就业保障、维护社会稳定	调节自然生态、维护生态安全	农耕文化传承、观光休闲
生态系统多功能	一级分类	供给支持服务	调节净化服务	景观美学服务
	二级分类	食品、淡水、纤维、燃料、土壤形成、初级生产力、水循环	气候调节、洪水调节、水质净化	自然景观、美学观赏价值、娱乐教育等
耕地多功能	一级分类	物质生产功能	生态服务功能	景观文化功能
	二级分类	粮食、蔬菜、瓜类、油料作物生产等	调节气候、水源涵养、生物多样性保护等	乡村景观体验、休闲游憩功能、农耕文化教育等

耕地多功能的识别随着人类认知水平及社会经济演变而变化，学者依据研究目的和研究区域，从不同角度构建耕地多功能指标体系。王成等（2018）选取耕

---

*　本章部分内容来源于杨凤妍子（2021），内容有增改。

地生产功能、景观游憩功能、社会保障功能及建设空间储备功能四个一级分类。周小靖等（2019）选取物质产出功能、生态环境功能、劳动力承载功能和景观美学功能四种功能进行评价。Verburg 等（2004）对土地利用多功能的转变进行研究，发现土地的功能由传统形式向提供健康福利、自然景观、生态环境、工作和收入等多功能发展方向转变。任国平等（2019）将生产功能细分为农业生产功能、经济发展功能，将生态功能细分为生态调节功能、环境维衡功能。各个国家或者组织的社会、文化、政治经济背景不一致，造成对于耕地多功能的认知与分类有所不同，但其分类均涵盖了生产、生态、社会等功能（李梦燃，2019）。张乐敏（2012）结合研究实际并考虑数据可获取性，遵循耕地多功能评价因地制宜性、客观性、层次性和可操作性等原则，把耕地功能分为生产功能、水源涵养功能、土壤保持功能、文化休闲功能、景观文化功能五类。

本章以武汉城市圈为研究区域，参考国内外已有相关研究，考虑研究区耕地自然资源禀赋与社会经济发展需求，将耕地多功能分为物质生产功能、生态服务功能、景观文化功能三大类。其中，物质生产功能指耕地产出土地产品和基本生产原料的功能，生态服务功能指耕地调节气候水文、防止水土流失、维持生物多样性的功能，景观文化功能指耕地所具有的提供美学景观、休憩娱乐空间以及传承农耕文化的功能。

2.2　耕地多功能测度方法

耕地多功能是指耕地所提供的以满足人类社会生存发展所需的各类农业产品和各项服务的能力（朱庆莹等，2018），其中，提供各类农业产品和各项服务侧重于耕地自然资源禀赋的本底能力，满足人类社会生存发展所需则侧重于耕地社会经济发展的保障能力。现有评价指标主要基于耕地本底能力选取增量因子（董鹏宇和赵华甫，2019；周丁扬等，2020），忽视了耕地保障能力的自我满足部分，如生产功能的自给能力、生态功能的自净能力、景观功能的吸纳能力。

结合研究区实际，考虑其自然资源禀赋、社会经济条件、耕地利用与耕地文化承载力等情况，突出耕地多功能中各类功能的有效性，纳入保证率、自给率、损耗率、潜在需求与需求水平等评价因子，同时兼顾数据可获取性，遵循耕地多功能评价因地制宜、客观科学、系统全面和可操作性等原则（张乐敏，2012），从物质生产功能、生态服务功能、景观文化功能三个维度，构建武汉城市圈耕地多功能市级、区县、乡镇、村庄四级尺度的评价指标体系。具体指标描述及指标计算方法如表 2-2 所示。

表 2-2　耕地多功能评价指标体系

一级功能	指标描述	指标计算	指标属性
物质生产功能	地均粮食作物产量	粮食总产量/土地总面积	+
	地均经济作物产量	经济作物总产量/土地总面积	+
	地均农业增加值	农业增加值/土地总面积	+
	粮食保障率	粮食总产量/(地区总人口×400)	+
	经济作物自给率	经济作物总产量/(地区总人口×区域人均消费量)	+
生态服务功能	耕地总蓄水量	土壤层蓄水量+作物冠层截留量	+
	农业耗水率	农业用水消耗量/农田灌溉用水量	−
	土壤保持量	见式（2-12）	+
	土壤侵蚀强度	见式（2-14）	−
	农耕多样性指数	见式（2-23）	+
	生物栖息地密度	见式（2-24）	+
景观文化功能	文化休闲指数	农业观光园个数/土地面积	+
	斑块结合度指数	见式（2-28）	+
	休闲服务潜在需求量	区域人口数量	−
	景观文化需求水平	区域人均地区生产总值水平	−

注："+"表示指标属性为正向，说明该值越大，功能越强；"−"表示指标属性为负向，说明该值越大，功能越弱

2.2.1　耕地物质生产功能测度方法

物质生产功能是耕地最基本最主要的功能（姜广辉等，2011），在耕地多功能中处于核心地位，也是耕地区别于其他土地利用类型的根本。耕地的生产功能具体表现为人类通过劳动控制耕地上农作物生长发育并取得粮食作物和经济作物的能力（杨雪和谈明洪，2014）。相关研究指出人类生命活动所需要的超过80%的热量以及超过88%的食物均由耕地提供且轻工业中超过50%的产值都来源于以农业产品为原材料的加工业（郝芳华等，2003）。通常采用单位面积上各种类农作物的产出规模来表示耕地的物质生产功能（杨雪和谈明洪，2014），计算公式如下：

$$\text{地均粮食作物产量} = \frac{\text{粮食作物总产量}}{\text{土地总面积}} \tag{2-1}$$

$$\text{地均经济作物产量} = \frac{\text{经济作物总产量}}{\text{土地总面积}} \tag{2-2}$$

$$\text{地均农业增加值} = \frac{\text{农业增加值}}{\text{土地总面积}} \tag{2-3}$$

$$\text{粮食保障率} = \frac{\text{粮食作物总产量}}{\text{地区总人口} \times 400} \tag{2-4}$$

$$\text{经济作物自给率} = \frac{\text{经济作物总产量}}{\text{地区总人口} \times \text{区域人均消费量}} \tag{2-5}$$

其中，由于统计数据的缺乏，乡镇与村庄尺度指标的数据换算方法如下：

$$y_{(1ij,2ij,3ij)} = Y_{(1i,2i,3i)} \times \frac{A_{ij}}{S_i} \tag{2-6}$$

$$z_{(1ij,2ij,3ij)} = Z_{(1i,2i,3i)} \times \frac{B_{ij}}{S_i} \tag{2-7}$$

式中，$y_{(1ij,2ij,3ij)}$ 分别为第 i 个区县行政区内第 j 个乡镇的粮食作物总产量、经济作物总产量和农业增加值；$Y_{(1i,2i,3i)}$ 分别为第 i 个区县粮食作物总产量、经济作物总产量和农业增加值；A_{ij} 为第 i 个区县行政区内第 j 个乡镇的耕地总面积；S_i 为第 i 个区县的耕地总面积；$z_{(1ij,2ij,3ij)}$ 分别为第 i 个区县行政区内第 j 个村庄的粮食作物总产量、经济作物总产量和农业增加值；$Z_{(1i,2i,3i)}$ 分别为第 i 个区县粮食作物总产量、经济作物总产量和农业增加值；B_{ij} 表示第 i 个区县行政区内第 j 个村庄的耕地总面积。

2.2.2　耕地生态服务功能测度方法

1. 水源涵养功能

水资源短缺一直被认为是威胁人类社会的重要环境问题，而自然生态系统具有重要的水源涵养功能，耕地作为半自然生态系统，其水源涵养能力正逐步受到重视。水源涵养能力是耕地生态系统的重要组成部分之一，耕地的水源涵养能力指耕地系统在一定的时空范围和条件下，将降水保持在系统内的过程和能力（陈丽等，2017），包括综合蓄水能力、农业耗水率。

（1）综合蓄水能力。国内外有关水源涵养供给能力的测算方法主要有以下几类：综合蓄水能力法、土壤蓄水能力法、水量平衡法以及降水储存量法等。农作物生长周期较短，作物整个生长周期基本没有枯枝落叶，耕地的水源涵养功能主要考虑农作物冠层对降水的截留和土壤的蓄水。本章选择综合蓄水能力法量化水源涵养能力，其计算公式为

$$Q = Q_1 + Q_2 \tag{2-8}$$

$$Q_1 = \sum (S_i \times \varphi_i \times H_i) \tag{2-9}$$

$$Q_2 = \sum_{j=1}^{n} Y_j \times D_j \times M_j \tag{2-10}$$

式中，Q 为总蓄水量；Q_1 为土壤层蓄水量；Q_2 为作物冠层截留量，单位为 m^3；S_i 为研究单元 i 内的耕地面积；φ_i 为研究单元 i 内单位耕地的非毛管孔隙率，非毛管孔隙率取值参照俞建荣的研究成果，按照非毛管孔隙率为总孔隙率的 16% 计算（杨凤妍子，2021）；H_i 为研究单元 i 内单位耕地的土层厚度（单位为 m），以土壤剖面的深度代替，取平均值 0.6m；Y_j 为第 j 种农作物的播种面积，单位为 hm^2；D_j 为该作物生长周期的各月份降水量之和，单位为 0.1mm；M_j 为各种类农作物的降水截留率；j 为农作物种类；n 为农作物种类数。

土壤蓄水量主要取决于土壤非毛管孔隙度的大小和土层厚度，土层越厚，土壤非毛管孔隙度高，贮存于土壤中的水量越多，反之，土层越薄，土壤非毛管孔隙度越低，贮存于土壤中的水量越少。作物全生育期内冠层截留量是测算农作物冠层截留量的重要数据，马波等（2014）在实验室条件下通过模拟不同强度的降雨，记录和测算了不同农作物植株在不同条件下对降水再分配的影响，得到了农作物冠层的截留率，本章取其实验在 0.3mm/min 喷雾强度下的测定结果，作为该作物的冠层截留率，同时选取武汉城市圈九类主要作物计算农作物冠层截留量，各类作物全生育期内冠层截留率如表 2-3 所示。

表 2-3　主要农作物冠层截留率与生长周期

项目	作物类型								
	早稻	中稻	晚稻	豆类	薯类	棉花	玉米	油料	小麦
冠层截留率	0.53%	0.53%	0.53%	0.90%	0.90%	0.26%	0.26%	0.53%	1.48%
生长周期	4～7 月	4～8 月	6～10 月	4～10 月			4～9 月	10 月至次年 5 月	

（2）农业耗水率。农业用水消耗量指在输水、用水过程中，通过蒸腾蒸发、土壤吸收、产品带走、居民和牲畜饮用等各种形式消耗掉，而不能回归到地表水体或地下含水层的水量。农业耗水率为农业用水消耗量占农业用水量的百分比，计算公式如下。

$$农业耗水率 = \frac{农业用水消耗量}{农田灌溉用水量} \tag{2-11}$$

2. 土壤保持功能

土壤保持功能的评价主要基于对土壤保持量的计算，近年来众多学者根据经验积累以及通过模拟土壤物理侵蚀过程先后提出系列评估方法，主要包括通用土壤流失方程（universal soil loss equation，USLE）、修正的通用土壤流失方程（revised universal soil loss equation，RUSLE）、InVEST 模型、美国土壤水蚀预报项目（water erosion prediction program，WEPP）、欧洲土壤侵蚀模型（European soil erosion model，EUROSEM）等。其中，RUSLE 计算过程简单清晰、数据易获取、适用性较强，因而在土壤保持功能评价研究中的应用居多，也相对较成熟（孙新章等，2007；彭建等，2017；Wang et al.，2019）。根据 RUSLE，土壤保持量是由潜在土壤流失（A_p）和实际土壤流失（A_r）之间的差额来计算的（Li et al.，2023）。在 Zhang 等（2019）的基础上，本章将土壤保持定义为服务供给，将实际土壤流失定义为服务需求，详见式（2-12）。

$$\text{SC} = A_p - A_r \tag{2-12}$$

$$A_p = R \times K \times L \times S \tag{2-13}$$

$$A_r = R \times K \times L \times S \times C \times P \tag{2-14}$$

$$\text{ESDR} = \frac{\text{SC} - A_r}{(\text{SC}_{max} + A_{rmax}) / 2} \tag{2-15}$$

式中，SC 为年平均土壤侵蚀模数，单位为 t/(hm²·a)；R 为降水侵蚀力因子，单位为 MJ·mm/(hm²·h·a)；K 为土壤侵蚀系数，单位为 t·hm²·h/(hm²·MJ·mm)，描述土壤对雨滴的脆弱性；L 和 S 分别为坡长因子和坡度因子；C 为作物和管理因子；P 为水土保护措施因子；ESDR 为土壤保持服务供需比。

（1）降水侵蚀力因子。降水侵蚀力因子是指降水过程对土壤流失存在的潜在影响力。降水侵蚀力是通用土壤流失方程模型中的基础因子，是评价降水引起土壤分离和搬运的动力指标，反映了降水条件对土壤侵蚀的潜在影响。降水侵蚀力有不同的计算方法，国内外学者对降水侵蚀力因子的计算方法做了大量的研究，本章采用《生产建设项目土壤流失量测算导则》（SL 773—2018）中基于多年平均降水量的公式进行测算，能够比较准确地反映区域降水对土壤侵蚀的贡献率。

$$R = 0.067 \times P_d^{1.627} \tag{2-16}$$

式中，R 为降水侵蚀力因子，单位为 MJ·mm/(hm²·h·a)；P_d 为年平均降水量，单位为 mm。本章采用 2016～2020 年武汉城市圈逐年降水数据，将 5 年的逐年降水数据进行多年平均处理，经 ArcGIS 软件栅格计算器计算生成 R 图层。

（2）土壤可蚀性因子。土壤可蚀性衡量土壤颗粒被水力分离和搬运的难易程度，是反映土壤对侵蚀敏感程度的指标，K 值表征土壤本身的性质差异，通过影响入渗、雨滴和径流对土壤颗粒的分离和搬运等，对侵蚀发生的强弱及其产沙量的多少产生重要影响。通过运用威廉斯（Williams）等提出的侵蚀-生产力影响计算器（erosion productivity impact calculator，EPIC）评价土壤可蚀性因子值。EPIC 模型主要与土壤中砂粒、粉粒、黏粒和有机质含量相关，该模型更加关注土壤性质，可以比较科学地反映土壤可蚀性。土壤属性数据来自世界土壤数据库

（Harmonized World Soil Database，HWSD），通过公式计算获得研究区的土壤可蚀性因子数据，最后利用 ArcGIS 软件生成栅格图层，其计算公式如下：

$$K = \left\{ 0.2 + 0.3 \times \exp\left[-0.0265 \times \sin\left(1 - \frac{SIL}{100} \right) \right] \right\} \times \left[\frac{SIL}{CLA + SIL} \right]^{0.3}$$

$$\times \left\{ 1 - 0.25 \times \frac{O}{O + \exp(3.72 - 2.95O)} \right\} \quad (2\text{-}17)$$

$$\times \left\{ 1 - 0.7 \times \frac{SN_1}{SN_1 + \exp(22.9 \times SN_1 - 5.51)} \right\} \times 0.1317$$

$$SN_1 = 1 - \frac{SAN}{100} \quad (2\text{-}18)$$

式中，SAN 为沙粒含量；SIL 为粉粒含量；CLA 为黏粒含量；O 为有机质含量；其中 $SN_1 = 1 - SAN/100$。最后，转换 K 值为国际单位[t·hm²·h/(hm²·MJ·mm)]，将计算结果乘以 0.1317。

（3）坡长坡度因子。坡长坡度因子 L、S 反映地形起伏变化对土壤侵蚀的影响，可由地貌形态参数计算得出，所采用的数字高程模型（digital elevation model，DEM）数据来自中国科学院资源环境科学与数据中心，空间分辨率为 90m。反映土壤坡面侵蚀的坡长（L）和坡度（S）是两个主要因子。坡长增加，坡面来水面积增加，向坡下方流动的径流量、流速、水力半径也随着增大，侵蚀量也随之增大。坡长因子 L 计算公式由 Liu 等（2017）提出，具体公式如下：

$$L = (\lambda / 22.13)^{\alpha} \quad (2\text{-}19)$$

$$\alpha = \beta / (\beta + 1) \quad (2\text{-}20)$$

$$\beta = (\sin\theta / 0.0896) / [3 \times (\sin\theta)^{0.8} + 0.56] \quad (2\text{-}21)$$

式中，L 为坡长因子（单位为 m）；λ 为水平坡长，利用 90m 分辨率的 DEM 数据计算，取 90m；α 为坡长指数；θ 为坡度。

将坡度进行分级计算坡度因子 S，10°以下采用 MoCool 等（1987）的公式计算，10°以上采用 Liu 等（2017）的公式计算：

$$\begin{cases} S = 0.03 + 10.80 \times \sin\theta, \ \theta < 5° \\ S = -0.50 + 16.80 \times \sin\theta, \ 5° \leqslant \theta \leqslant 10° \\ S = -0.96 + 20.91 \times \sin\theta, \ \theta > 10° \end{cases} \quad (2\text{-}22)$$

式中，S 为坡度因子。

（4）植被覆盖因子。植被覆盖因子是衡量植被抵抗土壤侵蚀的重要指标，取值范围为 0～1。C 值越大，说明植被覆盖越差，相应的土壤侵蚀越严重。一般通过模型计算法、试验法、赋值法确定 C 因子（表 2-4）。本章采用赋值法获得 C 因子空间分布图。其中，耕地赋值为 0.05，林地赋值为 0.04，草地赋值为 0.03，未利用地赋值为 1，建设用地及水域均赋值为 0。

表 2-4　土地利用类型 C 值和 P 值

项目	土地利用类型					
	耕地	林地	草地	建设用地	水域	未利用地
C	0.05	0.04	0.03	0	0	1
P	0.35	1	1	0	0	1

注：C 是作物和管理因子；P 是水土保持措施因子

（5）水土保持措施因子。水土保持措施因子反映实施水土保持措施后对侵蚀的减小作用，将林地、草地、未利用地的 P 赋值为 1，耕地赋值为 0.35，建设用地及水域赋值为 0（表 2-4）。

3. 生物多样性功能

耕地生物多样性是由农作物与其周边环境共同构成的生态复合体，其核心是物种多样性，具体而言就是某一区域内农作物的种类和数量的丰富度。农田生态系统不同类型农作物之间相互促进、相互作用，并且农作物的某些品质特性、抗病虫害和抗逆性也只能在多样化种植的农田中才能得以体现。本章用农耕多样性指数和生物栖息地密度表达生物多样性功能。

（1）农耕多样性指数。文章采用香农多样性指数（Shannon's diversity index，SHDI）作为农耕多样性指数，计算公式如下：

$$H = -\sum_{i=1}^{i}(P_i \ln P_i) \tag{2-23}$$

式中，H 为农耕多样性指数；P_i 为各种农作物播种面积与农作物总播种面积之比。H 值越高，表明区域范围内种植的农作物种类越多，农田生态系统越稳定。

（2）生物栖息地密度。参考郝亮（2021）的研究，本章采用全球生物多样性信息网络（Global Biodiversity Information Facility，GBIF）的生物栖息地观测 POI 数据（https://www.gbif.org/zh/dataset/），通过核密度方式量化生物栖息地点在空间上分配权重比例，而后通过极差标准化测算生物栖息地密度。具体公式为

$$S_{\text{pecies}} = \frac{(S_i - S_{\min})}{(S_{\max} - S_{\min})} \tag{2-24}$$

式中，S_{pecies} 为生物栖息地密度，表示研究区域生物多样性网络化程度；S_i 为空间第 i 个栅格的物种观测 POI 核密度指数；$S_{\max}$ 为研究范围全域核密度指数最大值；$S_{\min}$ 为研究范围全域核密度指数最小值；i 为栅格单元序列。

2.2.3 耕地景观文化功能测度方法

耕地景观文化功能主要分为文化休闲功能与景观美学功能，其中，耕地文化休闲功能主要包括观赏田园风光、体验农耕生活、科学研究和教育等。耕地所赋予的文化休闲功能不仅体现在人们从生态系统中的收获，还体现在耕地作为乡土文化和农耕文明的精神物质载体作用（黄业建，2019）。从耕地景观对人视觉的愉悦度而言，通常认为集中连片的耕地更具美学价值。景观格局指数具有强大的描述能力，且易于计算，被广泛地应用于衡量景观格局（范丽娟和田广星，2018；陈帷胜等，2016）。

1. 文化休闲功能

本章选取地均农业观光园个数、休闲服务潜在需求量与景观文化需求水平表征耕地文化休闲功能，利用统计年鉴数据、百度地图提取"农业园、休闲农庄、农家乐、采摘"等关键词，获取武汉城市圈农业观光园位置信息，计算公式如下：

$$地均农业观光园个数 = 农业观光园个数 / 土地面积 \qquad (2-25)$$

$$休闲服务潜在需求量 = 城镇人口数量 + 乡村人口数量 \qquad (2-26)$$

$$景观文化需求水平 = \frac{地区生产总值}{区域人口数量} \qquad (2-27)$$

2. 景观美学功能

本章选择斑块结合度指数（COHESION）表征耕地景观美学水平。计算公式如下：

$$\mathrm{COHESION} = \left(1 - \frac{\sum_{j=1}^{n} P_{ij}}{\sum_{j=1}^{n} P_{ij}\sqrt{a_{ij}}}\right)\left(1 - \frac{1}{\sqrt{A}}\right)^{-1} \qquad (2-28)$$

式中，COHESION 为同一景观类型的斑块结合程度，其值越高，斑块内聚度越高，其值越低，斑块内聚度越低；P_{ij} 为 ij 斑块周长；a_{ij} 为 ij 斑块面积；A 为景观总面积。

2.2.4 耕地多功能综合测度方法

1. 指标归一化处理

耕地功能评价指标具有多层次性与复杂性特点，各指标的单位、属性均不相同且指标性质存在正负之分，不能直接比较。为了减少误差，通常需要对数据进行预处理，本章采用极差标准化法对耕地功能的多个指标进行无量纲化处理，经过极差变换处理标准化后的指标值满足 $0 \leqslant G_{ij} \leqslant 1$。

对于正向指标，计算公式如下所示：

$$G_{ij} = \frac{(Y_{ij} - Y_{\min})}{(Y_{\max} - Y_{\min})} \qquad (2\text{-}29)$$

对于负向指标，计算公式如下所示：

$$G_{ij} = \frac{(Y_{\max} - Y_{ij})}{(Y_{\max} - Y_{\min})} \qquad (2\text{-}30)$$

式中，G_{ij} 为 i 功能 j 指标无量纲化值；Y_{ij} 为 i 功能 j 指标的原始值；$Y_{\max}$ 为 i 功能 j 指标原始最大值；$Y_{\min}$ 为 i 功能 j 指标的原始最小值。

2. 指标权重确定

指标的权重值会对评价结果的准确性与可信性造成影响。目前常用的指标权重确定方法分为主观赋权法与客观赋权法，其中主观赋权法以德尔菲法和层次分析法为代表，客观赋权法中以熵权法、复相关系数法、均方差法和变异系数法最为常用。

（1）熵权法确定权重。熵权法是客观权重法，该方法根据各项指标提供的信息量大小确定权重值，指标的信息熵越小，指标值变异程度越大，在综合评价中起的作用越大，权重也越大。熵权法计算步骤如下：

$$E_j = -\frac{1}{\ln(m)} \sum_{i=1}^{m} P_{ij} \ln(P_{ij}) \qquad (2\text{-}31)$$

$$P_{ij} = \frac{G_{ij}}{\sum_{i=1}^{m} G_{ij}} \qquad (2\text{-}32)$$

$$w_{i1} = \frac{1 - E_j}{n - \sum E_j} \qquad (2\text{-}33)$$

式中，w_{i1} 为指标权重；E_j 为指标信息熵；m 为评价单元数目；n 为评价指标数目；P_{ij} 为归一化处理后的数据，$P_{ij} = 0$ 时，$P_{ij} \ln(P_{ij}) = 0$。

（2）变异系数法确定权重。变异系数是平均数和标准差的比值，通过计算各项指标信息得到权重值，能有效客观地反映各个指标的差距。变异系数法计算步骤如下：

$$E_i = \frac{a_i}{\bar{x}} \qquad (2\text{-}34)$$

$$a_i = \sqrt{\frac{\sum_{i=1}^{n}(x_{ij} - \overline{x})}{n-1}} \tag{2-35}$$

$$\overline{x} = \frac{\sum_{i=1}^{n} x_{ij}}{n} \tag{2-36}$$

$$w_{i2} = \frac{E_i}{\sum E_i} \tag{2-37}$$

式中，E_i 为第 i 项指标变异系数；a_i 为第 i 项指标的标准差；$\overline{x}$ 为第 i 项指标的平均值；w_{i2} 为指标权重。

（3）组合权重。根据最小信息熵原理，将熵权法和变异系数法分别确定的权重进行耦合处理得到组合权重 W：

$$\min F = \sum_{j=1}^{n} w_j(\ln w_j - \ln w_{1j}) + \sum_{j=1}^{n} w_j(\ln w_j - \ln w_{2j}) \tag{2-38}$$

式中，$\sum_{i=1}^{m} w_j = 1$；$w_j > 0$；w_{1j} 为熵权法确定的指标权重；w_{2j} 为变异系数法确定的指标权重；F 为最小信息熵模型的目标函数。

根据拉格朗日乘子法，上述优化问题的最优解为

$$w_j = \frac{\sqrt{w_{1j} \cdot w_{2j}}}{\sum_{j=1}^{n} \sqrt{w_{1j} \cdot w_{2j}}} \tag{2-39}$$

熵权法是一种客观赋权方法，基于数据熵值判断对应指标的离散程度并以此赋权，赋权依据信息均源于客观环境，不受主观人为因素和重叠性信息影响，其权重值具有真实性和客观性，因此，本章采用熵权法确定权重（表 2-5）。

表 2-5 耕地多功能评价指标权重值

一级功能	指标名称	指标权重			
		市级	区县	乡镇	村庄
物质生产功能	地均粮食作物产量	0.098	0.066	0.056	0.073
	地均经济作物产量	0.132	0.108	0.072	0.096
	地均农业增加值	0.115	0.093	0.065	0.058
	粮食保障率	0.041	0.056	0.023	0.034
	经济作物自给率	0.032	0.087	0.047	0.045

续表

一级功能	指标名称	指标权重			
		市级	区县	乡镇	村庄
生态服务功能	耕地总蓄水量	0.070	0.054	0.040	0.050
	农业耗水率	0.023	0.031	0.018	0.027
	土壤保持量	0.103	0.123	0.094	0.088
	土壤侵蚀强度	0.158	0.162	0.184	0.102
	农耕多样性指数	0.042	0.026	0.014	0.076
	生物栖息地密度	0.012	0.020	0.016	0.009
景观文化功能	文化休闲指数	0.113	0.102	0.184	0.173
	斑块结合度指数	0.008	0.009	0.003	0.005
	休闲服务潜在需求量	0.018	0.023	0.056	0.033
	景观文化需求水平	0.035	0.040	0.128	0.131

3. 耕地多功能综合测度

耕地多功能分为总量视角的耕地多功能和结构视角的耕地多功能（胡伟艳等，2018）。总量视角的耕地多功能测度方法以标准化加总法和综合指数法为代表。标准化加总法是将标准化后的各项子功能值进行加总，将各项子功能视作整体，但未从耕地多功能整体角度考虑；综合指数法则从整体的角度充分考虑各单项指标在耕地多功能整体中的重要程度。结构视角的耕地多功能测度方法则以辛普森倒数指数法（Simpson reciprocal index，SRI）（Stürck and Verburg，2017；Raudsepp-Hearne et al.，2010）和香农多样性指数法（Plieninger et al.，2013a，2013b）为代表，其中香农多样性指数法虽能较好地衡量耕地类型的多样性，但在刻画数量均匀度等结构特征方面有较大缺陷，而辛普森倒数指数法能较好地刻画耕地多功能数量的均匀度特征（Stürck and Verburg，2017）。本章采用加权综合指数法和辛普森倒数指数法分别从总量与结构上测度武汉城市圈耕地多功能，计算公式如下：

$$F = \sum_{b=1}^{N} F_b \quad (b = 1, 2, 3, \cdots, N) \tag{2-40}$$

式中，F 为耕地多功能总分值；F_b 表示耕地各单项功能分值；N 为耕地功能种类数。

$$SRI_i = \frac{1}{\sum (n_{i_j} / N)^2} \tag{2-41}$$

式中，SRI_i 为 i 地区的辛普森倒数指数，反映耕地功能数量的均匀度与类型的多样性SRI_i值越大，则耕地功能数量越均匀，类型越多样；n_{i_j}为i地区第j项耕地功能的分值；N为耕地功能类别总数。

2.3　研究区域、数据来源与预处理

2.3.1　研究区域

武汉城市圈地处中国中部、湖北省东部，是覆盖湖北省内 9 个大中型城市的城市集群，也被称为"1 + 8"城市圈，包括中心城市武汉市，副中心城市黄石市，以及鄂州市、咸宁市、黄冈市、天门市、孝感市、潜江市和仙桃市。武汉城市圈总面积约 5.81 万 km²，占全省面积的 31.25%，介于北纬 29°05′～30°51′，东经 112°30′～116°07′，是中国中部 6 省中心，也是中部地区发展建设的核心与枢纽，在整个长江中游城市群中起着重要的引领和支撑作用。武汉城市圈内地形地貌多样化，总体上以平原为主，约占整个城市圈总面积的 40%，丘陵、山地和水域分别占城市圈总面积的 30%、20% 和 10%。西部江汉平原地带是我国重要的粮食主产区之一，而东南部和东北部地区大别山和幕阜山环绕，植被类型多样、物种丰富、景观优美，受汉江流域和长江流域的影响，区域内水资源十分丰富，湖泊密布。此外，武汉城市圈属亚热带季风气候，区域内雨水充沛、光照充足，夏季高温多雨，冬季寒冷湿润，无霜期长，年平均日照时长约为 1300h 至 2200h，年平均气温 16.3℃至 16.8℃。

随着武汉城市圈经济的高速发展和新型城镇化的快速推进，区域内建设用地需求大量增加，1990～2015 年，耕地面积自 303 万 hm² 降至 277 万 hm²。根据《中国耕地质量等级调查与评定（全国卷）》，武汉城市圈耕地质量优良（刘恬等，2018），是我国重要的商品粮棉油生产基地。根据表 2-6 所示，武汉城市圈内各个市耕地数量具有明显差异，区域内分布不均衡，且人均耕地面积具有较大差异，耕地资源分配不均衡。从生态系统服务的变化来看，20 世纪 90 年代以来，武汉城市圈粮食生产、原材料生产、土壤保持、气候调节等功能均发生一定程度的减少，水文调节、废物处理、提供美学景观等价值却保持着较大幅度上升的态势（曾杰等，2014）。这意味着武汉城市圈在兼顾经济发展的同时，也应重视耕地的保护与管理，如何在耕地保护过程中发挥其多功能特性，寻求武汉城市圈耕地多功能的协同发展，优化城镇、农业和生态空间，加强耕地质量、数量和生态的综合保护将成为重要的研究课题。

表 2-6　研究区耕地资源利用状况

区域	耕地面积/khm²	人均耕地面积/亩
湖北省	5235.91	1.33
武汉城市圈	2050.05	0.97

续表

区域	耕地面积/khm²	人均耕地面积/亩
武汉市	295.87	0.41
黄石市	117.31	0.71
鄂州市	55.60	0.01
孝感市	439.57	1.34
黄冈市	531.92	1.26
咸宁市	200.81	1.19
仙桃市	118.93	1.56
天门市	167.51	1.96
潜江市	122.53	1.90

资料来源:《2018 湖北农村统计年鉴》

2.3.2　数据来源与预处理

研究数据主要分为卫星遥感类数据、基础地理类数据、社会经济类数据、气象类数据以及百度地图 POI 数据五类,包括土地利用覆盖数据、DEM 坡度数据、行政边界数据、土壤质地数据、农业生产数据、社会经济数据、降水量数据、研究区农家乐空间分布数据八类,各项数据来源及详细说明如表 2-7 所示。

表 2-7　数据来源及说明

数据类型	数据产品	数据来源
卫星遥感类数据	土地利用覆盖数据	中国科学院资源环境科学与数据中心
	DEM 坡度数据	
基础地理类数据	行政边界数据	国家级土地变更调查数据库
	土壤质地数据	世界土壤数据库
社会经济类数据	农业生产数据	湖北省统计局
	社会经济数据	
气象类数据	降水量数据	国家地球系统科学数据中心
百度地图 POI 数据	研究区农家乐空间分布数据	百度地图开放平台

1. 卫星遥感类数据

卫星遥感类数据包括土地利用覆盖数据及 DEM 坡度数据。其中,土地利用覆被数据由 2020 年 Landsat TM/ETM^①遥感影像解译生成，分辨率为 30m。结合武汉城市圈实测资料和相关图件，通过人机交互解译对遥感影像数据进行图像处理，以获取武汉城市圈土地利用数据，并检验数据精度，耕地数据（包括水田和旱地）精度不低于 85%，非耕地数据精度不低于 80%。DEM 数据来源于中国科学院资源环境科学与数据中心，精度为 90m，为实现统一尺度表达，对由 DEM 算出的数据进行重采样，重采样成 1km×1km 的格网。

2. 基础地理类数据

基础地理类数据包括行政边界数据、土壤质地数据。其中，行政区划边界数据来源于国家级土地变更调查数据库，包括行政区名称、地理位置等信息，在使用过程中进行了投影、格式转化、裁剪等预处理，提取武汉城市圈市级、区县、乡镇、村庄四级行政区划边界。土壤数据来源于世界土壤数据库，土壤质地数据主要包含土壤砂土含量、黏土含量、壤土含量以及有机质含量等信息。

3. 社会经济类数据

社会经济类数据主要包括农业生产数据和社会经济数据。其中，农业生产数据包括武汉城市圈主要农作物产量、主要农作物播种面积、农业增加值等。社会经济数据包括常住人口、城镇化率、地区生产总值、农村常住人口可支配收入、城镇常住居民人均可支配收入等。社会经济数据来源于《2020 湖北农村统计年鉴》、《2020 湖北统计年鉴》及 2020 年武汉城市圈内 9 个地级市统计年鉴。为了使研究数据具有可比性，本章分别对武汉市中心城区、黄石市中心城区和鄂州市辖内的区县进行适当的归整，将武汉城市圈区县尺度 39 个区县划分为 36 个评价单元，作为武汉城市圈县级尺度经济空间化的基础样本。

4. 气象类数据

气象类数据主要是武汉城市圈的降水量数据，计算土壤保持功能采用多年平均年降水量，降水数据是由国家地球系统科学数据中心提供的中国 1km 分辨率年降水量数据，经过提取分析，得到武汉城市圈近 5 年的年降水量数据。计算水源涵养采用主要作物生长期内月降水量数据，数据来源是国家气象科学数据中心提供的 2020 年各气象站点月降水量数据。

5. 百度地图 POI 数据

武汉城市圈农业观光园的百度地图 POI 数据是于 2021 年 2 月 18 日通过 Python 3.6

---

① TM 英文全称为 thematic mapper，译为专题测图仪；ETM 英文全称为 enhanced thematic mapper，译为增强型专题制图仪。

软件在百度地图开放平台中采用"农业园、休闲农庄、农家乐、采摘"等关键词爬取的武汉城市圈内各农家乐的名称、地点、经纬度坐标，并通过 ArcGIS 10.2 空间化至各市、区县、乡镇及村庄。

土地利用覆盖数据、DEM 坡度数据、土壤质地数据、农业生产数据、社会经济类数据、降水量数据、农家乐空间分布数据在研究尺度上裁剪为武汉城市圈全域，在坐标系上统一校正为同一投影坐标系，确保底图一致性。空间数据处理过程中结合行政区划数据，借助 ArcGIS 软件中的栅格裁剪、栅格重分类、栅格计算器、相交、空间连接等工具汇总至四级尺度。此外，对于部分尺度下的极个别缺失数据，本章以多年数据为基础，采用均值法或线性趋势内插法进行数据重建。

2.4　耕地多功能的尺度效应

尺度是指各类观测所采用的时间或空间单位，也指某一现象发生的时间或空间范围（邬建国，2007）。目前，不同学科领域对尺度问题的认识与运用存在差异，但尺度被视为自然和社会现象等级这一观点被大家所接受。尺度的划分总体可为以下两种类型：一类是自然界中真实存在的客观的、绝对的尺度；另一类则是根据研究对象和目的、研究视角、学科特点、社会经济水平、科技水平、研究者知识储备和主观意愿等而划分的主观的、相对的尺度，是一种被人为选取构建的尺度，如各级行政单元、研究分析中的各等级单元。

地理学领域的尺度问题主要涉及行政区划调整、尺度整治、经济地理学中的尺度转换等，本节以行政区划尺度开展研究。行政区划是国家为了进行分级管理，按照政治经济、地理条件和民族状况的差异对其领土区域实行的区域划分。中国行政区等级与行政权力大小紧密相关，构成了多层级行政管理体系。从尺度等级的视角看，中国行政区划和各级城市级别存在鲜明的等级特性。因此，依据尺度理论将行政层级视为一种特殊的尺度开展耕地多功能研究，有助于不同行政层次尝试探索耕地多功能保护的联动政策，尽可能减少耕地各功能间的权衡，为促进耕地多功能协同和可持续利用提供依据。

2.4.1　耕地单项功能的多尺度评价结果

本节利用 ArcGIS 10.4 平台，从市级、区县、乡镇和村庄四个尺度，对武汉城市圈耕地单项功能进行综合评价。总体而言，武汉城市圈耕地多功能在不同尺度上空间差异较大，具有较明显的空间分异特征。对于物质生产功能而言，其空间分布格局在各个尺度上平均变化，而对于生态服务功能、景观文化功能而言，在村庄尺度上观察到的空间分布格局在市级尺度上被部分隐藏。随着研究尺度的缩小，耕地功能在空间上得以更精准地表达，在较大尺度上可以更明显地展示功能分布趋势。

1. 市级尺度

在市级尺度上，武汉城市圈耕地物质生产功能值在天门市、潜江市、鄂州市最高，仙桃市次之，孝感市居中，武汉市和黄冈市最低，整体呈现"西部沿江平原耕地生产功能较高，中部、东北部地区耕地物质生产功能总体偏低"的态势。天门市、潜江市和仙桃市地处长江中上游，位于江汉平原上，灌溉保证率高且土壤肥沃，农业生产基础条件十分优越，是湖北省的重要粮食主产区之一。鄂州市紧邻武汉市，地势平坦且区位优势突出，生产潜力较高，人口集聚与经济发展所形成的较高水平的消费需求市场影响了农户的种植结构，在市场机制以及区位优势的作用下，农户更偏向于种植经济效益高、运输难度大的瓜果蔬菜类经济作物，因此鄂州市耕地的物质生产功能突出、优势明显。黄石市、咸宁市受区域发展与地形地貌制约，人口密集，用地类型以建设用地为主，耕地较少。东北部的黄冈市大别山环绕，受地形因素制约，区域内耕地数量相对较少且质量较差，生产能力低。

市级尺度耕地生态服务功能值在咸宁市、黄石市最高，黄冈市次之，潜江市、天门市、鄂州市居中，武汉市最低，整体呈现"东南部耕地生态服务功能偏高，中部耕地生态服务功能偏低"的分布特征。主要由于中部武汉市耕地资源禀赋有限，耕地图斑破碎，而东南部受丘陵山地地形制约，耕地受城镇扩张、污染排放等人为影响较小，生态环境质量优良。

市级尺度耕地景观文化功能值在鄂州市最高，仙桃市、孝感市、天门市次之，武汉市最低，整体呈现自西北向东南"高低高"跳跃式分布特征。呈现该分布规律的原因主要是武汉市耕地较少，相较而言鄂州市耕地较多，社会经济发展水平迅速，居民的生活水平较高，邻近的区位可更多承接武汉市对耕地景观文化功能的需求。

2. 区县尺度

在区县尺度上，武汉城市圈耕地物质生产功能值在孝感市云梦县、应城市最高，武汉市新洲区、黄陂区和咸宁市嘉鱼县等相对较高，武汉市中心区最低。主要原因是西部平原地区地势平坦、土壤质量优良、水资源丰富，是武汉城市圈的粮食主产区，中部武汉市中心辖区生产性土地较少，但蔡甸区、汉南区、黄陂区和江夏区均设有重要蔬菜生产基地，经济作物产量丰富，而北部黄冈市、孝感市普遍为山地丘陵地貌，地形和土壤条件影响耕地的服务生产功能。

区县尺度耕地生态服务功能值在孝感市云梦县、咸宁市通山县、黄冈市麻城市与团风县最高,武汉市汉南区、咸宁市咸安区最低,主要原因是高值区域地处武汉城市圈较为偏远的地区,受人为开发与影响相对较小,耕地保护较好,耕地自然禀赋和生态环境较为优越。

区县尺度耕地景观文化功能在鄂州市、黄冈市黄州区、黄石市大冶市与阳新县功能值最高,武汉市中心区最低。主要原因是武汉市中心区周边区县社会经济发达,区域内居民耕地的旅游休闲景观功能的需求不断提升,城市郊区兴建农业观光园,区域内景观文化功能不断提升,而外围区县由于社会经济发展相对缓慢,居民需求中对耕地物质生产功能的保护仍位于首要地位,景观文化功能相对较弱。

3. 乡镇尺度

在乡镇尺度上,武汉城市圈耕地物质生产功能高值区的空间格局呈现出"西高、东低、中洼地"的分布特征,其中,高值集聚区位于西部江汉平原、鄂东沿江平原各乡镇,东部以大别山区呈现为低值区,生产功能洼地集中于中部武汉市辖区内的乡镇与街道。主要由于西部江汉平原各乡镇土壤肥沃,耕地质量优良,是武汉城市圈重要的粮食产区;东部部分乡镇地处鄂东沿江平原,耕地本底质量优良,物质生产功能较强;中部武汉市中心各乡镇由于城镇化进程的推进,大量耕地转换为建设用地,耕地资源稀缺且分布破碎,耕地物质生产功能低。

乡镇尺度耕地生态文化功能值与区县尺度类似,高值区集聚分布于东部与南部,但东部高值区内部分乡镇呈现低值集聚,低值区则相对集聚于中部和西南部地区。高值地区相对低值区远离城市,耕地生境质量较为优良,呈现该空间分布格局的原因与区县尺度较为相似。

乡镇尺度耕地景观文化功能值随着研究尺度细化,信息增多,耕地景观文化功能的高值区反映出零散分布的空间格局,但主要集聚于鄂州市、黄石市部分乡镇,低值区相对集中于中部武汉市中心地区。这是因为武鄂黄黄都市圈作为武汉城市圈的核心区,各乡镇社会经济发展迅速,居民生活水平普遍较高,除最基本的物质生产功能外,对耕地的景观休憩功能的需求与认知不断提升,耕地景观文化功能较强。

4. 村庄尺度

在村庄尺度上,武汉城市圈耕地物质生产功能值与乡镇尺度类似,高值区同样呈现出"西高、东低、中洼地"的空间分布特征,东部大多数村庄属于山地丘陵地貌,地形和土壤条件不利于耕地物质生产功能的发挥。结合前文市级、区县与乡镇尺度的物质生产功能评价结果，可见不同尺度上耕地生产功能的空间分布格局非常相似。

村庄尺度耕地生态服务功能的高值区主要集中在东部大别山及南偏西地区，主要由于东部大别山地处偏远，南偏西区域村庄地处长江中游南岸，是幕阜山脉和江汉平原的接壤地带，是湖北省重要的鱼米、蔬菜之乡，区域内生态服务功能较强。结合前文市级尺度、区县尺度和乡镇尺度耕地生态服务功能的评价结果，发现区县尺度、乡镇尺度和村庄尺度上耕地生态服务功能呈现相似的空间分布格局，但这一空间分布格局在市级尺度却被部分隐藏，呈现尺度差异特性。

村庄尺度耕地景观文化功能值随着研究尺度的细化，高值区呈"散落状"分布，但整体上中部和南部较高，西部与北部较低，可见武汉城市圈核心发展区的村庄承接了更多的耕地景观休憩功能。随着研究尺度的缩小，耕地景观文化功能在乡镇尺度和村庄尺度上逐渐与市级、区县尺度呈现尺度差异。

2.4.2 耕地多功能的多尺度评价结果

文章采用加权综合指数法和辛普森倒数指数法分别从总量与结构上测度耕地多功能。从加权综合指数和辛普森倒数指数来看，无论是市级尺度还是区县尺度、乡镇尺度、村庄尺度，研究区总量上的耕地多功能与结构上的耕地多功能存在相反的空间分布格局。

研究结果说明，研究区仍然侧重于耕地单项功能的权衡，耕地功能之间的结构协同程度较低。尤其是在西部江汉平原区域，区域内耕地资源占整个武汉城市圈的40%以上，虽说总量上耕地多功能值较高，但功能结构并不均衡，在提高耕地多功能结构质量方面具有巨大的潜力，应进一步协调耕地各功能关系，提高区域内耕地多功能保护的有效性。此外，可以适当增加多功能耕地保护的投入成本，以提高各种功能的耕地的丰富性和均衡性。

东北部和东南部区域耕地多功能虽结构上比较均衡，但大多是一种低水平的均衡，且该区域主要位于山区丘陵地带，多功能投入成本较高，在这种情况下，耕地的生态服务功能优势将凸显，可通过将传统的单一栽培技术转变为生态农业来保护土地多样性，提高耕地集约利用水平，提升农民参与多功能种植的意识，增加农产品的附加值来发展特色观光农业。

总体而言，武汉城市圈耕地多功能的空间分布格局在不同尺度上具有一定的相似特征，但仍具有显著的空间差异，即多尺度特性。随尺度细化，研究单元增加，小尺度更能显示出大尺度水平上所观察不到的信息与特征，研究表明大尺度水平上的研究与分析能显著地揭示耕地多功能空间分布趋势，但小尺度水平上耕地多功能的空间分布格局更为精准、细化。

第 3 章　耕地多功能供需错位的空间识别[*]

3.1　耕地多功能供给与需求关系的理论框架

3.1.1　耕地多功能供给与需求的概念

耕地多功能供给是耕地系统客观存在的自然属性的外在表现。van Huylenbroeck 等（2007）将耕地多功能性定义为单一活动或活动组合的多种联合产出，产品之间的产出比例是可以变动的。胡伟艳等（2017）结合生态系统服务实际供给与潜在供给将耕地多功能供给定义为耕地能够产出粮食、材料等物质，具有物质生产功能，也能够水源涵养、净化空气、分解相关污染物，具有缓冲过滤功能，此外还具有社会保障功能和景观文化功能等。

经济学意义的需求包含着需求意愿和购买能力。缺乏支付能力的需求是一种潜在需求，虽有需求意愿，但因经济能力受限不能实现。现实需求是指能够实现的需求，是指具有购买能力下的意愿，潜在需求和现实需求可相互转化。耕地多功能的出现与人类需求紧密相关，本章将耕地多功能需求定义为人类希望从耕地中获得的各种利益，这些利益来自耕地的物质生产功能、生态服务功能和景观文化功能。

3.1.2　耕地多功能供给与需求的理论基础

根据马斯洛的"需求层次理论"，随着社会生产力水平的提高，人对耕地功能的需求呈现为上升序列，以人的自然生存需求为基础、其次是安全需求、以自我实现为高峰。从耕地多功能的内在属性及人类需求的层次来看，耕地多功能应包括满足人类生存需求的耕地物质生产功能、维护生活环境安全的耕地生态服务功能、享受田园风光和农耕文化的耕地景观文化功能（赵华甫等，2007）。

耕地多功能包含供给和需求两个层面（图 3-1），其中，耕地多功能供给是耕地系统客观存在的自然属性的外在表现。从生态系统服务来看，供给包括生态系

---

* 本章部分内容来源于李梦燃（2019）和王婧、陈云洁、李世香的《耕地多功能供需的空间错配研究》（2022 年），内容有增改。

统商品与服务满足人类需求的实际能力，与生态系统物质循环、能量流动、信息传递的潜在供给。宋小青和欧阳竹（2012b）指出耕地利用的目标是满足人类生存与发展对耕地产出的需求，表现为现实需求和潜在需求两个方面，一是已经满足的耕地多功能需求，二是公众对耕地多功能的主观意愿。

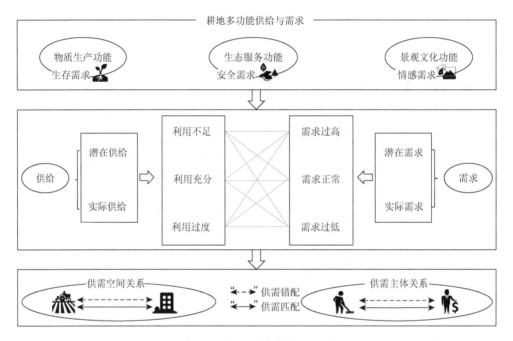

图 3-1　耕地多功能供给与需求的理论框架图

考虑到地-地、人-地、人-人关系，耕地存在的意义就是为了满足特定社会功能或满足特定社会需要，人的需要对耕地功能的效用具有决定性作用（宋小青和欧阳竹，2012a）。不同自然禀赋与社会经济条件下，不同的社会群体生活方式及消费差异对耕地功能的需求有所不同，公众对耕地多功能的偏好与社会经济发展相耦合（姜广辉等，2011），表现在供需主体、供需空间两个方面。随着人类需求的多样性和认知的转变促使耕地多功能逐渐显化，需求是耕地供给的内生动力（杨雪和谈明洪，2014），二者共同构成耕地要素与社会系统双向流动的过程。

3.1.3　耕地多功能供给与需求的测度方法

1. 耕地多功能供给与需求评价指标体系

耕地多功能包含供给和需求两个内涵，两者共同构成耕地自然生态系统与社会经济系统双向流动。结合武汉城市圈的实际情况，考虑其自然条件、社会发展条件、耕地利用情况、耕地文化承载力等情况，同时考虑数据可获取性，遵循耕地多功能评价因地制宜性、客观性、科学性、层次性和可操作性等原则，本章把耕地功能分为物质生产功能、生态服务功能和景观文化功能三类，并分别从供给和需求端构建耕地多功能的评价指标体系，如表 3-1 所示。

表 3-1 耕地多功能供给与需求评价指标

功能类型		指标描述	指标计算	指标属性
供给	物质生产功能	地均粮食作物产量	粮食总产量/土地总面积	+
		地均经济作物产量	经济作物总产量/土地总面积	+
		地均农业增加值	农业增加值/土地总面积	+
	生态服务功能	耕地总蓄水量	土壤层蓄水量＋作物冠层截留量	+
		农耕多样性功能	见式（2-23）	+
		土壤保持量	见式（2-12）	+
	景观文化功能	斑块结合度指数	见式（2-28）	+
		文化休闲指数	农业观光园个数/土地面积	+
需求	物质生产功能	粮食作物消费量	《湖北省统计年鉴》	+
		经济作物消费量	《湖北省统计年鉴》	+
	生态服务功能	水源涵养功能	《湖北省水资源公报》	+
		生物多样性功能	全球生物多样性信息网络	+
		土壤保持功能	见式（2-14）	－
	景观文化功能	需求量	市级、区县、乡镇级尺度人口总量	+
		需求水平	市级、区县、乡镇级尺度人均地区生产总值	+

注："＋"表示指标属性为正向，说明该值越大，功能越强；"－"表示指标属性为负向，说明该值越大，功能越弱

2. 耕地多功能供给与需求评价指标权重确定

在耕地多功能评价过程中，指标的权重值会对评价结果的准确性与可信性造成影响。目前常用的指标权重确定方法分为主观赋权法与客观赋权法，其中主观赋权法以德尔菲法和层次分析法为代表，客观赋权法中以熵权法、复相关系数法、均方差法和变异系数法最为常用。为避免依据个人因素主观确定权重，运用组合权重确定评价指标的权重，各指标综合确权结果如表 3-2 和表 3-3 所示。

表 3-2　耕地多功能供给指标权重表

项目			供给功能							
			物质生产功能			生态服务功能			景观文化功能	
			地均粮食作物产量	地均经济作物产量	地均农业增加值	耕地总蓄水量	农耕多样性功能	土壤保持量	斑块结合度指数	文化休闲指数
指标权重	变异系数法	市级	0.330	0.408	0.261	0.217	0.054	0.729	0.007	0.993
		区县	0.311	0.437	0.252	0.219	0.065	0.716	0.008	0.992
		乡镇	0.302	0.431	0.267	0.199	0.083	0.718	0.006	0.994
	熵权法	市级	0.334	0.377	0.288	0.204	0.278	0.518	0.274	0.726
		区县	0.250	0.535	0.215	0.179	0.065	0.755	0.218	0.782
		乡镇	0.281	0.483	0.236	0.107	0.018	0.875	0.010	0.990
	综合权重	市级	0.332	0.393	0.275	0.222	0.130	0.648	0.049	0.951
		区县	0.280	0.486	0.234	0.199	0.065	0.736	0.047	0.953
		乡镇	0.292	0.457	0.252	0.150	0.039	0.811	0.008	0.992

注：表中数据进行过修约，存在合计不等于 1 的情况

表 3-3　耕地多功能需求指标权重表

项目			需求功能							
			物质生产功能		生态服务功能			景观文化功能		
			粮食作物消费量	经济作物消费量	耕地总蓄水量	农耕多样性功能	土壤保持量	需求量	需求水平	
指标权重	变异系数法	市级	0.496	0.504	0.247	0.291	0.461	0.760	0.240	
		区县	0.488	0.512	0.274	0.287	0.440	0.420	0.580	
		乡镇	0.498	0.502	0.217	0.295	0.488	0.661	0.339	
	熵权法	市级	0.501	0.499	0.393	0.294	0.313	0.432	0.568	
		区县	0.482	0.518	0.382	0.508	0.109	0.310	0.690	
		乡镇	0.472	0.528	0.334	0.651	0.015	0.657	0.343	
	综合权重	市级	0.499	0.501	0.317	0.297	0.386	0.608	0.392	
		区县	0.485	0.515	0.350	0.413	0.237	0.363	0.637	
		乡镇	0.485	0.515	0.339	0.552	0.108	0.659	0.341	

注：表中数据进行过修约，存在合计不等于 1 的情况

3. 耕地多功能供需关系识别

耕地多功能供给与需求的关系既体现空间关系，又体现主体关系。在第 2 章

关于耕地多功能多尺度评价的基础上，本章以武汉城市圈为例，构建耕地多功能供给与需求评价指标体系，测度耕地多功能的供给和需求，从市级、区县、乡镇三个尺度，采用供需比进一步探讨耕地物质生产功能、生态服务功能和景观文化功能的供需空间关系。计算公式如下：

$$\text{SDR}_j = \frac{(S_j - D_j)}{S_{\max} + D_{\max}} \tag{3-1}$$

式中，S_j 和 D_j 分别为某一特定功能的供给和需求；$S_{\max}$ 和 $D_{\max}$ 分别为某一特定耕地功能的供给和需求的最大值；SDR_j 为正值表示盈余，即供给可以满足需求，负值表示赤字，即供给不能满足相应需求，零值表示供需平衡。

3.2　耕地多功能供给的多尺度空间分布

3.2.1　耕地物质生产功能供给的多尺度空间分布

1. 市级尺度

耕地物质生产功能供给指数呈"西北高东南低"的空间分布态势，鄂州、武汉、潜江为物质生产功能高值市，仙桃、天门、孝感为物质生产功能中高值市，黄冈、黄石、咸宁为物质生产功能低值市。鄂州供给水平指数最高，为 0.60，黄石的供给水平指数最低，为 0.03。由于各市农业发展基础的不同，农业发展模式间存在差异，各市物质生产功能的提升方式也有所不同。

鄂州、武汉、潜江为物质生产功能高值市，武汉作为武汉城市圈中心，农业物质生产功能综合发展水平较高，孝感耕地面积广阔，农业生产总值及粮食产量位居武汉城市圈前列，农业生产能力较强。潜江作为国家现代农业产业园示范区之一，以虾稻为主导产业，已形成集科研示范、良种选育、绿色种养、加工出口、餐饮服务、休闲旅游等于一体的全产业链，现代农业生产发展较快。鄂州利用其资源优势，因地制宜集中有限的耕地资源，大力发展生态农业，打造生态农产品精品名牌，提高农产品的附加值，农业增加值位居九市首位。

仙桃、天门、孝感为物质生产功能中高值市，物质生产功能总体发展不及高值县市但农业生产均衡发展。天门、仙桃二市农业产业在规模化、良种化、绿色化、农机化等的产前、产中环节具备一定竞争力，农业产量位居九市前列，但与高值市相比，其农业后端力量不够，有总量但无特色规模，有产业但无链条联合，有支撑但无平台载体，后端问题突出导致其农业产值与高值市差异较大。

黄冈、黄石、咸宁为物质生产功能低值市，农业及非农业生产发展均处于较弱水平。三市地形较为复杂，具有山区、丘陵岗地、平原、盆地等各种地貌类型，是湖北省南部山地区域的典型代表，耕地质量较低，农业基础薄弱，产业结构单一，耕地物质生产功能整体较低。其中，黄石作为全国典型的资源枯竭型城市，粗放型的生产方式加剧资源消耗，水土流失严重，耕地质量不断降低，耕地严重退化，耕地物质生产功能处于九市末位。

2. 区县尺度

耕地物质生产功能呈"中西部较高、东北部、东南部较低"以及从武汉市中心向外辐射的"低-高-低"的空间分布态势，其中孝感市云梦县物质生产功能最高，黄石市辖区物质生产功能最低。

耕地物质生产功能高值区在空间上呈现出两种团聚特征，即西部地区物质生产功能较高，武汉市中心城区周围物质生产功能较高。呈现该分布格局的主要原因是西部多为平原地区，耕地连片分布，降水丰富，农作物生产条件较好，是武汉城市圈的粮食主产区，粮食产量较高，农业增加值较高，物质生产功能较强。中部武汉市中心城区周围的蔡甸区、汉南区、鄂州市等地区，交通便利，耕地本底条件较好，武汉市中心城区人口聚集，巨大的粮食消费需求快速拉动周边县市粮食生产，同时居民生活水平的提高也促使消费结构升级，蔬菜瓜果、棉花油料等经济作物生产逐年增加。武汉市中心城区周围粮食作物、经济作物产量均处于较高水平，农业增加值位居武汉城市圈前列，物质生产功能较强。

耕地物质生产功能低值区主要分布在武汉城市圈的东北及东南以及武汉市中心城区。呈现该分布格局的主要是因为武汉城市圈东北及东南的县市山地丘陵地貌较多，地形条件直接影响耕地的物质生产功能。区县内平原区所占面积较小，耕地零星分布于山林之中，耕地多为坡耕地，耕作条件较差，垦殖率较低，大部分耕地不适宜耕作或粮食产量少，同时较为远离武汉市中心城区，农业市场活跃度较低，农业增加值较低，物质生产功能较弱。武汉市中心城区城镇化水平较高，人口较为密集，经济发展较快，城镇化率较高，土地利用多为建设用地，农用地面积较少，经济发展以二、三产业为主，同时由于近年来建设用地不断扩张，耕地数量较少且较为破碎，耕地生产力较低，作物种植以蔬菜为主，作物产量整体较少，物质生产功能较低。

3. 乡镇尺度

耕地物质生产功能供给呈"中西部较高、东北部、东南部较低"的空间分布特征，最高值位于孝感市云梦县胡金店镇，为0.953，最低值位于黄冈市英山县桃花冲林场，为0.003。

耕地物质生产功能高值区的空间格局呈现出"一区一带一圆环"的集聚分布

特征。其中，"一区"是以江汉平原为中心的耕地物质生产功能高值区，江汉平原位于长江中游，地势较为低平，属于亚热带季风气候，雨量充沛、日照充足，灌溉资源丰富，农业基础好，耕地物质生产功能发达。"一带"是自鄂州市至黄石市东部的长江沿线的耕地物质生产功能高值区，这些乡镇河流通畅，水利发达，环境优美，依托区域特色，大力发展休闲农业，物质生产功能较高。"一圆环"是武汉市中心城区四周的区县耕地物质生产功能高值区。这些乡镇区位优势明显、农业市场潜力巨大，有利于发展生态农业、休闲农业、设施农业等多种农业经营模式，物质生产功能较高。

耕地物质生产功能低值区的空间格局呈现出"南北两带"的集聚分布特征，即东北的大别山脉，东南的幕阜山脉为主的两大生态区。两大生态区内地形复杂，气候独特，区内乡镇受自然条件与经济发展条件的限制，与物质生产功能高值区相比，农业种植相对分散，标准化、规模化水平不高，同时产业链条短，种植、加工、供销等上中下游的产业链条还没很好地延伸，大部分农副产品加工仍处在简单、初级加工阶段，产品结构相对单一。农产品精深加工能力不强，市场竞争力较弱，科技含量较低，产品附加值不高，未形成产品系列。耕地物质生产水平在武汉城市圈中处于较低水平。

3.2.2　耕地生态服务功能供给的多尺度空间分布

1. 市级尺度

耕地生态服务功能供给呈"东南高西北低"的空间分布态势。其中，咸宁、黄石、黄冈为生态服务功能高值市，孝感、鄂州、天门、仙桃为生态服务功能中低值市，潜江、武汉为生态服务功能低值市。

咸宁、黄石、黄冈为生态服务功能高值市，这些区域相较于西部平原地区不易受到人类活动的干扰，植被覆盖度也处于较高水平。以上三市水源涵养和土壤保持功能均处于较高水平，其中，咸宁坡度相对西部平原地区处于较高水平，随着坡度抬升，潜在土壤侵蚀量迅速升高，地表植被所发挥的土壤保持效果显著增大，黄冈、黄石二市降水量充足，土壤潜在侵蚀量大。同时，咸宁、黄石二市粮食作物、经济作物产量均较高，农作物差异化程度高，多样化的作物种植提高了其生态服务功能。黄冈市为武汉城市圈主要农作区之一，耕地面积较大，耕地连片性好，农作物种植种类多样化，复种指数高，生态服务功能处于九市首位。

孝感、鄂州、天门、仙桃为生态服务功能中低值市，与东部丘陵区相比，这些区域坡度相对小，降水量较小，同时受到人口密集、经济建设的影响相对较大，植被覆盖度较低，生态服务功能较弱。孝感农作物种植种类多样化，但其稻谷种植面积较大，使生态服务功能与高值市相比具有一定差距。仙桃、天门二市耕地种植类型以满足城市居民消费需求的稻谷、粮食作物为主，规模化程度高，种植的作物较单一，耕地生态服务功能相对高值市较低。鄂州充分利用耕地资源，耕地土地垦殖率高，耕种农作物类别多，稻谷、油料、蔬菜为其主要作物。

潜江、武汉二市为生态服务功能低值市，潜江市年降水较少，处于九市末位，直接影响其耕地水源涵养功能与土壤保持功能。同时潜江作物种植类型以粮食作物为主，近年来农业集约化利用和规模经营迅猛发展，农作物种植结构日趋单一，粮食作物播种占了较大比例，各类作物种植面积差异较大，使生物多样性功能较低，多种因素作用导致潜江生态服务功能较低。武汉由于人口密度大，耕地在经济发展的过程中被城镇建设用地侵占，人类活动对耕地利用的干扰程度较高，越是靠近中心城区的耕地越是破碎，同时，武汉市耕地种植作物以蔬菜为主，耕地生物多样性功能因而受到限制，耕地生态服务功能较低。

2. 区县尺度

耕地生态服务功能供给水平呈"东部较高，西部较低，中部最低"的空间分布态势，其中黄冈市英山县生态服务功能最高，武汉市辖区生态服务功能最低。

中部区县处于农业生产条件优越的平原地区，土壤肥沃，灌溉保证率高，作物种植类型以粮食作物为主。近年来耕地规模经营度不断提高，农业快速发展的同时，作物种植结构日益单一化，复种指数逐渐降低，加之土壤保持功能与植被覆盖度较高的东部丘陵地区差异较大，耕地生态服务功能总体较弱。

英山县、罗田县、通山县的生态服务功能值最高。英山县、罗田县植被覆盖度高、降水丰富，且邻近大别山国家级自然保护区，由耕地提供的生物多样性和土壤保持服务价值显著高于其他区域。通山县地貌为低山丘陵区，地形起伏较大，不适宜规模化耕种，农业机械化水平低，同时，距离城镇较远，城镇化进程相对缓慢，人为干扰小，生境连通状况较好，自然条件较好。

3. 乡镇尺度

耕地生态服务功能供给指数呈"整体较低，东北、东南高"的空间分布特征，最高值位于黄冈市英山县桃花冲林场，为0.846，最低值位于武汉市江汉区，为0.036。

耕地生态服务功能高值区的空间格局与生产功能低值区空间格局相似，呈现出"南北两带"的集聚分布特征，即东北的大别山脉，东南的幕阜山脉为主的两大生态区。与平原地区相比，以山地、丘陵为主的特征决定了它的农业规模化生产水平不高，农业种植更多样化，与沿江地区，靠近中心城区的乡镇相比，没有物流成本优势，缺乏通达的交通条件，耕地开发程度不高，人为干扰较少，植被覆盖度高，耕地生态服务功能得以增强。

3.2.3 耕地景观文化功能供给的多尺度空间分布

1. 市级尺度

耕地景观文化功能供给能力自西南向东北呈现出"低高低"的空间分布态势，鄂州、黄石、仙桃、孝感为景观文化功能高值市，武汉、天门、潜江为景观文化功能中值市，黄冈、咸宁为景观文化功能低值市。

鄂州、黄石、仙桃、孝感为景观文化功能高值市，这四市靠近武汉，交通条件便利，适宜发展观光园等休闲旅游产业，比起距离武汉较远的天门、潜江等市，休闲旅游产业较为发达，具有较强的景观文化功能，耕地景观功能较强。

武汉、天门、潜江为景观文化功能中值区，区域内绝大部分地形为平原，耕地连片开敞分布，有一定地形起伏和高耕地作物覆盖程度，虽然地势平坦，耕地资源丰富，但是农业园、休闲农庄、农家乐等休闲旅游产业相对较少，与耕地景观功能高值区相比，景观文化功能开发仍有一定差距。

黄冈、咸宁为景观文化功能低值市。咸宁由于地形起伏相对其他八市较大，耕地资源分布较少且耕地斑块分离度较高，耕地"非农化"、细碎化现象十分突出。黄冈由于受农业生产模式、交通地理位置等因素的影响，休闲旅游产业发展尚处于起步阶段，农业观光园、休闲农庄等相对较少，直接影响耕地景观文化功能，致使耕地景观文化功能总体较低。

2. 区县尺度

耕地景观文化功能供给水平总体上呈现出"中西部较高，东北部较低"的空间分布态势。区县尺度耕地景观文化功能在中西部呈现出明显团聚特征，中西部地形平坦，人口聚集，交通便利，随着社会经济发展，人们对旅游休憩的需求不断提升，随着湖北省国家全域旅游示范区创建工作的引领带动，中西部区县农业园、休闲农庄、农家乐等休闲旅游产业不断增加。

鄂州及黄石的阳新、大冶等区县为耕地景观文化功能高值区。这些区县农业生产条件相比江汉平原地区有一定差距，耕地景观结合度不高，但二市充分发挥区域特色，重点开发耕地文化休闲功能，打造集生产、观光、文化于一体的农业旅游示范区，文化休闲指数较高。鄂州境内大小湖泊星罗棋布，港汊沟渠纵横交错，形成丘陵、平原、湖区交织的独特地貌，有"百湖之市"和"粮仓渔乡"的美称，鄂州还是吴楚文化的发祥地之一，历史文化遗存极为丰厚。秀丽的自然风光，浓厚的人文氛围，为发展乡村旅游创造了优越条件。黄石境内水系众多，山峦棋布，形成"山中有水、水中有山"的地貌特点，是我国青铜文化的发祥地之一，阳新采茶戏、大冶玉莲环、西塞山神舟会均是重要的非物质文化遗产，乡村旅游资源丰富。

咸宁通山、通城、崇阳，黄冈浠水、蕲春、团风、红安等为耕地景观文化功能低值区。这些区县不如中部区县社会经济发达，社会经济发展相对缓慢，且地形为平原、山地、丘陵混杂，耕地景观结合度较低，区县内居民耕地的旅游休闲景观功能的需求不高，农业园、休闲农庄、农家乐等休闲旅游产业相对较少，比起距离武汉中心城区较近的区县，耕地景观文化水平整体较低。

3. 乡镇尺度

耕地景观文化功能供给水平呈"分布零散、中部较高，西部、东北、东南较低"的空间分布特征。最高值为 0.999，位于孝感应城的城中街道，最低值为 0，位于黄冈英山桃花冲林场，为 0。

耕地景观文化功能高值区分布较为零散，高值区乡镇多位于平原地区，耕地连片分布，景观结合度高，乡镇根据自身农业发展特点与地区经济特色，打造具有区域特色的休闲农业，创新理念多样，市场竞争力强，农业观光园、田园综合体、休闲农庄数量较多，类型多样，景观文化功能处于较高水平。同时，人口聚集，人们物质文化需求不断增加，交通便捷，不断推动农业旅游发展。

耕地景观文化功能低值区在武汉城市圈西部、东北、东南分布较为聚集。西部耕地虽然景观结合度高，但耕地开发集中在现代化农业生产，乡村旅游开发模式停留在传统项目的开发上，缺乏创新理念，市场竞争力不高，农业观光园、田园综合体、休闲农庄数量较少。东北、东南的耕地分布较为零散，耕地景观结合度较低，同时，乡镇乡村旅游主要表现为山乡田园风光，参与体验项目的深度开发和特色文化的营造明显不足，农业旅游资源利用率低，绝大多数农户的自发经营没有产生规模品牌效应，乡村旅游的同质化竞争严重，耕地景观文化功能较低。

3.3　耕地多功能需求的多尺度空间分布

3.3.1　耕地物质生产功能需求的多尺度空间分布

1. 市级尺度

耕地物质生产功能需求整体呈现以武汉市的需求最高值为中心，向外需求逐渐降低的趋势，空间上呈现"东高西低，北高南低"的格局。

高值主要集中分布在武汉市、孝感市、黄冈市、咸宁市、黄石市等区域，城镇化比较高、人口比较密集的区域。低值主要分布在武汉城市圈西部地区天门市、潜江市、仙桃市等山地、丘陵区域和鄂州市，经济发展相对落后、人口密度小的区域。

2. 区县尺度

耕地物质生产功能需求同样呈从武汉市中心的最高值向外辐射的环状空间分布态势。高值区主要分布在中部地区，从东向西呈现"人字形"分布，高值区包括武汉市中心城区、黄陂区、江夏区、孝南区、鄂州市、麻城市、天门市、仙桃市，其中以武汉市中心城区的需求最高，需求指数为 1；次高值区包括潜江市、汉川市、蔡甸区、新洲区、大冶市、阳新县、蕲春县、浠水县、武穴市和黄梅县，这些物质生产功能需求高的地区特点是城镇化率高，人口密集，人们迫切需要足够的食物来满足地区高人口密度带来的粮食需求。低值区包括西北部城市、东部和南部地区的一些山地、丘陵地区，这些地区经济发展水平相对其他城市较差，相对落后，人口密度较小，对于粮食的需求水平也相对低些。

3. 乡镇尺度

耕地物质生产功能需求指数最高值为 1，位于武汉市辖区青菱乡，最低值为 0，位于黄冈市英山县桃花冲林场。

在空间分布上，武汉城市圈的耕地物质生产功能需求水平呈现较为分散的空间分布特征。武汉市辖区的各个乡镇表现出很高的需求，其次是距离武汉较近的黄石市、咸宁市和黄冈市的一些人口密度高的乡镇，对于耕地的物质生产功能需求也处于较高的水平。低值区则分布在武汉城市圈的西北部、东南部和东北部地区，和县级尺度整体相似。

3.3.2　耕地生态服务功能需求的多尺度空间分布

1. 市级尺度

耕地生态服务功能需求在空间分布上，整体上和其供给呈现恰恰相反的空间布局，生态服务功能需求呈"东南低西北高"的空间分布态势。其中，武汉市、孝感市、仙桃市和鄂州市为生态服务功能需求高值市，黄冈市和潜江市为生态服务功能中高值市，咸宁市和黄石市为生态服务功能低值市。

2. 区县尺度

耕地生态服务功能整体上分布态势为中部和西部地区需求较高，其他地区则较低。耕地生态服务功能需求高值主要集中分布在天门市、蔡甸区、孝南区、汉南区、汉川市、红安县、咸安区、罗田县、英山县、新洲区等武汉城市圈的中部地区。耕地生态服务功能需求低值区主要分布在安陆市、云梦县、麻城市、通山县等区域。这一结果与武汉城市圈东部地区江汉平原较高的农业生产条件有关，这些地区的城镇化带来的耕地的侵占破坏等问题少、耕地资源水平高，整体的水源涵养需求、生物多样性需求和土壤保持需求量都较小，而中部更多的人需要更多的耕地资源来吸收他们消费造成的剩余。

3. 乡镇尺度

耕地生态服务功能需求指数呈双核分布的空间分布特征，以武汉市辖区所属乡镇和黄冈市辖区所属乡镇两个为核心的生态服务功能需求最高值，逐渐向外扩散。与市级尺度和县级两个尺度相比，更加细化，空间分布更具有集聚性。最高值为 0.710，位于仙桃市西流河镇，最低值为 0.024，位于桃花冲林场。

3.3.3 耕地景观文化功能需求的多尺度空间分布

1. 市级尺度

耕地景观文化需求整体较高，耕地景观文化功能需求较高的区域均集中在武汉市附近，呈现以武汉市为核心的环状分布，以武汉市为中心向外以环状逐步递减，距离武汉市越近，需求越高，距离武汉市越远，需求较低。武汉市城镇化水平远高于其他区域，人口密度较大，居民消费水平较高，故对耕地景观文化功能需求远高于其他区域，表现出中心集聚的结果；武汉市周边的中小型城市，如天门市、潜江市、咸宁市、黄石市，因距离武汉市较远，耕地景观文化功能需求指数也较低。

2. 区县尺度

武汉市中心城区对耕地景观文化功能需求较高，这与人口密度大、消费水平高有关。耕地景观对城市居民更具吸引力，支付意愿更强，周边城市人口规模越大，收入水平越高，对耕地景观的需求越大。因此耕地景观文化功能需求在区县尺度上同样呈现以武汉市中心为核心的环状分布，武汉市中心的需求最高，需求低值区包括武汉城市圈南部的通城县、崇阳县和通山县以及东部地区的团风县、罗田县和英山县，这些区县不如中部区县社会经济发达，社会经济发展相对缓慢，且地形为平原、山地、丘陵混杂，耕地景观结合度较低，区县内居民耕地的旅游休闲景观功能的需求不高。

3. 乡镇尺度

武汉城市圈中心城区对耕地景观文化功能需求较高，在空间分布上，需求水平整体呈以武汉市辖区为中心，向外逐步降低的空间分布特征。需求最高值为0.674，位于武汉市辖区洪山街道。这与人口密度大，消费水平高有关，耕地景观对具有较高支付能力与欣赏能力的城镇居民更具吸引力，耕地邻近城市的人口规模越大，收入水平越高，耕地景观需求度越大。

3.4　耕地多功能供需错位的空间多尺度效应

3.4.1　耕地物质生产功能供需错位的空间多尺度效应

1. 市级尺度

武汉市、黄冈市表现为耕地物质生产功能赤字状态。其中，黄冈市和武汉市耕地物质生产功能供需赤字最大，表现为严重赤字；咸宁市和黄石市耕地物质生产功能供需赤字比为–0.169 和–0.143，为轻微赤字状态。其他区域均表现为耕地物质生产功能盈余状态，耕地物质生产功能供需盈余比在 0.159 至 0.731 之间，从小到大依次为孝感市、仙桃市、天门市、鄂州市和潜江市。

2. 区县尺度

武汉市中心城区（包括江岸区、江汉区、硚口区、汉阳区、武昌区、洪山区、青山区）、黄石市辖区的表现为耕地物质生产功能赤字状态。其中，武汉市中心城区耕地物质生产功能赤字绝对量最大，占整个武汉城市圈总赤字面积的 94.77%。此外，武汉城市圈其他区域均为耕地物质生产功能盈余，其中云梦县的耕地物质生产功能供给远远大于需求。

3. 乡镇尺度

不同乡镇间耕地物质生产功能供需赤字比差异较大。武汉城市圈城镇化比较高、人口比较密集的区域，耕地物质生产功能供需盈余/赤字率为负，赤字比较严重，主要包括武汉市、鄂州市、咸宁市等城区。综合来看，耕地物质生产功能供需盈余/赤字率为正，供需有盈余的区域分布在武汉城市圈西部和北部，主要包括天门市、仙桃市、孝感市、黄冈市和潜江市等乡镇。这些乡镇耕地面积充裕、城镇化较低，利于农业生产，耕地物质生产功能供给较强。

3.4.2 耕地生态服务功能供需错位的空间多尺度效应

1. 市级尺度

耕地生态服务功能供给与需求在空间上具有错位特征。武汉城市圈各地级市耕地生态服务功能供需赤字区主要分布在西部及中部地区，赤字区有孝感市、天门市、潜江市、仙桃市、武汉市和鄂州市，而耕地生态服务功能盈余区分布于武汉城市圈东部地区，盈余区有黄冈市、黄石市和咸宁市。赤字最高的是武汉市，供需比指数达到-0.725，黄石市盈余最大，供需比达到0.737，在空间上出现很明显的空间异质性，盈余和赤字情况差异也较大。这一现象出现原因与各地级市耕地面积、人口密度以及经济发展情况直接相关。耕地生态服务功能供需赤字比在-0.725至-0.302之间，降序排序为武汉市、仙桃市、孝感市、鄂州市、天门市、潜江市。其中黄冈市、武汉市、咸宁市、鄂州市供需处于相对平衡状态。武汉城市圈东部区域耕地生态服务功能供需盈余比在0.380～0.737，升序排序为黄冈市、黄石市和咸宁市。

2. 区县尺度

与市级尺度的生态服务功能供需错配情况对比来看，整体的空间分布一致，都是西部及中部赤字区、东部为平衡区。但是区县尺度，捕捉到了一些市级尺度没有的细节，处于赤字的孝感市，在区县尺度上，云梦县处在生态服务功能盈余区，而东部盈余的几个市，在区县尺度都有赤字区的存在，这说明大尺度可能不能完全展现出小尺度的特点，小尺度可以捕捉到大尺度所不能发现的细节。武汉城市圈内共有32个县域为耕地生态服务功能赤字，其中，武汉市中心城区粮食耕地赤字比（-1.66）的绝对量最大，承载着武汉城市圈总人口的1/3。仅有4个区县为耕地生态服务功能盈余区，云梦县、麻城市、团风县、通山县是武汉城市圈耕地生态服务功能最富足的地区。

3. 乡镇尺度

不同乡镇间耕地生态服务功能供需盈余赤字情况的空间分布与市级、区县尺度类似，武汉城市圈西部及中部地区为赤字区，东北及东南为盈余区。主要原因是西部和中部地区是地势平坦，城镇化率高且经济发展较快的城市提供的生态服务功能可能满足不了高人口密度需求，其中385个乡镇耕地生态服务功能处于赤字状态，90个乡镇耕地生态服务功能处于盈余状态。可以发现，耕地生态服务功能赤字区主要包括城镇化率高的乡镇，包括武汉市城区、鄂州市城区、咸宁市城区及其周边乡镇；耕地生态服务功能赤字与其人口众多、人均耕地面积少的实际情况密不可分。咸宁市、麻城市、赤壁市、崇阳县及其周边的乡镇耕地生态服务功能也处于赤字状态，这些区域耕地破碎度大，且可开垦耕地面积少，仍然存在对有限的耕地资源过度利用的情况，导致耕地生态服务功能较弱。

3.4.3　耕地景观文化功能供需错位的空间多尺度效应

1. 市级尺度

耕地景观文化功能供给需求平衡在空间上呈现错位格局，也有尺度差异，耕地景观文化功能在市中心有明显供不应求增加的趋势。武汉市表现为耕地景观文化功能赤字状。耕地景观文化功能供需赤字比在–0.693 至 0.611 之间，降序排序为鄂州市、黄石市、仙桃市、孝感市、天门市、武汉市。其中武汉市耕地景观文化功能赤字比为–0.693，供需赤字状态最严重，潜江市、咸宁市、黄冈市也是处于耕地景观文化功能赤字区，但从赤字比来看，这几个市的赤字情况较轻，尤其是潜江市，赤字比只有–0.075，是近平衡状态，而其他的市都是景观文化功能盈余区。

2. 区县尺度

武汉市中心城区和汉南区耕地景观文化功能为赤字，其中武汉市中部较为显著，武汉市中心城区耕地景观文化功能赤字比（–1.22）最大，汉南区的耕地景观文化功能赤字比为–0.233，赤字情况较武汉市中心城区轻很多。此外，武汉城市圈其他区域耕地景观文化功能均处于盈余状态，黄石市中心城区、鄂州市、大冶市、孝昌县、阳新县、云梦县等耕地盈余比值较高，是武汉市城市圈耕地景观文化功能最富足的地区。

3. 乡镇尺度

不同乡镇间耕地景观文化功能供需盈余赤字比差异较大，在–0.802 至 1.132 之间。武汉城市圈耕地景观文化功能供需盈余赤字比总体在城镇化水平比较高、人口比较密集的区域呈现较低水平，主要包括武汉市中心城区。这些地区耕地生态服务功能赤字的主要原因与其工业化、城镇化的快速推进密不可分。与市级尺度和区县尺度对比来看，乡镇尺度的耕地景观文化功能出现了很多赤字区，但从数值上看都是轻微赤字，处于近平衡状态。

第4章 耕地多功能供需错位的主体识别[*]

4.1 耕地多功能供需主体调查与样本统计

4.1.1 调查区域的选择

耕地的管理者通过改变耕地利用方式实现耕地多功能供给,故耕地多功能的供给者是农民;社会公众通过购买耕地的产品及服务满足自身需求,耕地多功能需求者包含农民和市民。为进一步识别耕地多功能供需错位,本章选取武汉市蔡甸区典型乡镇开展问卷调查,从农民与市民受访者的微观尺度进行研究。蔡甸区位于湖北省武汉市西南部,江汉平原之东,处于长江与汉江的交汇处。随着城镇化建设进程的推进,蔡甸区的农地面积逐年减少,由 2000 年的 27.56khm² 降至 2015 年的 24.13khm²,耕地数量下降率达 12.45%,人均农地面积由 0.0291hm² 下降至 0.0250hm²,严重低于联合国粮食及农业组织确定的 0.053hm² 警戒线。耕地资源相对稀缺,亟待充分发挥耕地多功能性,提升耕地复合价值。蔡甸区的农业、工业、旅游业协同发展,东部以知音文化为契机,发展都市休闲旅游;中部以生态农业为载体,发展乡村休闲旅游项目;西部以沉湖湿地为主题,发展生态湿地旅游区。蔡甸区内耕地利用转型具有强大的制度支撑和现实需求,具备发展耕地多功能的先行条件。

蔡甸区包含蔡甸、奓山、永安、侏儒山、大集、张湾、索河、玉贤、沌口、军山、沌阳、消泗 12 个行政街道和乡镇,侏儒山街道洪北、侏儒山街道成功 2 个片区和中法武汉生态示范城、桐城。蔡甸街道和奓山街道与武汉市中心城区接壤,区位位置优越,经济发达。索河街道和永安街道自然资源丰富,索河街道境内有索子长河流经;永安街道有九真山国家级森林公园。侏儒街道耕地资源丰厚,耕地面积居全区首位,占全区总面积的 69%。本章综合考虑区域社会经济、生态环境现状、耕地资源情况,选取调查范围主要包括蔡甸街道、索河街道、侏儒街道 3 个乡镇为调研区域。

4.1.2 问卷设计与数据调查

本章数据来自课题组 2017 年 12 月的实地调研。为保证调研数据的准确性和

---

[*] 本章部分内容来源于李梦燃(2019)和张娇娇(2018),内容有增改。

完整性，调研采用分层抽样及随机抽样原则，由调查员对受访者进行一对一直接面访调查，针对农民主要采取入户走访调查，针对市民主要利用广场游玩、超市出口间隙休息时调查。共发放问卷 500 份，最终获得有效问卷 468 份，有效回收率达到 93.60%，其中市民问卷 96 份，农民问卷 372 份（表 4-1）。

表 4-1 总体样本统计

调研区域	总样本量	总占比	受访对象	样本量	占比
蔡甸区	138	29.5%	市民	42	9.0%
			农民	96	20.5%
侏儒山街道	156	33.3%	市民	24	5.1%
			农民	132	28.2%
索河街道	174	37.2%	市民	30	6.4%
			农民	144	30.8%

问卷涵盖受访者的年龄、性别及家庭的基本信息、受访者对耕地多功能的认知等信息，针对农民和市民分别设计两种个性化问卷。针对农户询问：①耕地多功能供给意愿、供给行为；②耕地多功能需求意愿、需求行为；③是否为村干部。针对市民询问：耕地多功能需求意愿、需求行为。为了保证受访者对调查内容有充分的理解，调研时采取了如下措施：第一，根据受访者的理解程度对问卷中出现的耕地多功能专业术语进行了相应的转化和解释；第二，向受访者展示有关耕地多功能的图片。

研究采用利克特量表法定义受访者对耕地每个功能的认知、供给/需求意愿、供给/需求行为变量。问卷设置关于调查受访者对耕地每个核心功能的认知程度，给予受访者五个评价标准："完全不同意、比较不同意、一般、比较同意、完全同意"来评判耕地多功能的认知情况。关于受访者供给/需求意愿的问题，给予受访者"完全不愿意、比较不愿意、一般、比较愿意、完全愿意"，调查分析受访者对耕地多功能的供给/需求意愿。在调查受访者对耕地每个核心功能的供给/需求行为时，给予受访者"完全不符合、比较不符合、一般、比较符合、完全符合"或者设置的五个频率次数选项，分析受访者参与耕地多功能供给/需求行为的情况。

4.1.3 个体特征统计

1. 受访农民基本特征

研究共受访农户 372 户。受访农户基本特征见表 4-2，样本农户的性别大致均衡，男性占 49.50%，女性占 50.50%；受访总体中 6.50%的农户担任过村干部；受访农户的文化程度多为初中及以下，占到样本总量的 75.13%，表明农村劳动力文化程度较低；样本农户年龄层次 18～34 岁占 10.30%，35～59 岁占 48.90%，60 岁及以上占 40.80%，受访农户的平均年龄是 54.5 岁，表明农村务农劳动力年龄偏大；受访农户的家庭可支配收入来源基本来自打工，在 10 000～30 000 元/年的占比最大，达 55.10%；受访农户的人均农地面积为 1.01 亩。从统计结果来看，受访农户的结构特征基本上反映了调研地点农户各个群体层次的特征，与武汉城市圈郊区的统计数据对比发现与当下农户的老龄化、受教育水平低、收入水平低、小规模生产的基本事实相符，样本具有一定的代表性。

表 4-2　农民样本数据的基本特征

统计指标		调查样本占比	武汉城市圈郊区统计数据平均占比
性别	男	49.50%	50.93%
	女	50.50%	49.07%
文化程度	小学及以下	42.70%	36.00%
	初中	32.43%	36.80%
	高中及以上	24.86%	27.20%
年龄	18～34 岁	10.30%	40.79%
	35～59 岁	48.90%	38.49%
	60 岁及以上	40.80%	20.72%
户年均可支配收入	10 000 元以下	20.90%	26.70%
	[10 000, 30 000)	55.10%	52.10%
	[30 000, 50 000)	11.60%	11.20%
	50 000 元及以上	12.40%	10%
人均农地面积/亩		1.01	1.20

注：表中数据进行过修约，存在合计不等于 100%的情况

2. 受访市民基本特征

受访市民共 96 户，基本特征见表 4-3。样本市民的性别均衡，男性占 50.00%，女性占 50.00%；受访市民的文化程度多为初中及以上，占到样本总量的 72.92%，表明城镇劳动力文化程度相对于农村来说较高；样本农户年龄层次 18～34 岁占 23.96%，35～59 岁占 38.54%，60 岁及以上占 37.50%，受访市民的平均年龄是 50.6 岁。本次调查避开了无固定收入来源的孩童和学生群体，所以市民中低于 20 岁的很少，整体平均年龄偏大，受访市民的职业基本涵盖了社会主要职业，包

括普通职员、公务员、教师、技术人员和其他职业人员,本次调查受访市民的家庭可支配收入基本符合湖北统计局的 2015 年统计数据:武汉城市圈城镇居民人均可支配收入 28 477 元。从统计结果来看,受访市民的结构特征基本上反映了调研地点各个群体层次的特征,与武汉市城市圈城镇的统计数据对比发现,与当下受教育水平较高、收入水平较高的基本事实相符,样本具有一定的代表性。

表 4-3　市民样本数据的基本特征

统计指标		样本/户	频率
性别	男	48	50.00%
	女	48	50.00%
文化程度	小学及以下	26	27.08%
	初中	25	26.04%
	高中	27	28.13%
	高中以上	18	18.75%
年龄/岁	18～34 岁	23	23.96%
	35～59 岁	37	38.54%
	60 岁及以上	36	37.50%
户年均可支配收入	10 000 元及以下	10	10.42%
	[10 000, 30 000)	21	21.88%
	[30 000, 50 000)	22	22.92%
	[50 000, 80 000)	12	12.50%
	[80 000, 100 000)	11	11.46%
	100 000 元及以上	20	20.83%

注:表中数据进行过修约,存在合计不等于 100%的情况

4.2　耕地物质生产功能供需主体错位识别

4.2.1　耕地物质生产功能供需主体认知错位

受访者对耕地物质生产功能的认知是个体对于耕地具有物质生产功能积极或消极的评价,本章参考李承嘉等(2009)的耕地物质生产功能分类,并结合课题组于 2017 年 11 月在蔡甸区开展的预调研,最终将本章研究的耕地物质生产功能确定为确保粮食品质安全、粮食自给率、提高农民所得三个功能。受访者对耕地物质生产功能认知问题设置为"耕地生产时,应重视粮食品质,您是否赞同这种观点?""耕地应发挥其生产功能,保证充足的粮食、瓜果蔬菜棉花等农产品生产,

您是否赞同此观点？""耕地能够提高农民所得，您是否赞同这个观点？"。利用如下公式计算受访者对耕地物质生产功能的平均综合认知程度：

$$A_i = \sum a_{ij} \times w_j \tag{4-1}$$

$$A = \sum_{i=1}^{N} A_i / N \tag{4-2}$$

式中，A_i 为第 i 个受访者对耕地物质生产功能的整体认知水平；a_{ij} 为第 i 个受访者对第 j 种类型耕地物质生产功能的评分；w_j 为耕地物质生产功能第 j（$j = 1, 2, 3, 4$）种类型的权值，利用熵值法确定（表 4-4）；A 为耕地物质生产功能的整体认知水平；N 为受访者的个数。

表 4-4　各类型耕地物质生产功能的重要程度排序评分

耕地物质生产功能类型	重要程度排序	选项平均综合得分	权重百分比
粮食品质安全	1	4.43	34.05%
粮食自给率	2	4.34	33.45%
提高农民所得	3	3.98	32.50%

受访者对耕地物质生产功能的认知程度结果如表 4-5、图 4-1 所示。按照受访者对耕地物质生产功能的评价，对于所有受访者来说，耕地物质生产功能综合值为 4.25，处于较高认知水平，说明受访者对耕地物质生产功能有较高的认可度。受访者对耕地物质生产功能的认知依重要程度排序如下：粮食品质安全＞粮食自给率＞提高农民所得。市民的耕地物质生产功能综合值为 4.37，农民的耕地物质生产功能综合值为 4.22，两者对耕地物质生产功能均有较高的认知。不同类型的受访者观点较为一致，认为耕地进行农业生产首先应该保证粮食品质，关注食品安全和健康。从耕地物质生产功能认知的主体差异来看，市民对耕地生产功能的认知高于农民。由图 4-1 所示，接近 70% 的市民完全同意"耕地生产时，应重视粮食品质"。市民更加关注食品安全，追求"放心食品"，其对农产品提出了更高的要求。

表 4-5　受访者对耕地物质生产功能的认知程度

受访者类别	粮食品质安全得分	粮食自给率得分	提高农民所得分	耕地物质生产功能综合值
市民	4.59	4.49	4.03	4.37
农民	4.39	4.30	3.97	4.22
总体	4.43	4.34	3.98	4.25

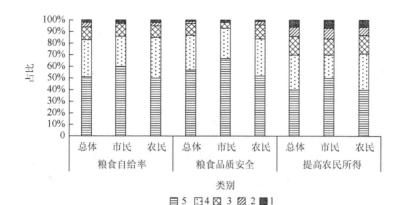

图 4-1 不同主体对耕地物质生产功能的认知

得分从高到低（5、4、3、2、1）依次代表认知程度"完全同意、比较同意、一般、比较不同意、完全不同意"

4.2.2 耕地物质生产功能供需主体意愿、行为错位

1. 耕地物质生产功能供给主体意愿、行为错位

随着武汉城市圈城镇化快速推进，耕地物质生产功能在区域内的供给和需求关系愈加紧张。农户是耕地利用的基本经营单元（孔祥斌，2020），也是耕地物质生产功能的直接供给者，耕地物质生产功能供给要求农户将耕地用于农产品生产，且鼓励农户供给安全的农产品。耕地物质生产功能农户供给意愿，指执行某种该行为的意愿，供给行为指农户的实际供给行为。本章将农户物质生产功能供给行为划分为农户的耕地利用类型行为、生产安全绿色农产品的行为、多样化种植行为，对应 3 个供给意愿（SBI）和 3 个供给行为（SB）观测变量。

农户耕地物质生产功能供给意愿反映农户作为行为主体对行为本身所持有的判断，在很大程度上影响是否执行耕地物质生产功能供给行为。问卷统计表明（表 4-6，图 4-2），农户的供给意愿均值分别为 4.12、4.18、4.02，耕地物质生产功能供给意愿总体较强。其中，近 90% 的农户愿意（供给意愿分值 3～5）将自家耕地"用于耕种农产品""生产绿色、有机、无公害的农产品""多样化种植"，仅不到 10% 的农户无意愿。

表 4-6 耕地物质生产功能供给主体的供给意愿与供给行为量表

类别	变量	测量题项	变量定义	均值
供给意愿	SBI1	您是否愿意将自家耕地用于耕种农产品	1 = 完全不愿意，2 = 比较不愿意，3 = 一般，4 = 比较愿意，5 = 完全愿意	4.12
	SBI2	您是否愿意生产绿色、有机、无公害的农产品		4.18
	SBI3	条件允许的话，您是否愿意多样化种植		4.02

续表

类别	变量	测量题项	变量定义	均值
供给行为	SB1	您家耕地是否完全用于耕种农产品	1 = 完全不符合， 2 = 比较不符合， 3 = 一般，4 = 比较符 合，5 = 完全符合	3.94
	SB2	你是否生产绿色、有机、无公害的农产品		3.60
	SB3	您是否关注农产品的多样化种植		2.73

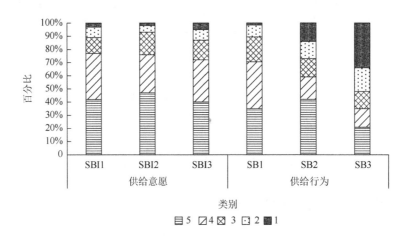

图 4-2　耕地物质生产功能供给主体的供给意愿和供给行为

得分从高到低（5、4、3、2、1）依次代表供给意愿为"完全愿意、比较愿意、一般、比较不愿意、完全不愿意"，
供给行为为"完全符合、比较符合、一般、比较不符合、完全不符合"

　　农户的耕地物质生产供给行为是农户基于自身利益条件的考虑，最终执行实际的行为。在被调查的农户中，仅有 70.4% 的农户能够（供给行为分值 4 和 5）将自家耕地用于耕种农产品，59.1% 的农户能够生产绿色、有机、无公害的农产品，大都是自家食用的蔬菜，仅有 34.9% 的农户能够进行多样化种植，农户的供给行为均值分别为 3.94、3.60、2.73。从农户对耕地生产供给方式来看，农户更多考虑耕地的产出效益，因难以预判耕地生产绿色、有机、无公害的农产品或者生产多种类农产品的产量与收益，农户倾向采取传统耕种方式。综合农户对耕地物质生产功能的认知、供给意愿、供给行为分析，农户对耕地物质生产功能有较积极的态度、对耕地生产行为也持较强意愿，但考虑到自身利益、受到外界环境因素影响，很难将意愿转换为行为。

2. 耕地物质生产功能需求主体意愿、行为错位

　　耕地物质生产功能需求实际上源于人类对于耕地生产活动的最终产出，包含了粮食、瓜果、蔬菜等的产出（姜广辉等，2011；杨雪和谈明洪，2014；施园园等，2015）。人们的食品观念发生了深刻的变化，由对数量的要求转向质量的要求，

更加关注农产品的新鲜度及安全性。关于耕地物质生产功能需求的访问对象包含农民和市民，其中农民承担着"耕地物质生产功能供给者"和"耕地物质生产功能的需求者"的双重身份。借鉴李承嘉等（2009）从微观个体角度的耕地物质生产功能认知分析，本章进一步分析受访者的意愿、行为。将受访者对耕地物质生产功能的需求意愿相关问题设置为"您是否愿意自家耕地用于生产农产品""您是否愿意购买绿色、有机、无公害的农产品""您是否享受到种类丰富的农产品"。将受访者对耕地物质生产功能需求行为的问题设置为："您是否经常关注农产品的生产方式"（农产品的生产方式包括耕地栽种、大棚种植、无土培育等）、"您是否经常购买绿色、有机、无公害的农产品"、"您是否经常购买种类多样的农产品"。分别对应 3 个需求意愿（DBI）和 3 个需求行为（DB）观测变量。

　　根据问卷统计结果表明（表 4-7，图 4-3），受访者的耕地物质生产功能需求意愿 DBI1、DBI2、DBI3 平均分分别为 4.16、4.42、4.44，超过 70.8%（需求意愿取值为 4 和 5）的受访者有较强的耕地物质生产功能需求意愿，仅不到 10%（需求意愿取值为 1）的受访者表示不愿意，总体上农户耕地物质生产功能供给行为需求意愿相对较高。分析不同体主体对耕地物质生产功能的需求意愿，市民的耕地物质生产功能需求意愿 DBI1、DBI2、DBI3 平均分分别为 4.04、4.46、4.49，农民的耕地物质生产功能需求意愿 DBI1、DBI2、DBI3 平均分分别为 4.18、4.40、4.43，两者相当，市民的需求意愿略强。受访者的耕地物质生产功能需求行为 DB1、DB2、DB3 平均分分别为 2.82、2.92、2.28，受访者的行为均值都低于 3，受访者物质生产功能需求行为整体处于一个较低的水平。市民的耕地物质生产功能需求行为 DB1、DB2、DB3 平均分分别为 3.32、3.32、2.57，农民的耕地物质生产功能需求行为 DB1、DB2、DB3 平均分分别为 2.55、2.81、2.19。市民的需求行为强于农民，原因可能是市民对绿色、有机、无公害农产品有更高要求，要求享受种类更加多样化的农产品。比较耕地物质生产功能需求意愿与需求行为，两者之间存在较大的错位。受访者对物质生产功能需求有较大的意愿，但是考虑到绿色、有机、无公害农产品不易获得，消费者不容易在主流零售店或其他分销渠道地购买到。此外，匮乏的产品品种也很难满足消费者的差异化需求，导致物质生产功能需求行为难以满足。政府应扩展和延伸安全食品的销售网络，构建城乡立体的销售网络，提高消费者购买安全食品的便利性。

表 4-7　耕地物质生产功能需求意愿与需求行为量表

类别	变量	测量题项	变量定义	均值
需求意愿	DBI1	您是否愿意自家耕地用于生产农产品	1 = 完全不愿意，2 = 比较不愿意，3 = 一般，4 = 比较愿意，5 = 完全愿意	4.16
	DBI2	您是否愿意购买绿色、有机、无公害的农产品		4.42
	DBI3	您是否享受到种类丰富的农产品		4.44

类别	变量	测量题项	变量定义	均值
需求行为	DB1	你是否经常关注农产品的生产方式	1 = 完全不符合， 2 = 比较不符合， 3 = 一般，4 = 比较符 合，5 = 完全符合	2.82
	DB2	你是否经常购买绿色、有机、无公害的农产品		2.92
	DB3	您是否经常购买种类多样的农产品		2.28

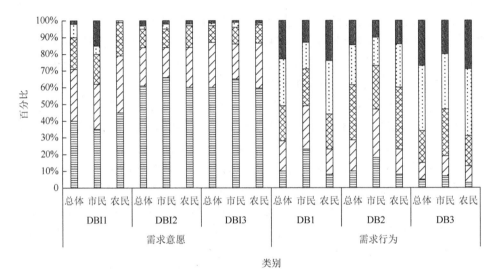

图 4-3　不同主体对耕地物质生产功能的需求意愿、需求行为

得分从高到低（5、4、3、2、1）依次代表需求意愿为"完全愿意、比较愿意、一般、比较不愿意、完全不愿意"，
需求行为为"完全符合、比较符合、一般、比较不符合、完全不符合"

3. 耕地物质生产功能供给与需求主体意愿、行为错位

本章假定耕地的物质生产功能作为一种"商品"，农民作为该特殊"商品"的直接生产者，社会公众（包含农民和市民）是消费者。供给者和需求者的经济活动对耕地的生产方式具有重大影响，并使耕地多功能状态发生改变。供给者和需求者因社会背景、认知水平、意愿等差异，其最终供给和需求可能产生错位。本章从意愿和行为维度，计算受访者对耕地物质生产功能供给意愿与行为、需求意愿与行为的平均综合分值，分析耕地物质生产功能供需主体错位。

$$X_i = \sum x_{ij} \times w_j \qquad (4\text{-}3)$$

$$X = \sum_{i=1}^{N} X_i / N \qquad (4\text{-}4)$$

式中，X_i 为第 i 个受访者对耕地物质生产功能供给/需求的意愿/行为分值；x_{ij}

为第 i 个受访者对第 j 种类型耕地物质生产功能供给/需求的意愿/行为的评分；w_j 为耕地物质生产功能供给/需求的意愿/行为的第 j（$j=1,2,3,4$）种类型的权值，利用熵值法确定；X 为耕地物质生产功能供给/需求的意愿/行为的整体水平；N 为受访者的个数。

根据问卷统计结果表明（表 4-8，图 4-4），农民作为供给者，其耕地物质生产功能供给意愿平均分为 4.11，受访者总体的物质生产功能需求意愿平均分值为 4.34，总体上农民的耕地物质生产功能供给意愿小于公众的耕地物质生产功能需求意愿，受访者总体的意愿得不到满足。农民既是耕地物质生产功能的供给者也是需求者，其供给意愿 4.11，小于其需求意愿 4.32，自身需求意愿仍得不到满足。农民的耕地物质生产功能供给行为平均值为 3.41，受访者总体的耕地物质生产功能需求行为平均值为 2.66，农民的耕地物质生产功能需求行为平均值为 2.54，市民的耕地物质生产功能需求行为平均值为 2.78，农民的供给行为可以满足当前受访者总体对耕地物质生产功能的需求。综合耕地物质生产功能供给/需求意愿与耕地物质生产功能供给/需求行为分析，首先，耕地物质生产功能需求意愿与供给意

表 4-8　耕地物质生产功能各类型供给/需求意愿、行为的重要程度评分

耕地物质生产功能意愿	选项	选项平均综合得分	权重百分比	耕地物质生产功能行为	选项	选项平均综合得分	权重百分比
供给意愿	SBI1	4.12	33.33%	供给行为	SB1	3.94	33.31%
	SBI2	4.18	33.37%		SB2	3.60	33.33%
	SBI3	4.02	33.30%		SB3	2.73	33.36%
需求意愿	DBI1	4.16	33.72%	需求行为	DB1	2.82	34.12%
	DBI2	4.42	33.33%		DB2	2.92	36.58%
	DBI3	4.44	32.95%		DB3	2.28	29.30%

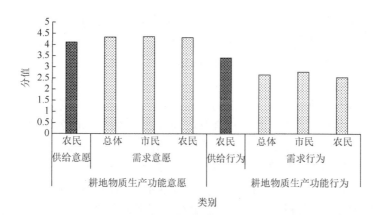

图 4-4　耕地物质生产功能供需主体的供需意愿和行为错位

得分从高到低（5、4、3、2、1）依次代表供给（需求）意愿为"完全愿意、比较愿意、一般、比较不愿意、完全不愿意"，供给（需求）行为为"完全符合、比较符合、一般、比较不符合、完全不符合"

愿之间存在错位，农村生产供给者也难以把握社会公众整体的消费方向，严重阻碍耕地物质生产功能效能的发挥。其次，虽然农民的耕地物质生产功能供给显著大于受访者总体的耕地物质生产功能需求行为，但耕地物质生产功能的供给意愿与行为之间存在较大差距，还缺乏适当的法规政策引导供给者和需求者的意愿向行为转换。

4.3　耕地生态服务功能供需主体错位识别

4.3.1　耕地生态服务功能供需主体认知错位

受访者对耕地生态服务功能的认知是个体对于耕地具有生态服务功能积极或消极的评价，根据课题组于 2017 年 11 月在蔡甸区开展的预调研，将耕地生态服务功能分为水源涵养、净化空气、保护生物多样性 3 个功能。设置相关问题为"农地能够净化空气，您是否赞同这个观点""耕地能够保护生物多样性，您是否赞同这个观点""农地能够净化水质，水源涵养、防止水土流失，您是否赞同这个观点"。并采用利克特量表法获得各项功能分，并利用如下公式计算受访者对耕地生态服务功能的平均综合认知程度：

$$B_i = \sum b_{ij} \times s_j \tag{4-5}$$

$$B = \sum_{i=1}^{N} B_i / N \tag{4-6}$$

式中，B_i 为第 i 个受访者对耕地生态服务功能的整体认知水平；b_{ij} 为第 i 个受访者对第 j 种类型耕地生态服务功能的评分；s_j 为第 j（$j = 1, 2, 3, 4$）种类型耕地生态服务功能的权值，利用熵值法确定；B 为耕地生态服务功能的整体认知水平；N 为受访者的个数。

不同主体的耕地生态服务功能的认知程度结果如表 4-9、表 4-10、图 4-5 所示。总体对耕地生态服务功能认知的综合分值为 3.89，说明受访者对耕地的生态服务功能有一定了解，但还缺乏对耕地生态服务功能的充分认识。对于耕地生态服务功能的不同功能依重要程度排序如下：水源涵养＞净化空气＞保护生物多样性。农民对耕地生态服务功能认知的综合分值为 3.84，市民对耕地生态服务功能认知的综合分值为 4.21，分析不同主体对耕地生态服务功能的认知程度，认知水平为：市民＞农民，市民接受耕地生态保护信息的渠道比农民更广泛，对耕地生态服务功能的认可度更高。

表 4-9　耕地生态服务功能各类型的重要程度排序评分

耕地生态服务功能类型	重要程度排序	选项平均综合得分	权重百分比
水源涵养	1	3.98	34.94%
净化空气	2	3.92	33.56%
保护生物多样性	3	3.85	31.50%

表 4-10　受访者对耕地生态服务功能的认知程度

受访者	水源涵养	净化空气	保护生物多样性	耕地生态服务功能认知的综合分值
市民	4.27	4.18	4.17	4.21
农民	3.90	3.85	3.77	3.84
总体	3.98	3.92	3.85	3.89

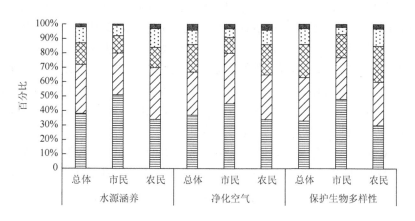

图 4-5　不同主体对耕地生态服务功能的认知

得分从高到低（5、4、3、2、1）依次代表认知程度为"完全同意、比较同意、一般、比较不同意、完全不同意"

4.3.2　耕地生态服务功能供需主体意愿、行为错位

1. 耕地生态服务功能供给主体意愿、行为错位

农民作为耕地的直接利用者和管理者，对耕地生态服务功能的供给行为直接决定耕地能否可持续利用。耕地生态服务功能农民供给意愿（SBI）指执行某种该行为的意愿，供给行为（SB）指农民的实际供给行为。对于农民来说，耕地的"生态服务功能供给"可以转换为"农地耕种自然友好化"，指的是除了对每一单位面积投入较低密度的劳动或资本外，重视耕地生态环境特征、生态环境问题、生态

环境敏感性，强调自然友好的耕作方式，不以作物的产量作为耕地使用的目标。借鉴李承嘉等（2009）的研究，本章将农民的耕地生态服务功能供给行为划分为"减少或不用化肥""施用农药行为""秸秆再利用行为""使用有机肥等绿色农资行为"4 个方面，并采用利克特量表法获得各项功能分，具体如表 4-11 所示。

农民的耕地生态服务功能供给意愿是农民个人对行为本身所抱持的判断态度，是个人想要实施某一行为的倾向，很大程度上决定了是否执行耕地生态服务功能供给行为。根据问卷统计结果表明（表 4-11，图 4-6），农户的生态服务功能供给意愿 SBI1、SBI2、SBI3、SBI4 平均分分别为 3.72、3.80、3.74、4.04，且超过 60%～70%的农民表示愿意（供给意愿分值为 4 和 5）采取自然友好的耕作方式进行耕地利用，只有不到 20%的人表示不愿意（供给意愿分值为 1 和 2），总体来看，农民有较强的耕地生态服务功能供给意愿。如图 4-6 所示，在被调查的农民中，仅有 11%的农民能够（供给行为 SB1 分值为 4 和 5）减少或不用化肥，12%（SB2 取 4 和 5）的农民能够减少或不用农药，31%（SB3 取 4 和 5）的农民对秸秆进行了妥善处理，42%（SB4 取 4 和 5）的农民能够对耕地施用有机肥等绿色农资，农民的耕地生态服务功能供给行为 SB1、SB2、SB3、SB4 均值分别为 3.14、2.97、2.78、2.76。总体来看，农民的耕地生态服务功能供给行为较弱。可能的原因是农民更多地考虑耕地的经济效益，因耕地生态服务功能供给方式会减少收入或者增加投入而缺乏积极预期，没有对耕地采取生态供给方式，这不利于长期耕地生态环境保护。综合农民对耕地生态服务功能的认知、生态服务功能供给意愿分析，农民对耕地生态服务功能有较积极的态度、对耕地生态服务供给意愿较强，但是考虑到自身利益、受到某些外界环境因素的影响，耕地生态服务功能供给的实际行为较低。

表 4-11　耕地生态服务功能供给主体的供给意愿与供给行为量表

类别	变量	测量题项	变量定义	均值
供给意愿	SBI1	您是否愿意减少或不用化肥	1＝完全不愿意，2＝比较不愿意，3＝一般，4＝比较愿意，5＝完全愿意	3.72
	SBI2	您是否愿意减少施用农药		3.80
	SBI3	您是否愿意秸秆再利用，如喂养牲畜、打碎还田		3.74
	SBI4	您是否愿意施用有机肥等绿色农资		4.04
供给行为	SB1	您是否减少或不用化肥	1＝完全不符合，2＝比较不符合，3＝一般，4＝比较符合，5＝完全符合	3.14
	SB2	您是否减少或不用农药		2.97
	SB3	您是否对秸秆进行了妥善处理		2.78
	SB4	您是否对耕地施用了有机肥等绿色农资		2.76

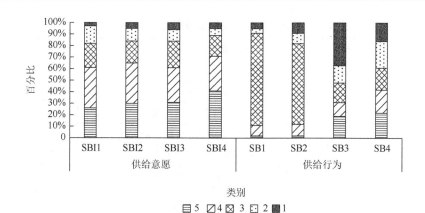

图 4-6 耕地生态服务功能供给主体的供给意愿和供给行为

得分从高到低（5、4、3、2、1）依次代表供给意愿为"完全愿意、比较愿意、一般、比较不愿意、完全不愿意"，
供给行为为"完全符合、比较符合、一般、比较不符合、完全不符合"

2. 耕地生态服务功能需求主体意愿、行为错位

耕地生态服务功能需求反映特定区域范围内社会公众对耕地生态服务功能的需求状况，耕地多功能需求的访问对象包含农民和市民，其中农民承担着"耕地生态服务功能供给者"和"耕地生态服务功能需求者"的双重身份。本章对耕地生态服务功能需求意愿及行为的研究借鉴条件价值评估方法，假定耕地的生态服务功能作为一种"商品"并存在完善市场交易，得到该生态服务功能"商品"的支付意愿，体现"消费者"的需求意愿。借鉴蔡银莺等（2007）的研究，结合对研究区域生态服务功能类型的划分，本章将耕地生态服务功能需求意愿划分为"您是否愿意维持耕地净化空气的功能""您是否愿意维持耕地保护生物多样性的功能""您是否愿意维持耕地水源涵养的功能"而加强对耕地生态服务的保护 3 个方面，共设置 3 个变量测量受访者对耕地生态服务功能的需求意愿。同样也将社会公众对耕地生态服务功能需求行为划分"您是否关注购买农产品产地的生态环境""您是否参加过保护耕地生态环境的环保活动""您是否阻止过他人破坏耕地生态环境的行为"3 个方面，共设置 3 个变量测量受访者对耕地生态服务功能的需求行为。

问卷统计结果表明（表 4-12，图 4-7），受访者对耕地生态服务功能意愿 DBI1、DBI2、DBI3 均值分别为 4.16、4.42、4.55，受访者的需求意愿平均分大于 4.00，超过 70% 的受访者有较强的耕地生态服务功能需求意愿，只有不到 10% 的人表示不愿意。总体上受访者的耕地生态服务功能需求意愿相对较高。农民对耕地生态服务功能需求意愿 DBI1、DBI2、DBI3 平均分值分别为 4.04、4.40、4.43，市民对耕地生态服务功能需求意愿 DBI1、DBI2、DBI3 平均分值分别为 4.18、4.45、4.49。分析不同主体对耕地生态服务功能的需求意愿，两者相当，市民的需求意愿略强。

表 4-12　耕地生态服务功能需求意愿与需求行为量表

类别	变量	测量题项	变量定义	均值
需求意愿	DBI1	您是否愿意维持耕地净化空气的功能	1＝完全不愿意，2＝比较不愿意，3＝一般，4＝比较愿意，5＝完全愿意	4.16
	DBI2	您是否愿意维持耕地保护生物样性的功能		4.42
	DBI3	您是否愿意维持耕地水源涵养的功能		4.55
需求行为	DB1	您是否关注购买农产品产地的生态环境	1＝完全不符合，2＝比较不符合，3＝一般，4＝比较符合，5＝完全符合	2.68
	DB2	您是否参加过保护耕地生态环境的环保活动		2.92
	DB3	您是否阻止过他人破坏耕地生态环境的行为		2.20

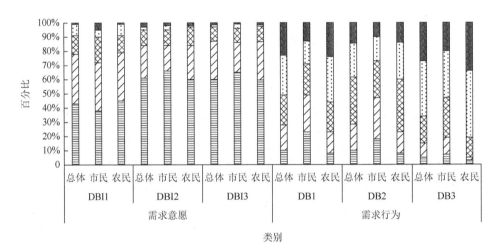

图 4-7　不同主体对耕地生态服务功能的需求意愿、需求行为

得分从高到低（5、4、3、2、1）依次代表需求意愿为"完全愿意、比较愿意、一般、比较不愿意、完全不愿意"，需求行为为"完全符合、比较符合、一般、比较不符合、完全不符合"

受访者的生态服务功能需求行为整体处于一个较低的水平，受访者对耕地生态服务功能需求行为 DB1、DB2、DB3 平均分值分别为 2.68、2.92、2.20，受访者的需求行为均值低于 3。农民对耕地生态服务功能需求行为 DB1、DB2、DB3平均分值分别为 2.55、2.82、2.57，市民对耕地生态服务功能需求行为 DB1、DB2、DB3 平均分值分别为 3.32、3.32、2.57。分析不同主体的耕地生态服务功能需求行为，市民的需求行为显著强于农民，原因可能是市民接受耕地生态保护信息的渠道比农民更广泛，对耕地生态服务功能的认可度更高。比较耕地生态服务功能需求意愿与需求行为，两者之间存在较大的差异性。受访者对生态服务功能需求有较大的意愿，但是考虑到自身经济情况、受到某些外界环境因素的影响，自己很难有耕地生态服务功能需求的实际行动。

3. 耕地生态服务功能供给与需求主体意愿、行为错位

本章假定耕地的生态服务功能作为一种"商品"，农民作为该特殊"商品"的直接生产者，社会公众（包含农民和市民）是消费者。农民的耕地生态服务功能供给行为和社会公众的耕地生态服务需求行为均为亲社会行为，当从事亲社会行为时，会面临社会利益与自身利益之间的两难选择。供给者和需求者两者意愿、行为之间存在差距具有合理性，两方利益主体在进行决策时，都会考虑自身利益。本章通过问卷调查，获得相关数据进行分析，揭示利益相关者供需行为的错位，为政府部门制定合理化政策提供参考。

利用如下公式计算受访者对耕地生态服务功能供给/需求意愿/行为的平均综合分值：

$$Y_i = \sum y_{ij} \times s_j \tag{4-7}$$

$$Y = \sum_{i=1}^{N} Y_i / N \tag{4-8}$$

式中，Y_i 为第 i 个受访者对耕地生态服务功能供给/需求的意愿/行为分值；y_{ij} 为第 i 个受访者对第 j 种类型耕地生态服务功能供给/需求的意愿/行为的评分；s_j 为耕地生态服务功能供给/需求的意愿/行为的第 j（$j=1,2,3,4$）种类型的权值，利用熵值法确定；Y 为耕地生态服务功能供给/需求的意愿/行为的整体认知水平；N 为受访者的个数。

根据问卷统计结果表明（表 4-13，图 4-8），农民作为供给者的耕地生态服务功能供给意愿平均分为 4.20，农民与市民生态服务功能需求意愿平均分为 4.12，总体上耕地生态服务功能供给意愿与需求意愿程度相当。分析不同主体的需求意愿发现，市民的生态服务功能需求意愿相对于农民的生态服务功能供给意愿略强，市民的意愿得不到满足，而农民自身作为需求者的耕地生态服务功能需求已得到满足。从受访者的耕地生态服务功能行为来看，当前农民的实际供给行为可以满足市民与农民的平均需求行为，总体上耕地生态服务功能供给行为与需求行为程度相当。分析不同主体的需求行为发现，市民的需求行为相对农民的需求行为并未得到满足，主要源于农民具有供给者和需求者的双重身份，其在决策过程中会权衡自身供需两者之间的关系，而市民远离耕地生态环境，与农民供给之间缺乏沟通协调，其需求意愿和行为均得不到满足，从而形成供给意愿、行为与需求意愿、行为的差异。

表 4-13　各类型耕地生态服务功能供给/需求意愿、行为的重要程度评分

耕地生态服务功能意愿	选项	选项平均综合得分	权重百分比	耕地生态服务功能行为	选项	选项平均综合得分	权重百分比
供给意愿	SBI1	3.72	25.00%	供给行为	SB1	3.14	25.31%
	SBI2	3.80	25.00%		SB2	2.97	25.21%

续表

耕地生态服务功能意愿	选项	选项平均综合得分	权重百分比	耕地生态服务功能行为	选项	选项平均综合得分	权重百分比
供给意愿	SBI3	3.74	24.97%	供给行为	SB3	2.78	24.67%
	SBI4	4.04	25.03%		SB4	2.76	24.81%
需求意愿	DBI1	4.16	33.32%	需求行为	DB1	2.68	36.21%
	DBI2	4.42	33.34%		DB2	2.92	35.85%
	DBI3	4.55	33.34%		DB3	2.20	27.94%

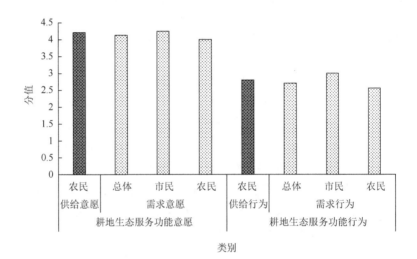

图 4-8　耕地生态服务功能供需主体的供需意愿和行为错位

得分从高到低（5、4、3、2、1）依次代表供给（需求）意愿为"完全愿意、比较愿意、一般、比较不愿意、完全不愿意"，供给（需求）行为为"完全符合、比较符合、一般、比较不符合、完全不符合"

4.4　耕地景观文化功能供需主体错位识别

4.4.1　耕地景观文化功能供需主体认知错位

随着社会经济的快速发展以及人们生活方式的改变，人们对耕地产生更高层次的需求，耕地景观文化功能日益显化（蔡银莺和张安录，2007；蔡银莺等，2007）。都市农业、休闲观光农业也越来越受到政府及公众的关注，它可实现耕地景观文化的供给，2017 年的中央一号文件指出要大力发展乡村休闲旅游产业（《中共中央 国务院关于深入推进农业供给侧结构性改革 加快培育农业农村发展新动能的若干意见》）。开展利益主体对耕地景观文化功能的参与意愿与参与行为方面的研究，揭示耕地景观文化功能供给者和需求者的意愿、行为差异，为耕地景观文化功能的开发利用提供政策支持。受访者对耕地景观文化的认知是个体对于耕地具有景观文化积极或消极的评价，参考赵华甫等（2007）、李承嘉等（2009）及杜继丰和袁中友（2015）的对北京、台湾和珠江三角洲大城市郊区耕地景观文化功能的分类，并结合课题组于 2017 年 11 月在蔡甸区开展的预调研，最终将本章研究的蔡甸区耕地景观文化功能确定为"提供美学艺术"的田园景观功能、"传播农业知识、农耕文明和提高人们惜土意识"的教育功能，"旅游观光娱乐"的休闲功能三种类型。可以通过如下公式计算受访者对耕地景观文化功能的平均综合认知程度：

$$C_i = \sum c_{ij} \times l_j \tag{4-9}$$

$$C = \sum_{i=1}^{N} C_i / N \tag{4-10}$$

式中，C_i 为第 i 个受访者对耕地景观文化功能的整体认知水平；c_{ij} 为第 i 个受访者对第 j 种类型耕地景观文化功能的评分；l_j 为耕地景观文化功能第 j（$j = 1, 2, 3, 4$）种类型的权值，利用熵值法确定（表 4-14）；C 为耕地景观文化功能的整体认知水平；N 为受访者的个数。

表 4-14　耕地景观文化功能各类型的重要程度排序评分

耕地景观文化功能类型	重要程度排序	选项平均综合得分	权重百分比
休闲功能	1	3.82	34.34%
教育功能	2	3.79	33.33%
田园景观功能	3	3.75	32.33%

受访者对耕地景观文化功能的认知程度结果如表 4-14、表 4-15、图 4-9 所示。按照受访者对耕地景观文化功能的评价，对于受访者总体来说，耕地景观文化功能，综合分值为 3.79，说明受访者对耕地的景观文化功能有一定的了解，但还缺乏对耕地景观文化功能的充分理解。依重要程度排序如下：休闲功能＞教育功能＞田园景观功能，不同主体的受访者观点存在差异。对于市民来说，耕地景观文化功能按重要程度排序为：田园景观功能＞教育功能＞休闲功能；对于农民来说，耕地景观文化功能按重要程度排序为：休闲功能＞教育功能＞田园景观功能。接近 70%（田园景观功能取值为 4 和 5）的市民认可耕地提供了"田园景观"这一功能，原因是市民长期生活在空间狭小的、建筑密度较大，视野相对受限的环境中，对环境幽静、空间清新、生活安逸的乡村田园风光十分向往。农民生产生活的场所是村庄，对耕地的景观习以为常，能真正享受到村庄耕地的田园景观，但是他们没有充分认识到耕地的田园景观功能。另外对于耕地的休闲功能，在农

民的问卷中排名第一，在市民问卷中排名最后，原因可能是，农民已经从耕地的利用中获得到休闲功能的好处，了解到耕地的游憩放松、休闲娱乐的价值。市民对这一功能的了解程度不够，耕地的休闲功能在社会的普及还不够。分析不同主体对耕地景观文化功能的认知程度，认知水平为：市民＞农民；市民生活达到一定水平，更加追求对耕地的景观文化功能在精神上的满足。

表 4-15　受访者对耕地景观文化功能的认知程度

受访者	休闲功能	教育功能	田园景观功能	耕地景观文化功能综合分值
市民	3.90	3.96	4.01	3.96
农民	3.80	3.74	3.69	3.74
总体	3.82	3.79	3.75	3.79

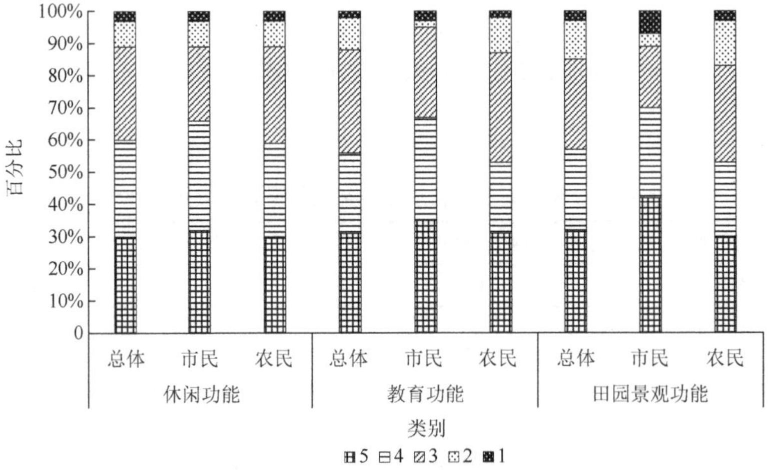

图 4-9　不同主体对耕地景观文化功能的认知

得分从高到低（5、4、3、2、1）依次代表认知程度为"完全同意、比较同意、一般、比较不同意、完全不同意"

4.4.2　耕地景观文化功能供需主体意愿、行为错位

1. 耕地景观文化功能供给主体意愿、行为错位

农民是耕地景观文化功能供给的重要利益相关者，其对发展休闲农业旅游的意愿与行为关系到城郊旅游能否健康和可持续发展。参考休闲农业从业者对旅游环境的认知、供给意愿、供给行为的研究，本章将农民即供给者的意愿相关问题设置为"您是否愿意传播农业知识和文化""您是否愿意将开发耕地用作休闲观光"。受访者耕地景观文化供给行为问题设置为："您是否向其他人传授农业知识

和文化""居住区（村庄）是否有最近的休闲农庄、采摘园、农业观光园，若有则居住区（村庄）最近的休闲农庄、采摘园、农业观光园的距离有多远"。分别对应2个供给意愿（SBI）和2个供给行为（SB）观测变量。

农民的耕地景观文化功能供给意愿是农民个人对行为本身所抱持的态度，是个人想要实施该行为的倾向，很大程度上决定了是否执行耕地景观文化功能的供给行为。农民耕地景观文化供给行为的主要形式是开发休闲旅游农业，农村居民是休闲农业旅游的重要利益相关者，其意愿关系到城郊旅游是否能健康和可持续发展。根据问卷统计结果表明（表 4-16，图 4-10），农民的供给意愿均值分别为 3.58、3.38分，总体来说超过 30%～40%的农民表示比较愿意及以上程度进行耕地休闲旅游农业。总体上农民的耕地景观文化功能供给行为意愿相对较低。

表 4-16　耕地景观文化功能供给主体的供给意愿与供给行为量表

类别	观测变量	测量题项	变量定义	均值
供给意愿	SBI1	您是否愿意传播农业知识和文化	1 = 完全不愿意，2 = 比较不愿意，3 = 一般，4 = 比较愿意，5 = 完全愿意	3.58
	SBI2	您是否愿意将开发耕地用作休闲观光		3.38
供给行为	SB1	您是否向其他人传授农业知识和文化	1 = 完全不符合，2 = 比较不符合，3 = 一般，4 = 比较符合，5 = 完全符合	2.67
	SB2	居住区（村庄）是否有最近的休闲农庄、采摘园、农业观光园，若有则居住区（村庄）最近的休闲农庄、采摘园、农业观光园的距离有多远	5 = 10km 以内、4 = 10～20km、3 = 20～30km、2 = 30km 以上、1 = 没有	2.17

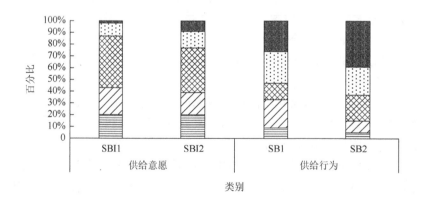

图 4-10　耕地景观文化功能供给主体的供给意愿和供给行为

得分从高到低（5、4、3、2、1）依次代表供给意愿为"完全愿意、比较愿意、一般、比较不愿意、完全不愿意"，供给行为（SB1）为"完全符合、比较符合、一般、比较不符合、完全不符合"，供给行为（SB2）为"5 = 10km以内、4 = 10～20km、3 = 20～30km、2 = 30km 以上、1 = 没有"

　　耕地景观文化供给行为即开发休闲旅游农业,休闲旅游农业是指以生态系统、地理环境、农业资源、农业生产和农村生活等为基础,把观光旅游与农业结合在一起的一种休闲旅游活动(Ohe,2007)。农民是耕地利用的微观主体,农民对耕地景观文化功能供给的实际行为间接反映了休闲旅游农业的发展现状。在被调查的农民中,32.53%(供给行为 SB1 取值为 4 和 5)的农民向其他人传授农业知识和文化,14.78%(SB2 取值为 4 和 5)的居住区(村庄)附近有休闲农庄、采摘园、农业观光园。武汉城市圈耕地景观文化功能供给潜力没有得到充分发挥(赵志尚等,2018),从农民对耕地休闲农业开发行为来看,一方面,农民更多地考虑耕地的经济效益,因为对耕地景观文化功能供给方式是会减少其收入或者增加投入,多数农民没有足够的信心,所以没有对耕地采取景观文化功能供给方式;另一方面,政府缺乏相关技术支持,尚未从供应端对耕地景观文化功能进行合理开发。综合农民对耕地景观文化功能的认知、耕地景观文化功能供给意愿分析,农民对耕地景观文化功能持较积极的态度,但是考虑到自身利益且受到某些外界环境因素的影响,对耕地景观文化供给意愿较弱,自己很难有耕地景观文化功能供给的实际行动。

2. 耕地景观文化功能需求主体意愿、行为错位

　　进入 21 世纪后,城乡居民对耕地产品的需求快速增长,呈现出多元化的特点和趋势,更加注重绿色食品、耕地文化内涵、亲身参与。本章将"耕地景观文化功能"作为一种商品,消费者购买行为是指消费者行为在一定的购买欲望的支配下,为了满足某种需求而购买商品的活动过程。本章将受访者的耕地景观文化功能需求意愿相关问题设置为"您是否愿意通过田间活动学习农业知识和文化""您是否愿意体验休闲农业"。受访者耕地景观文化需求行为问题设置为"您是否经常到农田参与田间活动学习农业知识和文化""您是否经常体验休闲农庄、采摘园、农业观光园"。

　　从受访者对耕地景观文化功能需求意愿的问卷分析结果如表 4-17、图 4-11 所示,受访者的需求意愿均值为 3.59,总体来说具有 55%(总体需求意愿取值 4 和 5)的公众有较强的景观文化功能需求意愿,只有不到 20%(总体需求意愿数值 1 和 2)的人表示不愿意。分析不同体主体对耕地功能的需求意愿,市民>农民。受访者的景观文化功能需求行为整体处于一个很低的水平,其需求行为均值分别为 1.41。分析不同主体的耕地景观文化功能需求行为,市民的需求行为强于农民,原因可能是市民接受耕地景观文化功能信息的渠道比农民更广泛,对耕地景观文化功能的认可度更高。比较耕地景观文化功能需求意愿与需求行为,两者之间存在较大的差异性。受访者对景观文化功能需求意愿大于行为,可能是考虑到自身

经济情况，且受到某些外界环境因素的影响，自己很难有耕地景观文化功能需求的实际行动。

表 4-17　耕地景观文化功能需求意愿与需求行为量表

类别	变量	测量题项	变量定义	均值
需求意愿	DBI1	您是否愿意通过田间活动学习农业知识和文化	1＝完全不愿意，2＝比较不愿意，3＝一般，4＝比较愿意，5＝完全愿意	3.64
	DBI2	您是否愿意体验休闲农业		3.54
需求行为	DB1	您是否经常到农田参与田间活动学习农业知识和文化	1＝完全不符合，2＝比较不符合，3＝一般，4＝比较符合，5＝完全符合	1.45
	DB2	您是否经常体验休闲农庄、采摘园、农业观光园		1.37

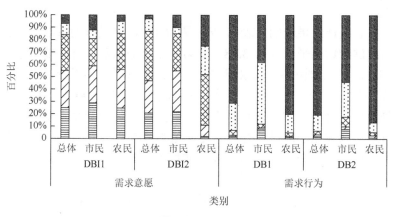

图 4-11　不同主体对耕地景观文化功能的需求意愿、需求行为

得分从高到低（5、4、3、2、1）依次代表需求意愿为"完全愿意、比较愿意、一般、比较不愿意、完全不愿意"，需求行为为"完全符合、比较符合、一般、比较不符合、完全不符合"

3. 耕地景观文化功能供给与需求主体意愿、行为错位

耕地景观文化功能的持续供给必须坚持以公众的需求为导向，根据公众的需求意愿和实际需求行为，有针对性地凝练特色休闲产品，前瞻性地布局和规划，完善基础设施建设，提高服务水平。然而，与新兴休闲农业存在旺盛的市场需求相对立，传统形式下的休闲农业供给无法满足消费者的个性化和多样化需求，最终造成供给和需求错位，制约休闲农业发展。供给者和需求者两者意愿、行为之间存在差距具有合理性，两方利益主体在进行决策时，都会考虑自身利益。因此，本章通过问卷调查，获得相关数据进行分析，揭示不同主体进行行为决策的差异，

为政府部门制定合理化政策提供参考。

利用如下公式计算受访者对耕地景观文化功能供给需求意愿行为的平均综合分值：

$$Z_i = \sum x_{ij} \times l_j \qquad (4\text{-}11)$$

$$Z = \sum_{i=1}^{N} Z_i / N \qquad (4\text{-}12)$$

式中，Z_i 为第 i 个受访者对耕地景观文化功能供给/需求的意愿/行为分值；x_{ij} 为第 i 个受访者对第 j 种类型耕地景观文化功能供给/需求的意愿/行为的评分；l_j 为耕地景观文化功能供给/需求的意愿/行为的第 j（$j = 1, 2, 3, 4$）种类型的权值，利用熵值法确定；Z 为耕地景观文化功能供给/需求的意愿/行为的整体认知水平；N 为受访者的个数。

根据问卷统计结果表明（表 4-18，图 4-12），农民作为供给者，其耕地景观文化功能供给意愿平均分为 3.48，受访者总体的景观文化功能需求意愿平均分为 3.59，总体上农民的耕地景观文化功能供给意愿略小于受访者的耕地景观文化功能需求意愿。分析不同主体对耕地景观文化功能的需求意愿，可以发现，农民的景观文化功能需求意愿相对于市民的景观文化功能需求意愿略强。农民实际的耕地景观文化功能供给行为综合分值为 2.44，受访者总体实际的景观文化功能需求行为综合分值为 1.41，发现农民的供给可以满足当前受访者总体的需求。分析不同主体的耕地景观文化功能需求行为，市民的需求行为小于农民的需求行为，两者之间存在较大的差异性，原因可能是农民具有供给者和需求者的双重身份，而市民远离耕地景观环境，与农民相比较少有机会享受到耕地的景观文化功能。研究表明微观主体尺度耕地景观文化功能供需双方的认知-意愿-行为存在较大差异，在今后的研究中应从供需双方分别提出应对措施，确保可持续发挥耕地的景观文化功能。

表 4-18　各类型耕地景观文化功能供给/需求意愿、行为的重要程度评分

耕地景观文化功能意愿	选项	选项平均综合得分	权重百分比	耕地景观文化功能行为	选项	选项平均综合得分	权重百分比
供给意愿	SBI1	3.58	51.11%	供给行为 SB	SB1	2.67	54.51%
	SBI2	3.38	48.89%		SB2	2.17	45.49%
需求意愿	DBI1	3.64	49.97%	需求行为 DB	DB1	1.45	50.03%
	DBI2	3.54	50.03%		DB2	1.37	49.97%

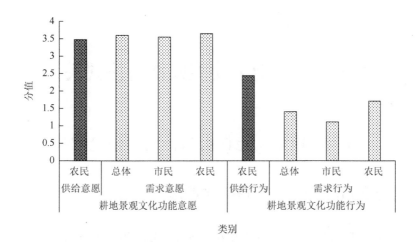

图 4-12　耕地景观文化功能供需主体的供需意愿和行为错位

得分从高到低（5、4、3、2、1）依次代表供给（需求）意愿为"完全愿意、比较愿意、一般、比较不愿意、完全不愿意"，供给（需求）行为为"完全符合、比较符合、一般、比较不符合、完全不符合"

第 5 章　耕地多功能权衡与协同关系

5.1　耕地多功能权衡与协同的理论框架

5.1.1　耕地多功能权衡与协同关系的概念

自 1967 年"权衡"一词首次出现在物理学领域，用于探讨信号可检测性、准确性、分辨率和背景抑制间的关系以来，越来越多的研究领域引入权衡关系以理解事物间的相互作用。近年来，国内外学者开展了大量生态系统服务间相关关系研究，研究发现生态系统服务之间权衡与协同关系是普遍存在的（Swallow et al.，2009；Wu et al.，2013；Sylla et al.，2020）。耕地作为人类社会主导的人工-自然复合生态系统（王静等，2015），其多功能性隶属于生态系统服务范畴，并伴随着耕地利用过程而产生。在耕地利用过程中，各种自然资源与人工辅助功能通过能量流动、信息传递和物质循环而形成生产、生态、社会和景观等多种耕地功能，相同耕地内部和不同耕地功能之间相互交织、相互影响，使得功能之间存在协同、权衡、独立存在等多种表现形式。

生态系统服务权衡是指某类生态系统服务的增强导致其他类型生态系统服务的减弱，生态系统服务协同是指两种或多种生态系统服务同时增强或同时减弱的情形。耕地多功能权衡是指同一单元内某些类型耕地功能的供给由于其他类型耕地功能的使用增加而减少的状况（戴尔阜等，2015），功能间表现为负相关关系；耕地多功能协同是指同一单元内某些类型耕地功能的供给由于其他类型耕地功能的使用增加（减少）而增加（减少）的情形，功能间表现为正相关关系；耕地多功能独立存在则指耕地各功能间的相关关系不显著，不存在明显的相关关系。

5.1.2　耕地多功能权衡和协同关系的理论基础

受到耕地多种功能特性、非均衡空间分布特性及人类选择偏好的影响，人们更加倾向对耕地商品性生产功能的关注，而容易低估或忽略生态调节、休憩娱乐、景观美学等功能，这种注重单一功能的耕地利用方式会损害多功能总体效益最大化的目标。明晰耕地多功能的权衡与协同关系，并通过相应的耕地利用政策消除或减弱权衡关系，增强协同性，则会对人类社会可持续发展产生重大影响。

　　耕地多功能性可理解为耕地具有一项以上功能供给的情形，这些功能可能是互惠性的（指其中一项功能 A 增强时，另一项功能 B 也增强），此时耕地功能之间存在协同关系，弱协同到强协同的过程伴随着耕地多功能增强；这些功能也可能是竞争性的（指一项功能 B 增强时，另一项功能 A 则减弱），此时耕地功能之间存在权衡关系，弱权衡到强权衡的过程伴随着耕地多功能减弱（图 5-1）。科学识别耕地各功能间的权衡与协同关系，有利于寻求最大程度减缓甚至消除各耕地功能间权衡关系的解决办法，是实现耕地多功能协同发展与可持续利用的有效路径。

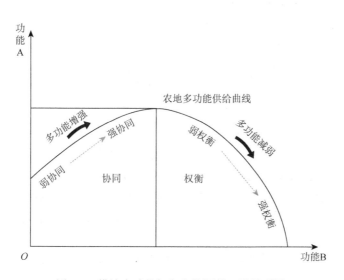

图 5-1　耕地多功能权衡和协同的理论关系图

5.1.3　耕地多功能权衡与协同关系的分析方法

1. 相关分析方法

　　相关分析方法由于其权衡与协同结果的直观性得到了大量应用，包括统计学家皮尔逊（Pearson）提出的积矩相关系数 $r_p(X_i, Y_i)$ 和心理学家斯皮尔曼（Spearman）提出的斯皮尔曼秩次相关系数 $r_g(X_i, Y_i)$，以及偏相关分析 $r_{12,3}$。皮尔逊相关分析主要度量两个随机变量之间线性关系的强弱；斯皮尔曼秩相关分析属于非参数检验，对数据的分布形式不做要求，适用范围更广；偏相关分析是指当两个变量同时与第三个变量相关时，将第三个变量的影响剔除，只分析另外两个变量之间的净线性相关关系。

令 $\{(X_i, Y_i)\}$ 表示 n 对独立同分布的数据对，其母体为某二元连续分布。对 $\{X_i\}$ 进行从小到大排列，可以得到一组新的数据对 $\{(X_{(i)}, Y_{(i)})\}$，其中 $X_{(1)} < \cdots < X_{(n)}$ 为关于 X 的序统计量，与之相对应的 $Y_{(i)}$ 称为 $X_{(i)}$ 的伴随。假设 X_j 位于序列 $\{X_{(i)}\}$ 中第 k 个位置，则定义数字 k 为的 X_j 秩次，记为 P_i。类似地，可以定义 Y_j 的秩次并记为 Q_i。$\bar{X}$、$\bar{Y}$ 分别代表的算术平均值，积矩相关系数 $r_p(X_i, Y_i)$ 和斯皮尔曼秩次相关系数 $r_g(X_i, Y_i)$ 的数学表达式如下：

$$r_p(X_i, Y_i) = \frac{\sum_{i=1}^{n}(X_i - \bar{X})(Y_i - \bar{Y})}{\left[\sum_{i=1}^{n}(X_i - \bar{X})^2 \sum_{i=1}^{n}(Y_i - \bar{Y})^2\right]^{\frac{1}{2}}} \tag{5-1}$$

$$r_g(X_i, Y_i) = 1 - \frac{6\sum_{i=1}^{n}(P_i - Q_i)}{n(n^2 - 1)} \tag{5-2}$$

若相关关系为正，表明两种耕地功能间存在协同关系；若相关关系为负，表明两种耕地功能间存在权衡关系。相关系数的绝对值越大，表示两种耕地功能之间的关系越强；相关系数的绝对值越小，表示两种耕地功能之间的关系越弱。

在耕地系统中，不同功能间的相互关联、交互影响、功能互馈等特点使得不同功能之间存在复合化特征，偏相关分析能够更科学地反映功能之间的净相关性。若结果为显著负相关，则两种功能在空间上表现为权衡；若为显著正相关，则表现为协同；若相关性不显著，则表现为空间兼容。计算公式如下：

$$r_{12,3} = \frac{r_{12} - r_{13}r_{23}}{\sqrt{(1 - r_{13}^2)(1 - r_{23}^2)}} \tag{5-3}$$

式中，$r_{12,3}$ 为剔除的 x_3 影响后，x_1 与 x_2 之间的偏相关程度；r_{12}、r_{13}、r_{23} 分别为 x_1、x_2、x_3 两两之间的相关系数。

2. 布袋图法

布袋图法是研究生态系统服务之间非线性关系的方法之一（Jopke et al.，2015），在耕地多功能研究中可识别分析任意两个功能之间权衡与协同的非线性关系（图 5-2）。该方法的基本原理为，对一个有 x、y 两个属性的 n 个样本，根据两个属性按照双变量得分深度法将 n 个样本由小到大进行排序，所得序号为该样本的深度，深度为 $n/2$（用 Q_2 表示）的样本为总数的深度中位数，将深度处于（$n/4$，$3n/4$）（分别用 Q_1、Q_3 表示）的样本点绘制成一个区域，即为 50% 样本点总数的中心区域（bag）；以 $Q_2 + 4$（Q_3-Q_2）为上限，$Q_2 + 4$（Q_1-Q_2）为下限，绘制一个区域，该区域为正常值区域，不在该区域的样本为异常值样本。一般解释数据分布的重要特征是：深度中位数的位置、值的分散程度（中心区域面积）、相关性（中心区域方向）、分布不对称（中心区域形状）和异常值（Rousseeuw et al.，1999）。该方法可以用来分析二元数据的分布样态，如数据的延展性、相关性、偏斜性、拖尾性等并发现异常值，非常适合样本数量少的二元变量非线性关系研究（Tukey，1975）。

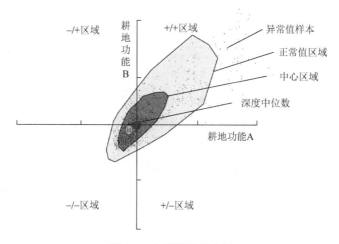

图 5-2　布袋图法示意图

改绘自 Jopke 等（2015），耕地功能 A 与耕地功能 B 表示耕地多种功能中任何 2 个不相同的功能，在布袋图法中异常值样本用 outliers 表示，正常值区域用 fence 表示，中心区域用 bag 表示，深度中位数用 depth median 表示

3. 权衡强度法

耕地多功能间的权衡与协同关系研究通常采用相关分析或聚类分析，主要对耕地各功能间的关系进行定性分析或空间叠加识别，但定量化耕地各功能之间关系的研究仍较少。Bradford 和 D'Amato（2012）提出采用均方根误差法评估多重收益间的权衡，将权衡强度量化为不同收益与平均收益间的距离（Lu et al.，2014），方莹等（2018）采用此方法量化了耕地多功能权衡关系的强度。权衡强度法的基本思路如图 5-3 所示，1∶1 线表示多功能平衡，某点至 1∶1 线的距离为权衡强度，其数值等于均方根误差（RMSE），公式如下：

$$\text{RMSE} = \sqrt{\frac{1}{n-1}\sum_{i=1}^{n}(\text{DF}_i - \text{DF}_j)^2} \tag{5-4}$$

式中，DF_i 为第 i 种耕地功能标准化后的分值；DF_j 为第 j 种耕地功能的数学期望；n 为耕地功能个数。

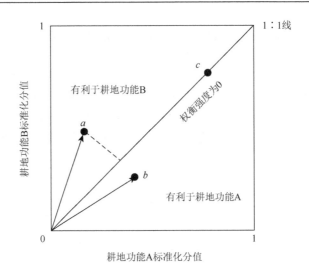

图 5-3　耕地多功能权衡强度示意图

耕地功能 A 与耕地功能 B 表示耕地多种功能中任何 2 个不相同的功能

5.2　耕地多功能权衡与协同关系的空间关联[*]

5.2.1　相同耕地功能的空间关联变化

为明晰湖北省相同耕地功能权衡与协同的空间格局及变化情况，进行单变量的全局自相关分析，得到单一功能的全局莫兰指数（global Moran's I，又称为全局自相关指数）见表 5-1。

表 5-1　湖北省相同耕地功能的全局莫兰指数

年份	净固碳功能 （NCF）	物质产出功能 （MPF）	水源涵养功能 （WCF）	景观美学功能 （LAF）	劳动力承载功能 （LCF）
2000	0.525（7.176）	0.394（5.295）	0.733（10.036）	0.489（6.757）	0.240（3.415）
2005	0.488（6.718）	0.224（3.235）	0.700（9.408）	0.496（6.993）	0.284（3.941）
2010	0.472（6.403）	0.206（3.064）	0.750（10.036）	0.500（6.698）	0.289（4.073）
2013	0.374（5.301）	0.252（3.602）	0.726（9.763）	0.518（7.172）	0.276（4.038）

注：括号内数值为 $\alpha = 0.05$ 水平下对应的 Z 值

从表 5-1 看，空间上，研究区各类耕地功能的全局莫兰指数值都为正，且都

---

* 本节部分内容来源于朱庆莹（2018）和赵志尚（2017），内容有增改。

通过了水平 $\alpha = 0.05$ 下的检验，表明各类耕地功能在研究区内呈显著的协同作用，但协同程度及其变化存在显著差异。水源涵养功能的协同程度最高，其次是净固碳功能与景观美学功能，再次是物质产出功能，最后是劳动力承载功能。从协同程度的变化来看，整体上，物质产出功能和净固碳功能的全局莫兰指数值在2000~2013 年是下降的，说明两者各自的协同程度逐渐减弱；水源涵养功能和景观美学功能的全局莫兰指数值起伏较小，分别在 0.7 和 0.5 左右浮动，表明各自的协同程度较为稳定；劳动力承载功能全局莫兰指数值总体有所增加，表明协同程度有增强趋势。

为进一步明晰相同耕地功能权衡与协同具体的空间格局及其变化情况，本节接下来进行局部空间自相关分析，反映相同耕地功能"HH"（高-高）或"LL"（低-低）协同，"HL"（高-低）或"LH"（低-高）权衡或独立存在关系的空间格局及变化。整体看，各类耕地功能权衡与协同的整体数量特征类似，即非显著区数量最多，其次为 HH、LL 协同区，最少为 HL 和 LH 权衡区，但各类型数量变化和空间格局及变化存在差异。

净固碳功能权衡与协同的空间格局及各类型数量随时间有一定程度变化。HH协同区主要分布于鄂中的枣阳—钟祥—荆门一带，数量逐渐减少；LL 协同区主要分布于鄂西地区并逐渐缩减至鄂西南地区；HL 和 LH 权衡区分别零星分布于枝江和曾都、安陆、襄阳辖区等区域。实际中，鄂中地区属平原地带，耕地自然条件好，固碳功能较强；鄂西地区耕地坡度大，水土流失与耕地荒漠化严重，耕地综合质量低，固碳功能较弱。随时间推移，HH 和 LL 协同区收缩以及 HL 和 LH 权衡区的零星出现可能与农业生产方式改变和农民耕地认知程度的提高等因素有关。

物质产出功能权衡与协同空间格局及各类型数量随时间变化较明显。HH 协同区主要分布在武汉、鄂州及黄石辖区一带；LL 协同区主要分布在鄂西地区，随时间有向鄂西南和鄂中南转移的趋势；LH 和 HL 权衡区分别无规律分布于浠水和大冶以及潜江和十堰等地区。实际中，武汉、鄂州等地区为都市农业区，经济作物如蔬菜作物需求量大，物质产出功能较强；鄂西地区耕地自然条件差，农业生产率低，物质产出功能较弱。HH 和 LL 协同区数量的变化以及 HL 和 LH 权衡区的零星出现可能与农业政策和农民耕地利用行为等因素有关。

水源涵养功能权衡与协同空间格局及各类型数量较稳定。HH 协同区主要分布鄂东地区，LL 协同区主要分布在鄂西地区。实际中，鄂东武汉—大冶—阳新一带降水丰富，耕地的土体较厚，通气性好，农作物截留量较高，水源涵养功能较强。鄂西山区耕地坡度较大，蓄水能力不强；加上降水量较少，因此水源涵养功能普遍较弱。

景观美学功能权衡与协同的空间格局及各类型数量变化都较稳定。HH 协同区主要分布在武汉—大冶—阳新一带；LL 协同区主要是在鄂西南地区；LH 权衡区主要是汉川和沙洋。实际中,武汉—大冶—阳新一带经济发展较好,城市居民对耕地景观美学功能需求旺盛,且该地带农地景观资源丰富,已形成休闲赏花产业链条,景观效益逐步凸显;鄂西南地区经济落后,人口密度小且交通等市场条件差,景观美学功能较弱;汉川离武汉市较近,但它是农作区,景观美学功能不强,与周围区域形成权衡。

劳动力承载功能权衡与协同的空间格局及各类型数量在 2000~2005 年变化明显,后期较为稳定。HH 协同区主要分布于麻城和黄冈周边几个区县,有逐步东移的趋势;LL 协同区 2005 年前数量较少且分布零散,2005 年后大量增加并由江汉平原向北扩展;HL 与 LH 权衡区零散分布在秭归和长阳等区域,无明显规律。实际中,黄冈周边几个区县是茶叶主产区,农村劳动力数量较大;鄂中地区城镇化的发展使得农业劳动力大量转移;HL 与 LH 权衡区则可能是地方政府的特殊政策引起的。

5.2.2 不同耕地功能的空间关联变化

为探索湖北省不同耕地功能之间权衡与协同格局及其变化情况,本节进行双变量的全局自相关分析,获得功能之间的全局莫兰指数见表 5-2。

表 5-2 湖北省不同耕地功能的全局莫兰指数

类别	2000 年	2005 年	2010 年	2013 年
净固碳功能-物质产出功能 (NCF 与 MPF)	0.428 (7.485)	0.161 (2.898)	0.091 (1.611)	−0.025 (7.391)
净固碳功能-水源涵养功能 (NCF 与 WCF)	0.452 (7.391)	0.377 (6.306)	0.228 (4.152)	0.2333 (3.990)
净固碳功能-景观美学功能 (NCF 与 LAF)	0.266 (4.787)	0.190 (3.476)	0.188 (3.395)	0.207 (3.727)
净固碳功能-劳动力承载功能 (NCF 与 LCF)	0.155 (2.912)	−0.083 (−1.546)	−0.163 (−2.838)	−0.118 (−2.204)
物质产出功能-景观美学功能 (MPF 与 LAF)	0.359 (5.641)	0.310 (5.164)	0.252 (4.229)	0.280 (4.483)
物质产出功能-水源涵养功能 (MPF 与 WCF)	0.493 (7.679)	0.364 (6.588)	0.274 (4.856)	0.176 (3.143)
物质产出功能-劳动力承载功能 (MPF 与 LCF)	0.200 (3.323)	0.032 (0.704)	0.025 (0.496)	0.073 (1.327)
景观美学功能-水源涵养功能 (LAF 与 WCF)	0.401 (6.527)	0.357 (6.061)	0.328 (5.770)	0.418 (7.053)
景观美学功能-劳动力承载功能 (LAF 与 LCF)	0.149 (2.740)	−0.074 (−1.322)	−0.139 (−2.628)	−0.108 (2.033)
水源涵养功能-劳动力承载功能 (WCF 与 LCF)	0.277 (5.100)	−0.026 (−0.435)	−0.085 (−1.490)	0.007 (0.103)

注:括号内数值为 $\alpha = 0.05$ 水平下对应的 Z 值

从表 5-2 看，空间上，研究区多数耕地功能之间的全局莫兰指数值为正，少数为负，表明多数功能之间为协同关系，少数为权衡关系。其中净固碳功能与水源涵养功能、物质产出功能与景观美学功能和景观美学功能与劳动力承载功能之间的协同作用较强，净固碳功能与劳动力承载功能和景观美学功能与劳动力承载功能之间的权衡作用较强。整体看，全局莫兰指数值随时间逐渐变小甚至变为负，表明耕地功能之间协同作用随时间呈减弱趋势，权衡作用呈增强趋势。

分析可知耕地物质产出功能与景观美学功能、景观美学功能与水源涵养功能之间的权衡与协同关系只在 2000 年通过了显著性检验，因此，本节只对其余 8 种情况进行局部空间自相关分析，得到不同耕地功能之间局部空间关联图，反映 HH、LL 协同，HL、LH 权衡或独立关系的空间格局及其变化情况。净固碳功能与劳动力承载功能、景观美学功能与劳动力承载功能 HL 权衡区数量较多；其余功能之间 HH 或 LL 协同区数量较多。其中，净固碳功能与水源涵养功能、物质产出功能与景观美学功能、物质产出功能与水源涵养功能和景观美学功能与水源涵养功能空间格局较稳定。

（1）净固碳功能与物质产出功能的 HH 协同区数量较少，空间分布不稳定且无明显规律；LL 权衡区主要分布于鄂西地区并逐渐收缩至鄂西南地区；HL 与 LH 权衡区分别零散分布于石首、鄂州和黄石周边一带。由前文分析可知，实际中，鄂西地区尤其是鄂西南地区耕地各项功能值普遍较低；石首周边几个地区耕地资源状况好且耕作合理，净固碳功能较强，由于种植经济作物少，物质产出功能较弱；鄂州和黄石等地区，经济作物种植面积大，物质产出功能较强，但净固碳功能相对较弱。

（2）净固碳功能与水源涵养功能 HH 协同区主要分布在团风—浠水—蕲春一线；LH 权衡区主要分布于阳新—大冶—鄂州一带，两者的空间分布随时间有较小变化，数量较为稳定；LL 协同区主要分布于鄂西地区，数量减少明显；HL 权衡区 2005 年才出现，主要分布于鄂西北的竹溪、南漳等区县，数量有增加趋势。实际中，鄂西地区各类耕地功能较弱，而浠水、蕲春等地各类耕地功能较强；阳新、大冶等地化肥和农药等投入较大，耕地破坏较严重，固碳效应大大降低，但降水量丰富。

（3）净固碳功能与景观美学功能的 HH 协同区数量变化不大，空间分布无规律；LL 协同区主要分布在鄂西南地区，空间分布与数量随时间推移相对稳定；LH 权衡区主要分布在武汉周边城市并存在向鄂东南"下移"态势。实际中，鄂西南属山地类型，耕地资源条件差，距城市中心较远，净固碳功能和景观美学功能都较弱；武汉周边城市耕地区位条件好，休闲农庄等较多，景观功能较强，净固碳功能相对较弱。

（4）净固碳功能与劳动力承载功能的 HH 协同区主要分布于鄂东北的麻城、罗田等区县，空间位置相对稳定；LL 协同区数量不断减少，分布较为零散，有"东移"态势；HL 权衡区在 2000~2005 年大量增加，之后较为稳定，主要分布在江汉平原地区；LH 权衡区零星分布在兴山、长阳等地区，数量较少，空间分布无规律。实际中，麻城、罗田等地的劳动力人口多，耕地资源条件好，农作物固碳能力强；江汉平原地区主要为机械化生产，农业劳动力转移速度较快、数量较多，但耕地本底条件好。

（5）物质产出功能与景观美学功能的 HH 协同区主要分布于武汉下辖的几个区县，LL 协同区主要分布在鄂西南地区，数量及空间分布较为稳定；LH 权衡区数量较少，无规律分布于大冶、咸安等区县。实际中，鄂西南地区耕地质量差，距离中心城区较远，农业市场条件落后，物质产出和景观美学功能较弱，武汉市下辖区县经济作物种植面积较大，农产品市场条件好，居民景观休闲的需求高，物质产出和景观美学功能较强，而咸安、大冶等地区可能由于种植结构缘故，物质产出功能较弱，但景观美学功能较强。

（6）物质产出功能与水源涵养功能的 HH 与 LH 协同区主要分布于武汉城市圈内，其中，HH 协同区空间分布变化较明显，呈现"向东"或"向北"转移的态势；LH 权衡区主要分布在阳新、大冶、黄梅等区县，空间分布与数量都较稳定。LL 协同区主要分布于鄂西地区，数量在 2005 年明显减少，之后较稳定；HL 权衡区零散分布于武陵、南漳等地，并呈扩张态势。由前文分析可知，实际中，鄂西地区物质产出功能与水源涵养功能较弱；武汉城市圈各区县水源涵养功能较高；鄂州、浠水等区县耕地的物质产出功能较高，阳新、大冶和黄梅等地区受种植结构影响，物质产出功能较低。

（7）景观美学功能与水源涵养功能的 HH 协同区主要位于以武汉辖区和大冶为中心的周边区县，LL 协同区主要位于鄂西地区，HL 权衡区主要分布在郧西、武陵等五个区县，三种类型的空间格局较稳定，LL 协同区数量有所增加，HH 和 HL 数量较稳定；LH 权衡区主要分布在黄梅、武穴等区县，零散分布于 HH 协同区周围，并有所扩张，空间格局有向"西北"转移态势。由前文分析可知，实际中，除少数几个区县外，鄂西地区景观美学价值较低，水源涵养能力差；除黄梅、武穴等区县外，武汉辖区、大冶周边区县周边居民对景观休闲的需求较高，土地较厚，对应的水源涵养功能较强。

（8）景观美学功能与劳动力承载功能的 HH 协同区主要分布在浠水、蕲春等少数几个区县，数量较少；LL 协同区空间分布变化明显，有向"鄂东南"下移趋势，数量较少且随时间逐步减少；HL 权衡区 2000 年分布较散，之后主要分布于江汉平原地区，有向北扩展态势，2005 年数量大量增加，之后数量较稳定；LH 权衡区空间分布不太稳定且数量较少。实际中，除少数几个区县外，江汉平原地区劳动力损失严重，劳动力承载功能较弱，但景观美学功能较高；浠水、蕲春等地区农业劳动力数量较多，有特色的农业休闲产业，对应的景观美学功能和劳动力承载功能较高；LH 权衡区则可能由于地理位置与耕地资源禀赋较差，对应景观美学功能也较低。

5.3　耕地多功能权衡与协同关系的尺度效应[*]

当前耕地多功能权衡与协同的研究尺度仍比较单一，多倾向于省级、市级、区县尺度的研究，较少涉及多功能权衡与协同关系的尺度效应，尤其是行政管理尺度效应（Raudsepp-Hearne et al.，2010；Stürck and Verburg，2017；Liu et al.，2017）。我国幅员辽阔，单从国家、省域、市县或地方层面开展耕地多功能权衡与协同研究会导致结论单一、中和或者出现偏差，大尺度上的多功能分布特征及规律并不一定存在于小尺度，反之亦然。

本节在湖北省耕地多功能权衡与协同关系研究的基础上，选取武汉城市圈 9 个市、39 个区县、474 个乡镇和 15 088 个村庄作为研究单元，基于 2020 年土地利用及统计年鉴等数据对耕地多功能进行测度，在耕地物质生产功能、生态服务功能、景观文化功能的基础上增加社会保障功能，统一简称为生产、生态、社会、景观 4 类功能，指标体系与前文略有不同（表 5-3）。本节采用 Spearman 相关分析法从市级、区县、乡镇、村庄 4 个尺度分析武汉城市圈耕地多功能权衡与协同关系，试图揭示多级行政尺度下权衡与协同的多尺度效应。

表 5-3　耕地多功能评价指标体系

功能类型	指标	指标属性	指标权重
生产功能	地均粮食作物产量	+	吨/公顷
	地均经济作物产量	+	吨/公顷
	地均农业增加值	+	吨/公顷
生态功能	地均农用化肥使用强度	−	吨/公顷
	地均固碳释氧量	+	元/公顷
	农耕多样性	+	
	水源涵养能力	+	
社会功能	人均耕地面积	+	公顷/人
	粮食自给率	+	
	农业产值比重	+	
景观功能	地均农业观光园个数	+	个/公顷
	景观集聚度指数	+	
	田块规整度	+	

注："+"表示指标属性为正向，说明该值越大，功能越强；"−"表示指标属性为负向，说明该值越大，功能越弱

---

[*] 本节部分内容来源于杨凤妍子（2021），内容有增改。

5.3.1 耕地多功能权衡与协同单尺度结果

1. 市级尺度

在前文武汉城市圈耕地多功能多尺度评价的基础上，以武汉城市圈 9 个市为样本，借助 R 语言 corrgram 包与 SPSS 平台进行武汉城市圈市级尺度耕地多功能相关关系分析，得到市级尺度武汉城市圈耕地多功能权衡与协同关系结果（表 5-4 和图 5-4）。

表 5-4　市级尺度武汉城市圈耕地多功能相关系数

类别	生产功能	生态功能	社会功能	景观功能
生产功能	1.000	0.067	−0.067	−0.083
生态功能	0.067	1.000	0.800**	−0.267
社会功能	−0.067	0.800**	1.000	−0.583
景观功能	−0.083	−0.267	−0.583	1.000

**表示显著性水平为 0.01

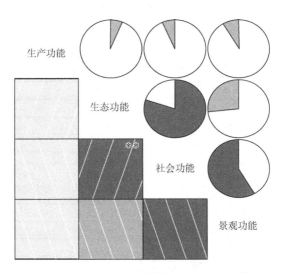

图 5-4　市级尺度武汉城市圈耕地多功能权衡与协同关系

线条向右倾斜矩形表示两功能间呈正相关，即协同作用；线条向左倾斜矩形表示两功能间呈负相关，即权衡作用，颜色越深表明两功能相关性越强。图中右上角饼状图单元格颜色含义和左下角矩形单元格相同，饼状图填充面积代表两功能间的相关性程度，相关性越大则填充面积越多，正相关性从 12 点钟处顺时针方向填充饼图，负相关则逆时针方向填充饼图

**表示显著性水平为 0.01

结果表明，市级尺度上，耕地生态功能与社会功能的相关系数为 0.800，显著

性水平为 0.01，说明耕地生态功能与社会功能间存在显著的协同作用，而市级尺度上另外 5 对功能均未通过显著性检验，均不存在明显的相关关系。根据前文耕地生态功能和社会功能空间分布特征分析，在市级尺度上，武汉市、鄂州市耕地的生态功能和社会功能均较弱，黄冈市的生态功能和社会功能均较强，而潜江市、仙桃市、天门市和孝感市耕地各项功能均较强。武汉城市圈西部潜江市、仙桃市、天门市和孝感市由于地处江汉平原，耕地质量优越，从事农业劳动的人口较多且经济相对欠发达，因此耕地的社会功能较强，并且该区域劳动力聚集，对耕地生态功能具有影响，生态功能相对较弱。中部武汉市、鄂州市、黄石市社会经济发展迅速，二、三产业发达，社会经济发展对耕地的依赖程度很低，耕地的社会功能很弱，此外，受到城市发展扩张、交通路网建设等人为因素的影响，耕地的生态功能也表现较弱。东部黄冈市大别山环绕，丘陵和山地占全市总面积的 77.5%，生态环境较好，但受地形坡度等因素的制约，区域内社会经济发展较为缓慢，社会经济发展对耕地的依赖程度较高，耕地的社会功能较强。因此，市级尺度上耕地的生态功能与社会功能呈协同关系。

2. 区县尺度

在前文武汉城市圈耕地多功能多尺度评价的基础上，以武汉城市圈 39 个区县为样本，借助 R 语言 corrgram 包与 SPSS 平台进行区县尺度耕地多功能相关关系分析，得到区县尺度武汉城市圈耕地多功能权衡与协同关系结果（图 5-5 和表 5-5）。

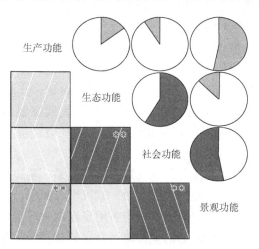

图 5-5　区县尺度武汉城市圈耕地多功能权衡与协同关系

线条向右倾斜矩形表示两功能间呈正相关，即协同作用；线条向左倾斜矩形表示两功能间呈负相关，即权衡作用，颜色越深表明两功能相关性越强。图中右上角饼状图单元格颜色含义和左下角矩形单元格相同，饼状图填充面积代表两功能间的相关性程度，相关性越大则填充面积越多，正相关性从 12 点钟处顺时针方向填充饼图，负相关则逆时针方向填充饼图

**表示显著性水平为 0.01

表 5-5　区县尺度武汉城市圈耕地多功能相关系数

类别	生产功能	生态功能	社会功能	景观功能
生产功能	1.000	0.148	−0.092	0.530**
生态功能	0.148	1.000	0.581**	−0.125
社会功能	−0.092	0.581**	1.000	−0.527**
景观功能	0.530**	−0.125	−0.527**	1.000

**表示显著性水平为 0.01

　　结果表明，区县尺度上，耕地生态功能与社会功能的相关系数为 0.581，显著性水平为 0.01，说明区县尺度上耕地生态功能与社会功能间仍存在显著的协同作用。此外，耕地生产功能与景观功能的相关系数为 0.530，耕地社会功能与景观功能的相关系数为−0.527，显著性水平均为 0.01，说明耕地生产功能与景观功能间存在协同效应，而社会功能与景观功能间存在权衡关系。耕地生产功能与生态功能、生产功能与社会功能、生态功能与景观功能均未通过显著性检验，均不存在明显的相关关系。

　　区县尺度上耕地生态功能与社会功能呈协同关系。武汉城市圈中部各区县由于社会经济的快速发展和城镇化水平的不断提高，就业机会不断增加，区位优势明显，更多农民选择从事其他非农行业，耕地的社会功能较弱；同时，受到城市扩张、交通路网建设等人为因素的影响，区域内耕地较为破碎，生态功能也相对较弱。东南部地区的浠水县、蕲春县、武穴市、黄梅县、阳新县位于大别山区，区域内生态环境较好且较少受到人为因素干扰，但社会经济发展相对缓慢，农民对耕地的依赖程度较高，因此耕地生态功能、社会功能均较强。西部天门市、潜江市、仙桃市和汉川市位于江汉平原腹地，土壤肥沃、地势平坦，耕地资源禀赋丰厚、生态能力较强，但由于其距离武汉城市圈中心即武汉市中心城区较远，受到经济发展的辐射和红利较弱，社会经济发展相对缓慢，耕地社会功能较强。

　　区县尺度上耕地生产功能与景观功能呈协同关系。耕地景观功能的强弱取决于耕地资源本底质量和获取便捷性两方面，武汉城市圈中西部各区县地处江汉平原，地势平坦，得天独厚的自然条件使得耕地资源本底质量优异，生产功能也较强；此外，处于武汉城市圈核心的中部地区各区县社会经济和交通路网发达，区域内居民生活水平更高，对耕地更深层次的景观需求更强。

　　区县尺度上耕地社会功能与景观功能呈权衡关系。耕地社会功能在区县尺度上呈现出"由中心到外围逐渐增强"的空间分布特征，而耕地景观功能呈现出"由中心到外围逐渐减弱"的空间分布特征，其原因主要是中心区域社会经济发展迅速，二、三产业发达，经济发展对耕地的依赖程度较低，区域内居民更多追求耕地的景观功能，所以中心区域社会功能值较低，而景观功能值较高，外围区域则相反。

3. 乡镇尺度

在前文武汉城市圈耕地多功能多尺度评价的基础上，以武汉城市圈 474 个乡镇样本，借助 R 语言 corrgram 包与 SPSS 平台进行乡镇尺度耕地多功能相关关系分析，得到乡镇尺度武汉城市圈耕地多功能权衡与协同关系结果（表 5-6 和图 5-6）。

表 5-6　乡镇尺度武汉城市圈耕地多功能相关系数

类别	生产功能	生态功能	社会功能	景观功能
生产功能	1.000	0.502**	0.265**	0.081
生态功能	0.502**	1.000	0.631**	−0.099**
社会功能	0.265**	0.631**	1.000	−0.258**
景观功能	0.081	−0.099*	−0.258**	1.000

*、**表示显著性水平为 0.05、0.01

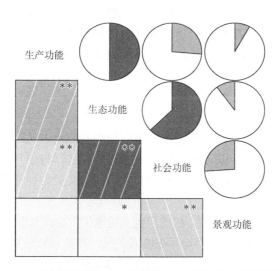

图 5-6　乡镇尺度武汉城市圈耕地多功能权衡与协同关系

线条向右倾斜矩形表示两功能间呈正相关，即协同作用；线条向左倾斜矩形表示两功能间呈负相关，即权衡作用，颜色越深表明两功能相关性越强。图中右上角饼状图单元格颜色含义和左下角矩形单元格相同，饼状图填充面积代表两功能间的相关性程度，相关性越大则填充面积越多，正相关性从 12 点钟处顺时针方向填充饼图，负相关则逆时针方向填充饼图

*、**分别表示显著性水平为 0.05、0.01

结果表明，与区县尺度相似，乡镇尺度上耕地生态功能与社会功能也存在协同关系（相关系数为 0.631，显著性水平为 0.01），社会功能与景观功能存在权衡关系（相关系数为-0.258，显著性水平为 0.01）。但乡镇尺度上耕地生产功能与生态功能、生产功能与社会功能、生态功能与景观功能的相关系数分别为 0.502、0.265 和-0.099，均通过显著性检验，说明乡镇尺度上耕地生产功能和生态功能，以及生产功能和社会功能间存在协同关系，而生态功能与景观功能间存在权衡关系，这些协同或权衡关系在市级尺度和区县尺度上是无法识别到的。

乡镇尺度耕地生产功能与生态功能呈较强的协同关系。除武汉城市圈中心区域外，乡镇尺度上耕地生产功能与生态功能空间分布格局基本相似，这是因为中部乡镇位于江汉平原腹地，耕地生产潜力高。

乡镇尺度上耕地生态功能与社会功能呈较强的协同关系。除武汉城市圈东北部区域外，乡镇尺度上耕地生态功能与社会功能空间分布格局基本相似，产生这种现象的原因是武汉城市圈外围的乡镇受到中心区域的经济发展辐射较小，社会经济相对欠发达，居民生计对耕地的依赖程度更强，但相对缓慢的经济发展与城镇化进程也使得这些区域建设用地占用耕地数量更少，耕地保护较好，耕地生态功能值相对更高。

乡镇尺度上耕地生态功能与景观功能呈较弱的权衡关系。耕地生态功能的低值区域位于武汉城市圈中心，而该区域正是耕地景观功能高值聚集区，产生该现象的原因主要是武汉城市圈中心各乡镇社会经济发达，居民对耕地景观美学等功能需求更强，但快速的城镇化进程导致区域内耕地分布破碎，耕地生态功能值较低。乡镇尺度上耕地社会功能与景观功能呈权衡关系的原因与区县尺度相似。

4. 村庄尺度

在前文武汉城市圈耕地多功能多尺度评价的基础上，以武汉城市圈 15 088 个村庄样本，借助 R 语言 corrgram 包与 SPSS 平台进行村庄尺度耕地多功能相关关系分析，得到村庄尺度武汉城市圈耕地多功能权衡与协同关系结果（图 5-7 和表 5-7）。

结果表明，与乡镇尺度相似，村庄尺度上耕地生产功能与生态功能、生产功能与社会功能、生态功能与社会功能均存在协同关系，相关系数分别为 0.666、0.423 和 0.570，均通过显著性检验。但村庄尺度上另外 3 对耕地功能：生产功能与景观功能、生态功能与景观功能、社会功能与景观功能的相关系数分别为 0.119、0.127 和 0.094，均通过显著性检验，存在协同关系。研究显示，随着研究尺度的不断缩小，在村庄尺度上，耕地 4 项功能间的 6 对相关关系均表现为协同，而产生该研究结果的原因可能在于对于较小尺度，由于区域内资源相对单一，对风险的抵御能力弱，管理者在耕地利用过程中风险规避更多，权衡表现较少，耕地功能间更多呈协同发展。

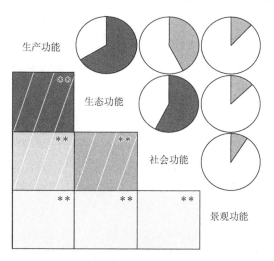

图 5-7　村庄尺度武汉城市圈耕地多功能权衡与协同关系

线条向右倾斜矩形表示两功能间呈正相关，即协同作用；线条向左倾斜矩形表示两功能间呈负相关，即权衡作用，颜色越深表明两功能相关性越强。图中右上角饼状图单元格颜色含义和左下角矩形单元格相同，饼状图填充面积代表两功能间的相关性程度，相关性越大则填充面积越多，正相关性从 12 点钟处顺时针方向填充饼图，负相关则逆时针方向填充饼图

**分别表示显著性水平为 0.01

表 5-7　村庄尺度武汉城市圈耕地多功能相关系数

类别	生产功能	生态功能	社会功能	景观功能
生产功能	1.000	0.666**	0.423**	0.119**
生态功能	0.666**	1.000	0.570**	0.127**
社会功能	0.423**	0.570**	1.000	0.094**
景观功能	0.119**	0.127**	0.094**	1.000

**表示显著性水平为 0.01

5.3.2　耕地多功能权衡与协同多尺度效应

分析各级尺度下 Spearman 相关系数的趋势，可知两种耕地功能之间相关关系随着尺度增加的强弱变化。若趋势线与 x 轴存在交点，则两种耕地功能随着尺度增加存在权衡与协同关系变化。研究结果大致可分为以下四类。

耕地功能之间的相关关系以协同为主，且协同作用随尺度的增加而减弱。由图 5-8 可以看出，在村庄尺度上，耕地的生产功能和生态功能、生产功能和社会功能分别呈相关系数为 0.666、0.423 的协同关系，但随着研究尺度的扩大，乡镇尺度上耕地生产功能和生态功能、生产功能和社会功能的协同关系均逐渐减弱，相关系数分别为 0.502 和 0.265。

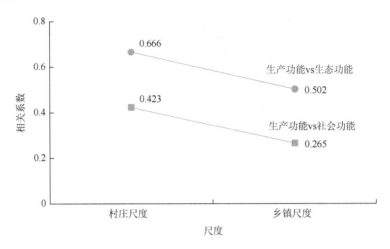

图 5-8　耕地功能间的协同作用随尺度增加而减弱

　　耕地功能之间的相关关系以协同为主，且协同作用随尺度的增加而增强。由图 5-9 可以看出，在村庄尺度上，耕地的生产功能和景观功能呈相关系数为 0.119 的协同关系，但随着研究尺度的增大，区县尺度上耕地生产功能和景观功能的协同关系逐渐增强，相关系数为 0.530。

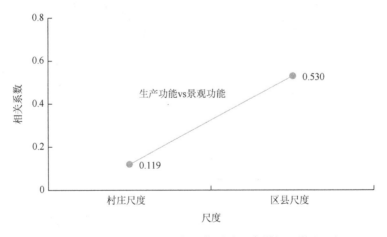

图 5-9　耕地功能间的协同作用随尺度增加而增强

　　耕地功能之间的相关关系以协同为主，且协同作用随尺度的增加而波动增强。由图 5-10 可以看出，在村庄尺度上，耕地的生态功能和社会功能呈相关系数为 0.570 的协同关系，而乡镇尺度、区县尺度和市级尺度分别呈相关系数为 0.631、0.581 和 0.800 的协同关系，随着研究尺度的增大，耕地生态功能和社会功能间的协同关系呈先增强后减弱再增强的变化趋势。

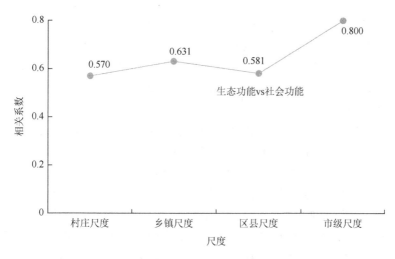

图 5-10　耕地功能间的协同作用随尺度增加波动增强

　　耕地功能之间的相关关系随尺度的增加由协同转向权衡，且权衡逐渐增强。由图 5-11 可以看出，在村庄尺度上，耕地的生态功能和景观功能、社会功能和景观功能分别呈相关系数为 0.127 和 0.094 的协同关系。但随着研究尺度的增大，乡镇尺度上，耕地的生态功能和景观功能、社会功能和景观功能分别呈相关系数为 −0.099 和 −0.258 的权衡关系，且随着研究尺度的进一步扩大，区县尺度上耕地的社会功能和景观功能呈相关系数为 −0.527 的权衡关系。

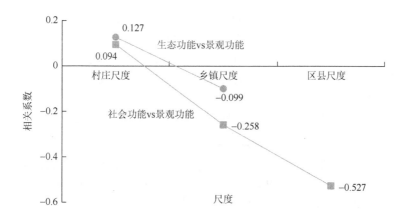

图 5-11　耕地功能间的作用关系随尺度增加由协同转向权衡

　　研究结果表明，耕地多功能的权衡与协同关系存在尺度效应。其中：生产功能和景观功能间的协同关系随尺度增加而增强；生产功能与生态功能、生产功能与社会功能间的协同关系随尺度增加而减弱；生态功能和社会功能间的协同关系随尺度先增强后减弱再增强；生态功能与景观功能、社会功能与景观功能间的相关关系随尺度的增加由协同变为权衡。

耕地多功能权衡与协同关系存在尺度效应的可能原因在于以下两方面。一方面，人类在进行耕地利用的过程中，不同行政层级管理者对耕地各功能的重视程度存在差异，在大尺度上，由于区域范围内资源更加丰富，资源配置更强，对风险的抵抗能力更强，权衡相对表现较多，而在较小尺度上，由于区域内资源相对单一，对风险的抵御能力弱，管理者在耕地利用过程中风险规避更多，权衡表现较少。另一方面，不同尺度下的自然环境因素（如地形地貌）、社会经济发展状况不同，赋予耕地功能的内涵也不同。进一步的研究显示，山区耕地的生产功能-景观功能、生产功能-社会功能协同度更高，而平原地区耕地的生产功能-生态功能协同度更高。相对而言，经济欠发达区域耕地各项功能的协同度较高，而经济发达区域呈现耕地生产功能-景观功能、社会功能-景观功能间的权衡。今后，可以进一步从自然环境因素和社会经济发展因素出发，开展耕地多功能权衡与协同的尺度作用反馈机理研究。

5.4　耕地多功能权衡与协同关系的驱动机制[*]

5.4.1　耕地多功能权衡与协同关系的时空演变

研究采用相关分析法测度 2005～2020 年武汉城市圈整体耕地多功能权衡与协同关系演变，采用差异比较法测度 2005～2020 年武汉城市圈局部耕地多功能权衡与协同关系演变，采用主成分分析法（principal component analysis，PCA）测度武汉城市圈 2005～2020 年主要耕地多功能权衡与协同关系演变。

1. 两两功能间的权衡与协同关系演变

在传统的差异比较法测度耕地多功能权衡与协同关系基础上，将两两功能间的权衡与协同关系进一步细分为正协同、负协同、Ⅰ类权衡、Ⅱ类权衡四类关系（图 5-12）。一定时间内，如果功能 A 和功能 B 同时增加，则功能 A 和功能 B 之间为正协同关系；如果功能 A 和功能 B 同时减少，则功能 A 和功能 B 之间为负协同关系；如果功能 A 减少而功能 B 增加，则功能 A 和功能 B 之间为Ⅰ类权衡关系；如果功能 A 增加而功能 B 减少，则功能 A 和功能 B 之间为Ⅱ类权衡关系（图 5-12）。

---

[*] 本节部分内容来源于陈云洁（2023），内容有增改。

图 5-12　武汉城市圈耕地多功能权衡与协同关系分类（两两功能之间）

耕地物质生产功能与生态服务功能权衡与协同关系测度结果可知，2005～2020 年，武汉城市圈耕地物质生产功能与生态服务功能以正协同关系为主，权衡关系的区县逐渐增多，权衡区县以Ⅱ类权衡为主，且由南部逐渐向中部、西部移动，2005～2010 年集中分布在南部，2010～2015 年，分布较为分散，西部、中部、南部均有分布，2015～2020 年，集中连片分布在中西部区县。

耕地物质生产功能与景观文化功能权衡与协同关系测度结果可知，2005～2020 年，武汉城市圈耕地物质生产功能与景观文化功能呈现权衡关系地区区县显著减少，协同关系的区县显著增多的趋势，整个研究区物质生产功能与景观文化功能权衡与协同关系由以权衡关系为主转变为以协同关系为主。

耕地生态服务功能与景观文化功能权衡与协同关系测度结果可知，2005～2020 年，武汉城市圈耕地生态服务功能与景观文化功能正协同关系的区县逐渐增多，负协同区县逐渐较少，同时，Ⅰ类权衡区县逐渐减少，Ⅱ类权衡区县逐渐增加。权衡关系类型由以Ⅰ类权衡为主变为Ⅰ类权衡、Ⅱ类权衡混合分布并逐渐过渡到以Ⅱ类权衡为主，权衡区县空间分布由"西—北—东"环状聚集分布变为零散分布并逐渐过渡到西部聚集分布。

2. 三个功能间的权衡与协同关系演变

在识别两个功能之间权衡与协同关系的基础上，提出三个功能的权衡与协同关系分析和表达的方法，利用耕地物质生产功能、生态服务功能、景观文化功能两两功能间的权衡与协同测度结果，得到耕地物质生产功能、生态服务功能、景观文化功能三个功能的权衡与协同关系，并将这些关系分为四种类型（表 5-8）：类型 XXX、类型 XQQ、类型 QXQ 以及类型 QQX。类型 XXX 表示耕地物质生产、生态服务、景观文化功能之间均为协同作用；类型 XQQ 表示耕地物质生产和生态服务协同，物质生产和景观文化、生态服务和景观文化功能的权衡；类型 QXQ 表示耕地物质生产和景观文化协同，物质生产和生态服务、生态服务和景观文化功能的权衡；类型 QQX 表示耕地生态服务和景观文化协同，物质生产和生态服务、物质生产和景观文化功能的权衡。

表 5-8　武汉城市圈耕地多功能权衡与协同关系分类（三个功能之间）

权衡协同类型	物质生产-生态服务	物质生产-景观文化	生态服务-景观文化
类型 XXX	协同	协同	协同
类型 XQQ	协同	权衡	权衡
类型 QXQ	权衡	协同	权衡
类型 QQX	权衡	权衡	协同

　　由耕地物质生产功能、生态服务功能与景观文化功能权衡与协同关系测度结果可知，2005～2020 年，武汉城市圈耕地物质生产功能、生态服务功能与景观文化功能的权衡与协同关系由以类型 XQQ 为主逐渐演变为以类型 XXX 为主。同时，类型 QQX 逐年减少，类型 QXQ 逐年增多。

　　2005～2010 年，研究区耕地利用以物质生产功能为主，耕地生态服务功能和景观文化功能呈现竞争关系，物质生产功能的增加伴随着生态服务功能与景观文化功能的减少，研究区耕地多功能权衡协同关系以 XQQ 类型为主，限制耕地可持续发展的主要问题是耕地景观文化功能不能随着物质生产功能和生态服务功能的增加而增加。2010～2020 年，武汉城市圈调整耕地利用规划，从不同的角度致力于三个耕地功能的综合提高实现耕地可持续发展，类型 XXX 区县数量不断增加。2015～2020 年，除研究区西部部分区县为类型 QXQ，其他区县耕地权衡与协同关系均为类型 XXX。类型 QXQ 可持续发展的主要问题是耕地生态服务功能与物质生产功能、景观文化功能的不协调发展，保护环境、改善生态环境供给是类型 QXQ 区县实现可持续发展的当务之急。因此，类型 QXQ 区县在稳定发展耕地物质生产功能与景观文化功能的同时，需要因地制宜提升耕地生产服务功能，实现耕地多功能协同发展，为耕地可持续发展提供保证。

5.4.2　耕地多功能权衡与协同主要关系识别

　　基于研究区整体与局部耕地功能权衡与协同关系分析可知，不同类型权衡与协同关系差异较大，不同功能权衡与协同冲突程度差异较大，需要识别武汉城市圈耕地多功能主要权衡与协同关系，针对突出权衡与协同关系展开驱动机制的研究。因此，采用 PCA 识别武汉城市圈耕地多功能主要权衡与协同关系（表 5-9），常用于量化具有相关性的不同变量之间的主要多变量关系，并获得代表变量中大部分可变性的主成分。基于研究区耕地多功能间的关系，采用 PCA 进一步研究耕地多功能权衡与协同主要关系，确定了 PCA1、PCA2 两种类型的耕地多功能权衡与协同关系，PCA1 与耕地物质生产功能、生态服务功能及景观文化功能均呈正相关，因此，这一成分主要是由耕地多功能协同作用决定的。PCA2 与耕地物质生产功能、景观文化功能呈正相关，与耕地生态服务功能呈负相关，因此，这一主成分主要是由耕地生态服务功能与其他耕地功能之间的权衡决定的。

表 5-9　主成分与各个功能之间的关联度

功能类型	成分	
	PCA1	PCA2
物质生产功能	0.561	0.688
生态服务功能	0.617	−0.765
景观文化功能	0.930	0.224

1. 耕地多功能主要协同关系演变

由耕地多功能 PCA1 得分空间分布可知，2010～2020 年，武汉城市圈耕地多功能协同关系区县数量不断增加，耕地多功能协同程度不断加深，空间分布上由零散变为聚集。2005 年得分正值主要分布在东北、东南区县，分布较为零散，2010 年得分正值分布区域进一步扩大，集中在东北、东南部区县，2020 年得分正值分布区大量增加，中西部区县得分基本均为正值。其中，中西部区域耕地生态基础好，生态服务功能较强，随着社会经济发展与对耕地不同层次需求更加多样化，耕地物质生产功能与景观文化功能不断发展，呈现耕地多功能协同发展。

2. 耕地多功能主要权衡关系演变

由耕地多功能 PCA2 得分空间分布可知，2010～2020 年，武汉城市圈耕地多功能以生态服务功能滞后发展为主导的权衡关系区县数量不断增加，耕地多功能权衡程度不断加深。2005 年得分正值主要分布在中部、西部、南部区县，分布较为零散，2010 年得分正值分布区域进一步扩大，集中在中东部区县，2020 年得分正值分布区大量增加，中东部区县得分均基本为正值。其中，中东部区域多为平原地区，耕地连片度高，物质生产功能与景观文化功能持续增长，但多度开发利用导致的生态问题严重，生态服务功能较低，耕地生态服务功能与耕地物质生产功能与景观文化功能权衡发展。

5.4.3　耕地多功能权衡与协同关系的驱动机制

耕地是承载人类生产生活的重要物质基础，管理好耕地的多种功能是充分利用耕地资源、满足人类发展需要的必然要求。识别权衡与协同关系的驱动机制是缓解耕地多功能之间矛盾的基础，关键在于确定推动耕地多功能协同的正向因子、引发耕地多功能权衡的负向因子，二者均受自然地理与社会经济因素相互作用、交互影响。自然地理与社会经济因素共同决定着耕地生产要素的投入调整，各影响因子的组合与驱动力的大小决定着耕地多功能权衡与协同关系的状态，影响耕地多功能权衡与协同关系的未来轨迹，潜在固化耕地未来的功能供给（图 5-13）。

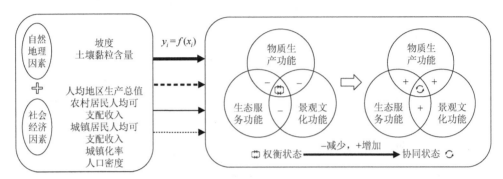

图 5-13　耕地多功能权衡与协同关系驱动机制

线条粗细表示驱动力大小，虚、实线分别为正、负向驱动，正向驱动促进协同，负向驱动促进权衡，y_i 代表耕地多功能权衡与协同关系，x_i 表示自然地理和社会经济因素，$y_i = f(x_i)$ 是响应函数

耕地多功能权衡与协同关系一方面表现为互相促进的协同效应，另一方面存在着此消彼长的权衡效应，各项功能的增减变化通常高度取决于所处环境。基于研究区耕地多功能权衡与协同关系时空演变，本节选取武汉城市圈坡度、土壤黏粒含量、人均地区生产总值、农村居民人均可支配收入、城镇居民人均可支配收入、城镇化率、人口密度七个指标对耕地多功能权衡与协同关系的影响因素进行定量化研究，并选出具有显著影响的驱动因素，进而揭示耕地多功能变化及其权衡与协同的驱动机制。

1. GTWR 模型建立

基于前文分析可知，研究区耕地多功能权衡与协同关系在空间上具有异质性，在时间上不断变化，耕地多功能权衡与协同关系驱动机制研究需纳入时空因素，本节在研究其驱动机制时选择 GTWR 模型，在传统模型基础上，纳入时间要素及空间要素，使耕地多功能权衡与协同驱动机制研究模型拟合更加符合实际。GTWR 模型是传统回归方法 OLS（ordinary least square method，普通最小二乘法）模型的扩展，相比于 OLS 模型，GTWR 模型参数估计不是全局的，而是局部的。模型参数是空间定位的函数，该模型可以更好地描述自变量和因变量之间的关系如何随着时空变化而变化，可以最小化残差的空间自相关。

$$G_i = \beta_0(u_i, v_i, t_i) + \sum_{k=1}^{m} \beta_k(u_i, v_i, t_i)x_{ik} + \varepsilon_i \qquad (5\text{-}5)$$

式中，G_i 为被解释变量；β_0 为截距；(u_i, v_i, t_i) 为 (u_i, v_i) 经纬度坐标加入时间维度

后的三维时空坐标；$\beta_k(u_i,v_i,t_i)$ 为第 k 个解释变量在第 i 个样本中的拟合系数；x_{ik} 为第 k 个解释变量在第 i 个样本点的取值；ε_i 为随机误差项。

2. 变量定义与数据来源

本节以武汉城市圈区县 2010 年、2015 年、2020 年三个时间点共 99 个面板数据作为研究样本，选取 PCA1 和 PCA2 作为因变量。根据科学性、数据的可获取性等原则，选取自然地理因素、社会经济因素两个方面共七个指标作为自变量。基于 SPSS 23.0 软件对七个影响因素数据进行描述性统计分析，得到影响因素的最大值、最小值、平均值、标准差，具体统计分析结果如表 5-10 所示。

表 5-10 影响因子指标及描述性统计分析

类别	影响因素	单位	最大值	最小值	平均值	标准差
自然地理因素	坡度	°	14.650	0.092	4.650	4.195
	土壤黏粒含量		44.157%	18.640%	27.807%	6.003%
社会经济因素	人均地区生产总值	元/人	98 568	7 434.93	37 794.94	22 907.37
	农村居民人均可支配收入	元	38 673	3 542	12 005.89	5 907.81
	城镇居民人均可支配收入	元	41 829	10 687	23 268.64	8 503.67
	城镇化率		76.300%	14.627%	47.72%	12.162%
	人口密度	人/hm²	12.031	1.481	4.49	2.009

3. 变量的共线性分析

在模型运行前，对七个指标数据进行极差标准化处理，减少模型运行误差。线性回归模型中选取的各项自变量之间存在较为显著的相关关系，在模型构建中会造成多重共线性问题，导致模型失真，为避免出现信息重叠，在 GTWR 建模之前，利用 SPSS 23.0 软件对拟选影响因子进行多重共线性检验。一般认为如果诊断结果的 VIF（variance inflation factor，方差膨因子）大于 10，则各个变量之间有可能存在多重共线性问题。由模型共线性诊断结果可知，七项指标容差 VIF 均小于 10，表明此模型选取的指标并不存在多重共线性问题，可以进行统计分析（表 5-11）。

表 5-11 影响因子共线性分析

影响因素	成分	
	容差	VIF
坡度	0.305	3.274
土壤黏粒含量	0.551	1.815
人均地区生产总值	0.236	4.239

续表

影响因素	成分	
	容差	VIF
农村居民人均可支配收入	0.165	6.057
城镇居民人均可支配收入	0.251	3.983
城镇化率	0.390	2.562
人口密度	0.454	2.204

4. 模型拟合分析

本节基于 ArcGIS 10.2 软件插件分别使用 OLS、GWR（geographic weighted regression，地理加权回归）和 GTWR 三个模型对 PCA1 和 PCA2 及七个影响因素进行拟合。其中，OLS 模型是一种广泛使用的定量方法，但它只能反映平均条件，而不考虑任何空间差异。考虑到空间非平稳性，GWR 模型引入空间参数，支持局部回归，并反映了耕地多功能权衡与协同关系和驱动因素之间的关系，这些关系随位置而变化，在其基础上，GTWR 模型引入时间参数，能够在不同时间节点建立耕地多功能权衡与协同关系和各个影响因素之间的联系。三个模型拟合结果中，拟合系数 R^2 值常用来衡量模型的拟合效果，一般来说，拟合系数 R^2 值越接近 1，模型拟合度越好，OLS、GWR 和 GTWR 三类模型的拟合系数 R^2 值如表 5-12 所示。

表 5-12　OLS、GWR 和 GTWR 模型拟合结果

项目	R^2		
	OLS	GWR	GTWR
PCA1	0.691	0.950	0.955
PCA2	0.824	0.962	0.976

由表 5-12 所示，OLS 模型拟合 R^2 分别为 0.691 和 0.824，GWR 模型拟合 R^2 分别为 0.950 和 0.962，GTWR 模型拟合 R^2 分别为 0.955 和 0.976，由三个模型拟合结果可以看出，GTWR 模型的 R^2 均大于 OLS 模型和 GWR 模型的 R^2。由此可见，GTWR 模型拟合效果优于 OLS 模型和 GWR 模型拟合效果，GTWR 模型中各个影响因素回归系数均值如表 5-13 所示。

表 5-13　GTWR 模型回归系数均值

驱动因素		影响因素	PCA1	PCA2
自然地理因素	X_1	坡度	2.2130	−2.5815
	X_2	土壤黏粒含量	0.3277	0.4932

续表

驱动因素		影响因素	PCA1	PCA2
社会经济因素	X_3	人均地区生产总值	0.2863	0.7190
	X_4	农村居民人均可支配收入	3.8809	2.4851
	X_5	城镇居民人均可支配收入	0.1825	0.3481
	X_6	城镇化率	−0.2000	−1.1730
	X_7	人口密度	0.4023	0.2419

5. GTWR 模型结果分析

由 GTWR 模型回归系数测算结果的均值可知，坡度与 PCA1 呈正相关，与 PCA2 呈负相关。城镇化率与 PCA1 呈负相关，与 PCA2 呈负相关。土壤黏粒含量、人均地区生产总值、农村居民人均可支配收入、城镇居民人均可支配收入、人口密度与 PCA1 和 PCA2 均呈正相关，同时，随着土壤黏粒含量的提升、人均地区生产总值的增加、城镇居民人均可支配收入的增加，PCA2 的增加高于 PCA1，但随着农村居民人均可支配收入的增加、坡度增加、城镇化率增加、人口密度增加，PCA1 的增加高于 PCA2。

总体而言，PCA1 与农村居民人均可支配收入、坡度、城镇化率和人口密度的相关性高于 PCA2，而对于其他社会经济因素，PCA2 相关性高于 PCA1 的。农村居民人均可支配收入回归系数远高于其他因素，是影响研究区耕地多功能权衡与协同关系的关键因素。城镇化率是唯一对 PCA1 回归系数均值为负值的影响因素，是制约耕地多功能协同发展的主要障碍，坡度对 PCA2 的回归系数绝对值远高于其他影响因素，是导致耕地多功能权衡关系的主要驱动因素。

（1）农村居民人均可支配收入因素通过提高耕地生态服务功能、物质生产功能与景观文化功能的机制促进耕地多功能协同关系，是影响武汉城市圈耕地多功能协同关系的关键因素。农村居民人均可支配收入的提高为农业发展模式提供更多可能，促进农业内部结构调整，同时随着生态文明建设、乡村振兴战略的实施，一方面年轻人选择留在农村、建设农村，乡村劳动力不足的问题得以解决，提升乡村产业活力，为乡村经济增长提供坚实基础。另一方面，居民需求结构的升级与变化，物质需求更加多元化，农业发展追求产值提升的同时，对耕地生态服务功能与景观文化功能开发保护十分重视，改变着农业利用模式，促进生态农业、都市农业的推广与发展。

（2）城镇化率因素通过减弱耕地物质生产功能、生态服务功能和景观文化功能的机制抑制研究区耕地多功能协同发展，是制约武汉城市圈耕地多功能协同发展的主要障碍。随着城镇化的加剧，大量农业用地转化为非农业用地，农业人口转化为非农业人口，农村劳动力的快速转移，降低了农业经营的积极性，加速了耕地破碎化，直接影响着耕地各项功能提升。城镇化率因素在 GTWR 模型中回归系数绝对值不高，这是由于研究区大部分城市扩张已处于后期，城市人口、产业集聚在一定范围内，对城市圈内耕地占用逐渐较少，同时城镇化水平较高，经济发展处于较高水平，使农产品的需求增加，随着经济的发展，农民收入增加，农村产业结构已经发生调整，农村劳动力转移对耕地生产功能削弱的作用与城镇化初期相比有所降低。

（3）坡度因素通过增加耕地生态服务功能，抑制耕地物质生产功能与景观文化功能的机制形成研究区耕地多功能权衡关系，是导致武汉城市圈耕地多功能权衡关系的主要驱动因素。随着坡度的增加，耕地起伏度逐渐增加，土壤吸收水分的时间逐渐延长，水源涵养能力逐步得到提高；潜在土壤侵蚀量升高，地表植被所发挥的土壤保持效果显著增大，耕地生态服务功能逐步提高。但相较于平原地区，耕地开发成本增加，耕地物质生产功能提升空间较小，同时受坡度限制，区域交通条件相对落后，城乡之间的经济、社会、文化要素之间的联动较弱，耕地景观文化功能发展缓慢。研究区平原、山地两种地形区域耕地不同的发展模式与此吻合。

第6章 供给侧：耕地多功能与农业绿色增长

6.1 耕地多功能总量与结构对农业经济增长的影响[*]

目前，国内外学者在耕地多功能的内涵（姜广辉等，2011；宋小青和欧阳竹，2012a）、指标体系的建构（宋小青等，2014）、耕地多功能评价（杨雪和谈明洪，2014）以及时空演变特征（罗成和蔡银莺，2016；施园园等，2015）等领域侧重于耕地多功能总量上的研究，已有文献开始探讨耕地多功能权衡与协同或者冲突的结构性研究（杨雪和谈明洪，2014），但从总量和结构两个方面探讨耕地多功能利用对农业经济增长影响的研究还鲜有报道。从总量与结构视角研究耕地多功能对农业经济增长的影响对深化农业农村可持续发展理论、提升农业经济增长质量和效率、破解中国"三农"等实践问题具有重要意义。湖北省作为中部地区的核心省份和全国重要的粮棉油商品生产基地，于2013年印发《湖北省主体功能区规划》，设定重点开发区、农产品主产区和重点生态功能区。对其他地区的研究表明不同主体功能区耕地多功能的显化及主导功能存在较大差异（薛超等，2020），由此引起的耕地多功能总量与结构也存在明显差异。本节首先分析耕地多功能利用对农业经济增长的理论基础，扩展柯布-道格拉斯生产函数（Cobb-Douglas production function）模型，以湖北省为例，利用70个县2000~2014年统计数据，从总量和结构视角探讨不同主体功能区耕地多功能对农业经济增长的影响，为差异化实施耕地多功能利用与管理，促进农业经济持续发展和增长提供参考。

6.1.1 理论基础与研究假说

耕地多功能是指耕地系统提供满足人类生存与发展所需产品与服务的各种能力（OECD，2001），包括提供粮食、蔬菜、油料等生产功能，调节大气、水文、气候等生态功能，提供农民生活保障和就业、维护社会粮食安全等社会功能和提供耕作风景、开敞空间等景观文化功能（宋小青和欧阳竹，2012a），包括总量上的耕地多功能和结构上的耕地多功能（宋小青和欧阳竹，2012a；

---

[*] 本节部分内容来源于胡伟艳等（2018），内容有增改。

杨雪和谈明洪，2014）。其中，总量上的耕地多功能是指一定区域耕地各类产品或服务显化数量的加权和（宋小青等，2014；杨雪和谈明洪，2014），对农业经济增长的影响机制为：生产功能提供农产品，对农业经济效益产生直接影响，生产功能越强，农业经济增长越明显；社会功能给农民提供就业机会、降低外出务工的风险，提高农民福利水平，间接影响农业生产的效益与效率（霍雅勤等，2004）；生态功能增强能够改善耕地本底质量，巩固农业再生产基础，减少自然灾害的发生和要素投入，降低农业产出损失和生产成本（王利文，2009）；景观文化功能吸引游客观光休闲，增加游客对农产品等的价值认同（柯新利等，2016）。刘卫东（2008）指出综合功能的耕地利用具有明显的优势，耕地多功能之间融合协同，总量视角耕地多功能越强，就越能促进农业经济增长。据此提出假说1。

假说1：总量视角耕地多功能对农业经济增长可能起正向作用。

结构视角耕地多功能是指一定区域内耕地各类功能之间的比例关系或组合状况，体现耕地功能类型的多样性与数量的均匀度（杨雪和谈明洪，2014；丰雷等，2011）。理论上，耕地功能之间的竞争或权衡，会引起耕地功能总量的减少，进而可能对农业经济增长产生负向影响，甚至降低农民福祉；相反，如果耕地功能之间存在协同，则会增加耕地功能总量，可能会对农业经济增长产生正向影响，从而增加农民福利。实证研究表明耕地生产功能与生态环境功能之间存在竞争关系（Su，2011）；生产功能与社会功能、社会功能与生态环境功能之间呈负向关联（杨雪和谈明洪，2014）。结构视角耕地多功能越强，各类耕地功能数量越均匀，功能之间的竞争或权衡更剧烈，可能抑制农业经济增长。结合假说1提出假说2。

假说2：结构视角耕地多功能对农业经济增长可能起负向作用。

湖北省不同主体功能区耕地资源禀赋、区位条件、经济发展水平、公众对耕地多功能的需求等自然条件、社会经济条件存在很大差异。其中，重点发展区社会经济条件优越，区位条件好，可达性较强，耕地生态及景观文化功能价值显化较大；农产品主产区土壤质量、气候、地貌、耕地总量等禀赋条件好，农民对耕地的依赖程度高，耕地的生产功能和社会功能的价值显化较大；生态功能区耕地量较少且距离市区较远，耕地生态功能较好但其价值并未得到充分显化。基于以上分析及经验事实，不同主体功能区数量或结构方面耕地多功能显化对农业产出影响不同，其中重点发展区影响最大，其次农产品主产区，最后是生态功能区。据此形成假说3。

假说3：无论是总量还是结构视角，不同主体功能区耕地多功能对农业经济增长影响程度存在差异，可能表现为：重点发展区＞农产品主产区＞生态功能区。

6.1.2 计量模型、变量测度与数据来源

1. 计量模型

柯布-道格拉斯生产函数模型是大多数学者研究经济增长的逻辑起点，新古典增长模型认为，经济增长主要由资本与劳动力两要素内生决定，而技术进步属于外生因素。本节考虑耕地多功能，将新古典经济增长模型进行扩展。参考相关研究（吴玉鸣，2010），假定某区域的农业产出水平由劳动力、化肥、机械动力、耕地多功能 4 类因素决定，模型设定的具体形式如下：

$$\text{Cpv}_{it} = A_{it} \text{Labor}_{it}^{\alpha} \text{Fert}_{it}^{\beta_1} \text{Mech}_{it}^{\beta_2} \text{Mficl}_{it}^{\gamma} e^{u_{it}} \tag{6-1}$$

式中，Cpv_{it} 为农业产出水平，用种植业产值（单位为亿元）衡量；Labor_{it} 为农业劳动力投入量，用农业从业人员（单位为万人）衡量；Fert_{it} 为化肥资本投入，用化肥投入（单位为t）衡量；Mech_{it} 为机械资本投入，用机械总动力（单位为kW）衡量；Mficl_{it} 为耕地多功能，从总量和结构两个视角进行测度，具体测度方法见下文；A 为效率系数，代表广义技术水平；$e^{u_{it}}$ 为随机干扰项，衡量未纳入模型的因素对农业经济增长的影响；α、β_1、β_2 为待估参数，分别代表劳动、化肥、机械投入对农业经济增长的产出弹性；γ 为耕地多功能对农业经济增长的产出弹性，用来衡量耕地多功能对农业经济增长的影响；t 为年份，$t = 2000, 2001, \cdots, 2014$；$i$ 为县域，$i = 1, 2, \cdots, 70$。

为避免异方差，对式（6-1）两边同时取自然对数后估计参数，估计模型如下：

$$\begin{aligned} \ln(\text{Cpv}_{it}) = \ln A_{it} &+ \alpha \ln(\text{Labor}_{it}) + \beta_1 \ln(\text{Fert}_{it}) \\ &+ \beta_2 \ln(\text{Mech}_{it}) + \gamma \ln(\text{Mficl}_{it}) + u_{it} \end{aligned} \tag{6-2}$$

式（6-2）为耕地多功能对农业经济增长影响的实证计量模型。

本节采用 EViews 8.0 软件对序列进行相同单位根检验 LLC（Levin-Lin-Chu）和不同根单位根检验 Fisher-ADF（augmented Dickey-Fuller test，增广迪基-富勒检验），验证各序列的平稳性；采用佩德罗尼（Pedroni）（李子奈和潘文卿，2005）提出的基于残差的七种面板数据协整检验方法对序列进行协整检验；采用 Hausman 检验确定个体影响类型，设定正确的参数估计模型。

2. 耕地多功能测度

耕地多功能测度的关键在于耕地多功能的分类及其评价指标体系的构建。本节在借鉴耕地多功能内涵与分类研究文献的基础上（姜广辉等，2011；宋小青和欧阳竹，2012a；宋小青等，2014；施园园等，2015；陈美球和王光远，2013），考虑实际情况，将湖北省耕地功能分为生产功能、社会功能、生态功能三类，构建多功能评价指标体系，并用熵权法确定权重，结果如表 6-1 所示。

表 6-1 耕地多功能评价指标说明

功能类别	评价指标	单排序权重	总排序权重	计算说明	属性	单位
生产功能	地均粮食作物产量	0.088	0.027	粮食作物总产量/粮食作物播种面积	+	t/khm²
	复种指数	0.076	0.024	粮食作物播种面积/年末耕地面积	+	
	耕地地均产值	0.486	0.151	种植业总产值/年末耕地面积	+	万元/khm²
	土地垦殖率	0.350	0.109	年末耕地面积/地区土地总面积	+	
社会功能	地区人均粮食供给量	0.138	0.054	粮食作物总产量/地区总人口	+	t/万人
	粮食安全品质保障系数	0.229	0.089	化肥施用安全标准（225kg/hm²）/(化肥总量/耕地面积)	+	
	粮食作物占农作物面积比例	0.024	0.009	粮食作物播种面积/农作物播种面积	+	
	地均劳动力承载指数	0.110	0.043	农业从业人员数量/年末耕地面积	+	万人/khm²
	农业从业人员占农业人口比例	0.055	0.022	农业劳动力数量/农业人口	+	
	农业机械化水平	0.443	0.171	农业机械总动力/农业从业人员数	−	kW/万人
生态功能	氮肥环境污染风险指数	0.030	0.009	计算见式（6-4）	−	
	磷肥环境污染风险指数	0.324	0.098	计算见式（6-4）	−	
	钾肥环境污染风险指数	0.611	0.184	计算见式（6-4）	−	
	农田生态系统多样性	0.035	0.011	计算见式（6-3）	−	

注：+、−分别表示正向作用指标和负向作用指标。正向作用指标绝对值越大，耕地功能水平越高，负向作用指标值越大，耕地功能水平越低；表中数据进行过修约，存在合计不等于 1 的情况

其中，农田系统多样性参考宋小青等（2014）的研究，计算公式为

$$H_i = -\sum_{i=1}^{n} p_i \ln p_i \tag{6-3}$$

式中，H_i 为农田系统多样性指数；p_i 为各类农作物播种面积占总播种面积比例；n 为研究区的农作物的种类数，结合湖北省实际情况，选取油菜、大豆、棉花、水稻、小麦、玉米 6 类典型农作物作计算。

化肥环境污染风险指数参考刘钦普（2014）的研究，计算公式如下：

$$R_i = \frac{F_i}{F_i + T_i} W_i \tag{6-4}$$

式中，R_i 为第 i 种化肥的环境污染风险指数；F_i 为单位面积耕地第 i 种化肥投入量；T_i 为第 i 种化肥的安全阈值；W_i 为第 i 种化肥污染环境的风险权重；氮肥、磷肥、钾肥的 T_i 值分别设置为125kg/hm²、62.5kg/hm²、62.5kg/hm²，W_i 值分别设置为 0.648、0.230、0.122。

3. 数据来源

本节数据为湖北省 70 个县域 2000~2014 年的统计数据。年末耕地面积，粮食作物播种面积，农业从业人员数量，农业劳动力数量，氮肥、磷肥和钾肥施用量，农业机械总动力，粮食作物总产量，农业总产值等数据来源于 2001~2015 年的《湖北农村统计年鉴》；地区土地总面积、种植业总产值、各县人口总量、农业人口数量等来自 2001~2015 年各县市统计年鉴及《湖北省统计年鉴》，化肥施用安全阈值标准以及氮肥、磷肥和钾肥环境污染权重相关数据来源于宋小青等（2014）和刘钦普（2014）的研究。个别县市个别年份的数据缺失，以相邻年份数据为基础，采用移动平均、趋势外推的方法进行数据重建；为扣除价格因素影响，所有农业总产值以 2000 年为基期进行平减。

6.1.3　研究结果

1. 总量视角耕地多功能对农业经济增长的影响

根据总量视角耕地多功能的测度结果，绘制研究区和不同主体功能区耕地综合功能指数和农业产出随时间的变化图（图 6-1）。研究区农业产出总体上处于增长状态；耕地综合功能指数总体呈现"U"形的变化：2000~2007 年，呈现下降—上升—下降—上升—再下降的曲折变化，但总体上处于下降状态；2007~2014 年也有一定波动，但总体呈现上升状态；这与全国耕地多功能总量利用转型的结论相似（宋小青等，2014），湖北省耕地功能数量利用也于 2007 年左右开始转型。2000~2014 年，不同主体功能区农业产出始终处于增长状态，产值及其增长速率整体表现为重点发展区大于农产品主产区大于生态功能区。不同主体功能区综合功能指数及其变化差异显著：数量上，表现为重点发展区和农产品主产区较大，生态功能区较小，结合前文分析可知，这是由耕地多功能在不同主体功能区耕地多功能显化程度的差异所致；变化趋势上，大多数重点发展区表现为增加趋势，农产品主产区变化平稳，生态功能区表现为下降趋势。鉴于此，后文将分为 2000~2007 年、2007~2014 年、重点发展区、农产品主产区、生态功能区 5 类情况作为 5 个估算模型进行回归分析，探讨研究区转型前后和不同主体功能区总量视角耕地多功能对农业经济增长的影响。

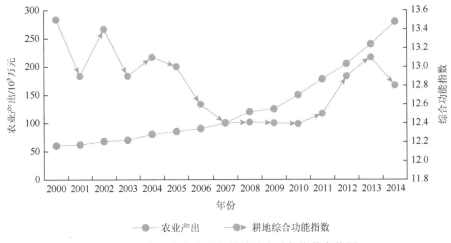

图 6-1　研究区农业产出与耕地综合功能指数变化图

5 个模型的稳定性检验表明所有序列在水平值检验时接受存在单位根的原假设,对一阶差分后的各序列进行单位根检验发现,各序列在 5%的显著水平下拒绝原假设,所有序列满足非平稳的一阶单整要求。协整性检验发现所有统计量均在 10%的显著水平下拒绝 "不存在协整关系" 原假设,表明非平稳序列 lnCPV(农业产出)、lnLabor(农业劳动力投入)、lnFert(化肥资本投入)、lnMech(机械资本投入)、lnMficl(耕地多功能)之间存在长期协整关系。Hausman 检验显示,所有相伴概率均在 5%水平上显著,拒绝原假设,选用固定效应模型。鉴于本节估计研究区各时段及各主体功能区耕地多功能对农业经济增长的影响,不考虑截面和时间变量对参数的影响,所以采用固定效应变截距模型进行估计。

总量视角耕地多功能模型参数估计及检验结果如表 6-2 所示。从变量的回归系数来看,所有变量 P 值通过了显著性水平为 1%的检验,表明解释变量显著;各个模型的 F 值均通过了显著水平为 1%的检验,表明模型整体拟合较好;各个模型调整的 R^2 均较大,说明建立的固定效应变截距模型与数据的相关拟合度较好。回归结果能够较好分析总量视角耕地多功能对农业经济增长的影响。

表 6-2　总量视角耕地多功能模型估计结果

模型	C	α	β_1	β_2	γ	调整的 R^2	F 值	DW
2000~2007 年 ($N=70$)	4.359*** (12.99)	−0.895*** (−9.51)	0.650*** (10.90)	0.388*** (12.93)	0.947*** (8.21)	0.939	118.397***	0.951
2007~2014 年 ($N=70$)	3.961*** (11.42)	−0.532*** (−9.85)	0.258*** (4.96)	1.171*** (30.95)	2.374*** (19.14)	0.905	164.130***	0.869
重点发展区 ($N=13$)	6.047*** (16.53)	−0.780*** (−11.15)	0.421*** (3.69)	0.733*** (14.40)	2.469*** (18.31)	0.934	174.730***	0.545

续表

模型	C	α	β_1	β_2	γ	调整的 R^2	F 值	DW
农产品主产区 （$N=27$）	5.463*** （12.97）	−0.791*** （−8.39）	0.622*** （6.84）	0.541*** （13.95）	2.009*** （11.75）	0.872	92.888***	0.440
生态功能区 （$N=30$）	3.427*** （8.86）	−0.751*** （−7.10）	0.344*** （5.99）	1.025*** （25.54）	1.418*** （10.08）	0.912	130.334***	0.577

注：DW 表示杜宾-瓦特森序列自相关检验，括号内的值为对应变量的 t 统计量

***代表在 1%水平上显著

从表 6-2 看，总量视角耕地多功能对农业经济增长影响为正，与假说 1 相吻合。结合理论基础分析可知，这是由于耕地多功能总量的增加会改善耕地及其他农业生产要素或农产品的供给数量、质量与效率，进而提高农业生产效率和效益，促进农业经济增长。2000～2007 年和 2007～2014 年耕地多功能对农业经济增长的影响系数分别为 0.947、2.374，2007～2014 年影响系数较 2000～2007 年要大，这是由于 2007～2014 年对应的社会经济发展水平较 2007～2010 年要高，单位数量耕地多功能显化的农业产出价值更大，农业生产效率与效益提升更明显，正向影响效果更大。

重点发展区、农产品主产区和生态功能区总量视角耕地多功能对农业经济增长的影响系数分别为 2.469、2.009、1.418，影响程度表现为重点发展区大于农产品主产区大于生态功能区，与假说 3 相吻合。这是由于湖北省生态功能区和农产品主产区的人均地区生产总值分别只有重点发展区的 1/3 和 1/2（罗成和蔡银莺，2016），社会经济条件相对较差，并且重点发展区区位条件更优越，居民的耕地多功能需求更多样，单位数量耕地多功能显化的农业产出价值更高，对农业经济增长的影响程度更大。总体上，总量视角耕地多功能对农业产出的影响系数远远大于耕地面积对农业产出的影响系数（Lio and Liu，2008；Hu and McAleer，2005；吴玉鸣，2010），该研究结果说明，耕地多功能可能是农业经济增长的新途径。

劳动力对农业经济增长的产出弹性为负，表明劳动力资源的再投入已经不能成为湖北省农业经济增长的源泉，湖北省农业生产已经处于劳动力"过密化"或是"内卷化"阶段。化肥和机械投入对农业经济增长的产出弹性为正，说明通过增加化肥和机械投入可以促进农业经济的增长。

2. 结构视角耕地多功能对农业经济增长的影响

根据结构视角耕地多功能的测度结果，绘制辛普森倒数指数与农业产出随时间的变化图（图 6-2）。研究区辛普森倒数指数与综合功能指数的变化相反，呈倒 "U"形状态：2000～2007 年，辛普森倒数指数波动频繁，但整体呈增加状态；2007～

2014年，辛普森倒数指数一直呈下降状态。结构视角耕地多功能的增加会引起耕地多功能总量减少，与理论分析吻合；类似于总量视角耕地多功能，结构视角耕地多功能利用也于 2007 年发生转型。辛普森倒数指数及其变化在不同主体功能区差异显著：数量上，总体表现为生态功能区大于农产品主产区大于重点发展区；变化趋势上，大多数重点发展区和农产品主产区呈下降趋势，生态功能区呈上升趋势。基于以上描述与分析，后文将分研究区 2000~2007 年、2007~2014 年、重点发展区、农产品主产区、生态功能区 5 类情况作为 5 个估算模型进行回归分析，探讨研究区转型前后和不同主体功能区结构视角耕地多功能对农业经济增长的影响。

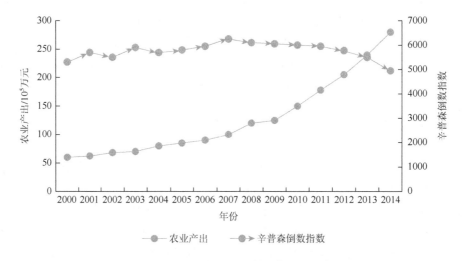

图 6-2　研究区农业产出和辛普森倒数指数变化图

　　结构视角 5 个模型各序列也通过了平稳性及协整性检验，经 Hausman 检验后同样采用固定效应变截距模型进行估计，估计及其检验结果如表 6-3 所示。回归结果同样能够较好分析耕地多功能对农业经济增长的影响。从表 6-3 看，结构视角耕地多功能对农业经济增长影响为负，与假说 2 相吻合。结合理论基础分析可知，可能是由于耕地各类功能的数量更均匀，功能之间的竞争与权衡程度更高，致使耕地多功能总量减少，进而影响耕地及其他农业生产要素或农产品等的供给数量、质量与效率，降低农业经济增长的效率和效益，对农业经济增长产生负向影响。2000~2007 年和 2007~2014 年耕地多功能对农业经济增长的影响系数分别为−0.421、−1.058。2007~2014 年负向影响程度较 2000~2007 年要大，这是由于 2007~2014 年对应的社会经济发展水平较 2000~2007 年更高，单位结构耕地多功能引起农业生产效率与效益下降更明显，农业产出损失价值更大，负向影响效果更大。

表 6-3 结构视角耕地多功能模型估计结果

模型	C	α	β_1	β_2	γ	修正的 R^2	F 值	DW
2000~2007 年 （$N=70$）	4.551*** (13.22)	−0.863*** (−9.29)	0.618*** (10.75)	0.380*** (12.90)	−0.421*** (−8.50)	0.939	119.496	0.980
2007~2014 年 （$N=70$）	4.769*** (20.31)	−0.370*** (−8.44)	0.185*** (4.88)	0.989*** (33.00)	−1.058*** (−29.98)	0.930	245.886	0.792
重点发展区 （$N=13$）	5.833*** (20.25)	−0.557*** (−9.62)	0.684*** (18.70)	0.313*** (3.45)	−1.011*** (−24.45)	0.957	268.264	0.545
农产品主产区 （$N=27$）	6.498*** (17.89)	−0.541*** (−6.54)	0.552*** (7.09)	0.495*** (14.94)	−1.135*** (−18.07)	0.907	131.663	0.500
生态功能区 （$N=30$）	3.769*** (9.95)	−0.723*** (−7.09)	0.281*** (5.27)	0.996*** (28.04)	−0.618*** (−11.53)	0.910	139.002	0.570

注：DW 表示杜宾-瓦特森序列自相关检验，括号内的值为对应变量的 t 统计量
***代表在 1%水平上显著

重点发展区、农产品主产区和生态功能区结构视角耕地多功能对农业经济增长的影响系数分别为−1.011、−1.135、−0.618，负向影响程度排序为农产品主产区大于重点发展区大于生态功能区，基本符合假说 3。这是由于社会经济发展水平越高，耕地资源禀赋越优，单位结构耕地多功能对应的农业产出价值就越大；其中，农产品主产区的负向影响程度大于重点发展区，可能的原因是耕地资源禀赋相比于社会经济发展水平和区位条件对农业经济增长的影响效应更大。劳动、机械和资本要素对农业经济增长的影响与上述数量视角类似。

6.1.4 结论与建议

本节以湖北省为例，从总量和结构两个视角测度耕地多功能，运用扩展的柯布-道格拉斯生产函数模型分析了总量与结构视角不同时段和不同主体功能区耕地多功能对农业经济增长的影响，得到以下结论。

（1）总量上的耕地多功能在 2000~2014 年总体呈"U"形变化，而结构上的耕地多功能总体呈倒"U"形变化，2007 年左右均开始转型。不同主体功能区总量和结构上的耕地多功能存在显著差异：重点发展区总量上耕地多功能较强且处于增强状态，结构上最弱且一直减弱；农产品主产区总量上耕地多功能较弱但变化平稳，结构上较弱且持续减弱。生态功能区总量上的耕地多功能最弱且不断减弱，结构上最强且不断增强。

（2）总量视角耕地多功能对农业经济增长的正向影响显著，2007~2014 年的正效应大于 2000~2007 年，耕地多功能增强将促进农业经济的增长，但在不同的主体功能区存在显著的区域差异，重点发展区的效应大于农产品主产区，而生态功能区最小。

（3）结构视角耕地多功能对农业经济增长的影响统计上显著为负，2007～2014 年的负效应大于 2000～2007 年，耕地多功能增强将阻碍农业经济的增长，并且在不同的主体功能区也存在显著差异，结构视角的负效应表现为：农产品主产区大于重点发展区大于生态功能区，多功能之间的多样化协同效应还未得到发挥。

基于上述研究结论，提出以下建议。①注重耕地多功能总量和结构的辩证关系，当前阶段以加强总量的耕地多功能为主，应在总量增长的同时，提高功能的多样化协同，促进农业经济的持续增长。②实施区域差异化的耕地多功能利用政策，进一步显化各主体功能区的主导功能，发展二、三产业，推动地区产业融合，提升社会经济发展水平。重点发展区靠近城市距消费市场近，城市居民对耕地的生态服务、景观文化功能需求大，地方政府可有序建设一批市民农园、休闲农场等进一步显化耕地的生态服务、景观文化功能；农产品主产区土壤质量好，在推动耕地规模经营增强耕地生产功能的同时，推行秸秆还田、测土施肥等模式和技术，合理控制农业劳动力数量转移，增强耕地的生态功能和社会功能。生态功能区结构视角的耕地多功能性较强且处于增强阶段，此类型区的耕地承担了更多的非商品性功能与服务，但这种非商品性功能与服务的价值并未得到较好显化，应加强耕地生态补偿，积极培育农业市场、耕地生态系统服务市场，显化农产品的"绿色"价值。③农民是耕地利用的最直接主体，应加强对农民的科学施肥、科学种植等技术培训，增强其管理耕地的知识和能力以增强耕地的多功能性并促进其价值的显化，从而推动农业经济持续增长。

6.2　耕地多功能与绿色农业全要素生产率的耦合发展[*]

现有文献主要从以下两个方面探讨耕地多功能与农业全要素生产率的关系。一方面，从耕地多功能视角，侧重于内涵与分类（de Groot，2006）、评估（范业婷等，2018；宋小青等，2014），权衡与协同关系以及供给与需求关系（Zhang et al.，2021；周丁扬等，2020）的研究，涵盖国家、省级、市级、区（县）、乡（镇、街道）及格网尺度等，包括空间融合视角综合功能水平测度，以及空间分离视角耕地子功能评估及功能关系分析。有学者开始从总量和结构上探讨耕地多功能对农业经济增长的影响（胡伟艳等，2018），研究显示，耕地多功能总量的提升对农业经济增长存在正向促进作用，而耕地多功能的协同作用还没有显化。增长理论认为，农业全要素生产率是衡量农业经济发展的重要指标，其增长差异是各地区农业经济发展存在差异的重要原因（杨刚和杨孟禹，2013），因此，另一方面，一些

---

* 本节部分内容来源于张丝雨等（2022），内容有增改。

研究侧重讨论农业全要素生产率的测算方法，包括从行政单元尺度（杨刚和杨孟禹，2013）及农民主体（李桦等，2011），探讨了农业全要素生产率的影响因素，如农业机械化（薛超等，2020）、农业信息化（韩海彬和张莉，2015）、农村基础设施（李谷成等，2015）、劳动力迁移（李士梅和尹希文，2017）等对农业全要素生产率的影响。考虑碳排放、农业面源污染等非期望产出，优化农业全要素生产率的测算，一些研究提出农业绿色全要素生产率的概念（葛鹏飞等，2018；揭懋汕等，2016）。耕作环境在农业绿色全要素生产率研究中受到关注（黄伟华等，2021；吕娜和朱立志，2019），集中于耕地利用方式与经济发展的互动关系（许恒周和金晶，赵京和杨钢桥，2011）。

总体上，耕地多功能与农业经济发展的关系研究不断发展，但现有研究集中于空间分离视角，是某一个或多个耕地子功能对农业发展的单向影响研究。从空间融合视角，采用全排列综合图示指示法的耕地多功能评估考虑了耕地多种功能大小的同时，也兼顾了耕地多种功能的协同发展程度，农业绿色全要素生产率可以全面反映区域农业经济发展综合实力，并考虑到了发展过程中的生态环境效益。本节进一步分析耕地多功能与农业绿色全要素生产率的相互作用机制，利用中国30 个省区市（数据不含西藏、香港、澳门、台湾）1995～2018 年土地利用数据和经济、社会、农业统计数据，采用全排列综合图示指示法、超效率模型和耦合协调度模型，探究耕地多功能与农业绿色全要素生产率的协调时空发展规律，为高效保护耕地、促进农业农村高质量发展提供依据。

6.2.1　耕地多功能与农业绿色全要素生产率的相互作用机制

耕地多功能是土地利用过程中耕地为人类提供的产品和服务，包括提供粮食、蔬果、纤维等的物质产出功能，调节水源、大气、土壤等的生态功能，提供就业和生活保障的劳动力承载功能，以及提供耕作风景与农业开敞空间的景观美学功能等（de Groot，2006）。全要素生产率是总产出增长中扣除劳动力、资本及其他中间投入后的剩余部分，常分为技术效率改善和技术进步变化，纳入碳排放、农业污染等非期望产出的农业绿色全要素生产率考虑了农业经济增长中的环境代价，可以全面反映区域农业经济发展综合实力和发展潜力（吕娜和朱立志，2019）。

耕地多功能与农业绿色全要素生产率相互促进、相互制约（图6-3）。

一方面，耕地多功能与农业绿色全要素生产率相互促进。耕地多种功能协同发展是农业全要素生产率增长的内在动力：耕地粮食、蔬果、纤维等物质产出功能提升直接带来农业产出增长；耕地劳动力承载功能保证了农业劳动力的数量和质量，提升技术效率的同时有利于农业技术进步（李士梅和尹希文，2017）；耕地水源涵养、固碳释氧功能提升可增强耕地本体质量，降低自然灾害发生，减少要素投入，间接提升农业全要素生产率（王利文，2009）；耕地景观美学功能的显化可以增加主体对耕地价值的认同（杨刚和杨孟禹，2013）。同样地，农业绿色全要素生产率增长为耕地多功能协同发展提供外在支持：农业绿色全要素生产率增长过程中，技术效率的提升优化农业生产要素配置，农业劳动者从事农业的意愿随之提高，耕地物质产出功能和劳动力承载功能增强。农业绿色全要素生产率处在较高水平时，农业技术进步提供更好的农业污染防控技术，农业生产组织方式改善，耕地水源涵养、固碳释氧功能得到更优的保护，耕地景观美学功能也更易显化（葛继红和周曙东，2011）。

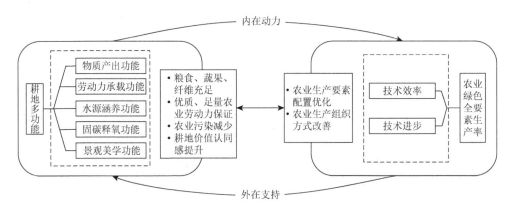

图 6-3　耕地多功能与农业绿色全要素生产率的互动机制

　　另一方面，耕地多功能与农业绿色全要素生产率相互制约。耕地的一种或几种功能不足会引起耕地多种功能不均，使耕地多功能综合水平降低，发展潜力下降，制约农业绿色全要素生产率增长：耕地物质产出功能降低直接影响农业经济产出；耕地劳动力承载功能下降会造成农业劳动力不足，对粗放型农业产生巨大冲击，大量年轻、高素质的农业劳动力转至二、三产业，影响农业生产规模和技术选择，间接影响农业绿色全要素生产率提升（程名望和阮青松，2010；李旻和赵连阁，2010）；耕地固碳释氧功能和水源涵养功能下降将增加农业非期望产出，降低耕地发展潜力，间接影响耕地物质产出（葛继红和周曙东，2011；程名望和阮青松，2010）；耕地景观美学功能不足使农业政策和财政资金倾斜不足，农业基础设施无法完善，阻碍农业绿色全要素生产率提升（程名望和阮青松，2010）。相应地，农业绿色全要素生产率较低时，技术效率降低使农业生产要素无法有效配置，对耕地物质产出和劳动力承载功能不利；技术进步缓慢制约现代农业技术推广，农业污染不能得到较好控制，使非期望产出增加，耕地物质产出降低，造成更多优质农业劳动力流失，限制耕地景观美学等衍生功能显化，制约耕地多功能协同发展。

6.2.2　研究方法与数据来源

1. 耕地多功能评估方法

（1）评价指标体系构建。参考相关研究（范业婷等，2018；宋小青等，2014；朱庆莹等，2018），将耕地多功能划分为物质产出功能、劳动力承载功能、固碳释氧功能、水源涵养功能和景观美学功能，建立耕地多功能评价指标体系（表6-4）。

表 6-4　耕地多功能评价指标体系

功能代码	耕地功能	性质	度量指标
F_1	物质产出功能	+	耕地单位面积粮食、蔬菜和瓜果产出
F_2	劳动力承载功能	+	耕地单位面积劳动力投入强度
F_3	固碳释氧功能	+	耕地单位面积固碳释氧量
F_4	水源涵养功能	+	耕地单位面积农作物降水截留量和土壤层蓄水量之和
F_5	景观美学功能	+	耕地景观连片度

注："+"表示正向作用指标，说明该值越大，耕地功能水平越高

各功能具体计算方法如下。

物质产出功能是耕地最基本、最主要的核心功能（姜广辉等，2011），参考已有研究（范业婷等，2018），以耕地单位面积粮食作物产量，以及蔬菜和瓜果两种主要经济作物产量表示：

$$F_{1a} = 粮食总产量/耕地面积 \qquad (6-5)$$

$$F_{1b} = 蔬菜总产量/耕地面积 \qquad (6-6)$$

$$F_{1c} = 瓜果总产量/耕地面积 \qquad (6-7)$$

$$F_1 = F'_{1a} w_{1a} + F'_{1b} w_{1b} + F'_{1c} w_{1c} \qquad (6-8)$$

式中，F_{1a}、F_{1b}、F_{1c} 分别为耕地单位面积粮食、蔬菜和瓜果产量；F'_{1a}、F'_{1b}、F'_{1c} 分别为 F_{1a}、F_{1b}、F_{1c} 标准化后的结果；w_{1a}、w_{1b}、w_{1c} 为权重，经熵权法计算 $w_{1a} = 0.240$、$w_{1b} = 0.369$、$w_{1c} = 0.391$。

劳动力承载功能是耕地保障农民基本生活与就业的能力（范业婷等，2018），以单位面积耕地劳动力投入强度衡量：

$$F_2 = 区域农业劳动力人数/区域耕地面积 \qquad (6-9)$$

固碳释氧功能指耕地提供的重要生态系统服务，是耕地生态功能的重要组成部分（唐秀美等，2016）。参考农田生态系统价值评估方法计算：

$$干物质量 = 经济产量 \times (1 - 作物含水量)/经济系数 \tag{6-10}$$

$$F_3 = (CO_2 \text{吸收量} + O_2 \text{释放量})/\text{耕地面积} \tag{6-11}$$

式中，F_3 为固碳释氧量，单位为 m^3。

结合中国实际及数据可获得性，选取水稻、玉米、大豆、小麦、油菜（油料作物）、棉花和蔬菜 7 种代表性作物，计算依据为植物生产 1g 干物质吸收固定 $1.63 gCO_2$，释放 $1.2 gO_2$（孙新章等，2007）。

水源涵养功能为耕地生态功能又一重要组分，考虑土壤层蓄水量和作物冠层降水截留量，采用综合蓄水能力法（秦嘉励等，2009）测算：

$$Q_1 = \sum (S_i \times H_i \times \lambda_i) \tag{6-12}$$

$$Q_2 = \sum (C_{ij} \times m_i \times \alpha_j) \tag{6-13}$$

$$F_4 = Q = Q_1 + Q_2 \tag{6-14}$$

式中，Q_1 为耕地土壤层蓄水量；S_i 为区域 i 耕地面积；H_i 为区域 i 耕地单位面积土壤层平均厚度；λ_i 为区域 i 耕地单位面积非毛管孔隙率；Q_2 为作物冠层降水截留量；C_{ij} 为区域 i 耕地第 j 种作物种植面积；m_i 为区域 i 年降水量；α_j 为第 j 种作物降水截留率，参考马波等（2014）研究取值；Q 为耕地土壤层蓄水量 Q_1 与作物冠层降水截留量 Q_2 之和，即耕地的水源涵养功能。

连片的耕地与园地、水体等形成的高功能景观组合更具美学价值（朱庆莹等，2018），选取耕地斑块聚集度作为耕地景观美学功能的测度指标：

$$F_5 = AI = \begin{bmatrix} g_{ii} \\ \max \to g_{ii} \end{bmatrix} \tag{6-15}$$

式中，AI 为耕地斑块聚集度；g_{ii} 为耕地相似邻接斑块数量。

为解决各评价指标量纲不同的问题，采用极差标准化法对以上指标标准化。

对于正向指标：

$$r_{ij} = (x_{ij} - x_{j\min}) / (x_{j\max} - x_{j\min}) \tag{6-16}$$

对于负向指标：

$$r_{ij} = (x_{j\max} - x_{ij}) / (x_{j\max} - x_{j\min}) \tag{6-17}$$

式中，x_{ij} 为第 i 年第 j 项指标实际值；r_{ij} 为第 i 年第 j 项指标标准化后数值；$x_{j\max}$ 为第 j 项指标的最大值；$x_{j\min}$ 为第 j 项指标的最小值。

（2）测度耕地多功能中每一种耕地功能都不是独立的，功能之间存在权衡。为探讨耕地系统中不同功能之间的权衡或相互作用，采用全排列多边形综合图示法，度量耕地功能多样性的同时，反映不同功能之间的相互作用程度。五种耕地功能组成五边形区域，代表耕地多功能水平，每种功能越高且越平衡，耕地多功能水平越高、越稳定（Fleskens et al.，2009）。由于五边形面积在不同的功能组合顺序上会有所不同，文章计算不同功能组合顺序下的所有五边形面积，取平均值（AVG）作为耕地多功能水平 F：

$$F = \text{AVG} \left\{ \begin{array}{l} (F_1F_2 + F_2F_3 + F_3F_4 + F_4F_5 + F_5F_1) \times \sin\dfrac{\alpha}{2} \\ + (F_1F_3 + F_3F_2 + F_2F_4 + F_4F_5 + F_5F_1) \\ \times \sin\dfrac{\alpha}{2} + (F_1F_4 + F_2F_4 + F_2F_3 + F_3F_5 + F_5F_1) \times \sin\dfrac{\alpha}{2} + \cdots \end{array} \right\} \quad （6\text{-}18）$$

式中，$\alpha = 72°$。

2. 农业绿色全要素生产率测算

与传统 DEA（data envelopment analysis，数据包络分析）模型和 SEM（structural equation modeling，结构方程模型）相比，超效率 SBM（slacks-based measure，基于松弛值测算）模型可以对多个完全有效的决策单元评价和排序（周亮，2019）。本节构建考虑非期望产出的超效率 SBM 模型，测算农业绿色全要素生产率。超效率 SBM 模型主要包括目标效率值 ρ，投入 x、期望产出 y^g、非期望产出 y^b、期望产出松弛变量 S^g 和非期望产出松弛变量 S^b，具体测算公式如下：

$$\rho = \min \frac{\dfrac{1}{m} \sum_{i=1}^{m} \dfrac{\overline{x}_i}{x_{ik}}}{\dfrac{1}{s_1+s_2}\left(\sum_{r=1}^{s_1} \dfrac{\overline{y}_r^g}{y_{rk}^g} + \sum_{j=1}^{s_2} \dfrac{\overline{y}_j^b}{y_{jk}^b} \right)} \quad （6\text{-}19）$$

$$\text{s.t.} \left\{ \begin{array}{l} x_k = X\lambda + S^-, \ y_k^g = Y^g\lambda - S^g, \ y_k^b = Y^b\lambda - S^b \\ \overline{x} \geqslant \sum_{j=1,\neq 0}^{n} \lambda_j x_j, \ \overline{y}^g \leqslant \sum_{j=1,\neq 0}^{n} \lambda_j y_j^g, \ \overline{y}^b \leqslant \sum_{j=1,\neq 0}^{n} \lambda_j y_j^b \\ \overline{x} \geqslant x_k, \ \overline{y}^g \leqslant y_k^g, \ \overline{y}^b \geqslant y_k^b \\ \sum_{j=1,\neq 0}^{n} \lambda_j = 1, \ S^- \geqslant 0, \ S^g \geqslant 0, \ S^b \geqslant 0, \ \overline{y}^g \geqslant 0, \ \lambda \geqslant 0 \end{array} \right. \quad （6\text{-}20）$$

式中，X 为矩阵；m、s_1 和 s_2 分别为投入指标、期望产出指标和非期望产出指标类别数；λ 为权重向量；k 为被评价的决策单元；n 为权重向量类别数；i、r、j 分别为投入指标、期望产出指标与非期望产出指标次序。

本节测算的农业绿色全要素生产率为狭义的农业绿色全要素生产率，即种植业绿色全要素生产率，选取的投入产出指标如表 6-5 所示。

表 6-5　投入产出指标选取及说明

项目	指标选取	计算方法
投入	劳动投入	农林牧渔就业人数×（种植业产值/农林牧渔业总产值）
	土地投入	农作物播种总面积
	机械投入	农业机械总动力
	化肥投入	本年度内实际用于农业生产的化肥施用量（折纯量）计算
	农用塑料薄膜投入	农用塑料薄膜使用量
	农药投入	农药使用量
期望产出	种植业生产总值	1990 年不变价的种植业生产总值
非期望产出	种植业碳排放	参考文献（IPCC，2007）

农业生产中的各种污染，均可使用碳排放量衡量，故选取碳排放量作为非期望产出。借鉴 IPCC（2007）和葛鹏飞等（2018）的研究给出的农业碳源及碳排放系数，选取农药、化肥、农膜、灌溉、翻耕和柴油，核算种植业碳排放量。

根据马尔姆奎斯特-伦贝格（Malmquist-Luenberger，ML）指数，计算农业绿色全要素生产率，分析其动态演化趋势。

$$\mathrm{ML}_k^{t,t+1} = \left\{ \frac{\left[1+\rho_0^t\left(x_k^t, y_k^{gt}, y_k^{bt}\right)\right]}{\left[1+\rho_0^t\left(x_k^{t+1}, y_k^{g(t+1)}, y_k^{b(t+1)}\right)\right]} \times \frac{\left[1+\rho_0^{t+1}\left(x_k^t, y_k^{gt}, y_k^{bt}\right)\right]}{\left[1+\rho_0^{t+1}\left(x_k^{t+1}, y_k^{g(t+1)}, y_k^{b(t+1)}\right)\right]} \right\}^{\frac{1}{2}} \quad (6\text{-}21)$$

式中，ML 值大于 1 表示农业绿色全要素生产率提高，小于 1 表示生产率降低；ρ_0 为距离函数值；t 为基期年。ML 指数可进一步分解为技术效率变化 EC 和技术进步变化 TC：

$$\mathrm{ML}_k^{t,t+1} = \frac{\left[1+\rho_0^t\left(x_k^t, y_k^{gt}, y_k^{bt}\right)\right]}{\left[1+\rho_0^{t+1}\left(x_k^{t+1}, y_k^{g(t+1)}, y_k^{b(t+1)}\right)\right]}$$

$$\times \left\{ \frac{\left[1+\rho_0^{t+1}\left(x_k^t, y_k^{gt}, y_k^{bt}\right)\right]}{\left[1+\rho_0^t\left(x_k^t, y_k^{gt}, y_k^{bt}\right)\right]} \times \frac{\left[1+\rho_0^{t+1}\left(x_k^{t+1}, y_k^{g(t+1)}, y_k^{b(t+1)}\right)\right]}{\left[1+\rho_0^t\left(x_k^{t+1}, y_k^{g(t+1)}, y_k^{b(t+1)}\right)\right]} \right\}^{\frac{1}{2}} \quad (6\text{-}22)$$

$$= \mathrm{EC}_k^{t,t+1} \times \mathrm{TC}_k^{t,t+1}$$

3. 耦合协调度模型

引入耦合协调度模型衡量耕地多功能与农业绿色全要素生产率的耦合协调程度（刘浩等，2011）：

$$C = \left[\frac{F \times A}{\left(\frac{1}{2}F + \frac{1}{2}A \right)^2} \right]^{\frac{1}{2}} \tag{6-23}$$

$$D = (C \times T)^{\frac{1}{2}} \tag{6-24}$$

$$T = \alpha F + \beta A \tag{6-25}$$

式中，C 为耦合度；D 为耦合协调度；T 为耕地多功能与农业绿色全要素生产率的综合协调指数；F 为耕地多功能水平；A 为农业绿色全要素生产率 α 和 β 分别为耕地多功能和农业绿色全要素生产率的权重，取 $\alpha = \beta = 0.5$。

4. 空间自相关分析

空间自相关分析在呈现地理变量的空间集群和调查其跨区域的空间特征变化方面具有独特的优势，在统计学和地理学研究中得到广泛应用（Anselin, 2019）。因此，文章采用全局莫兰指数值评估耕地多功能与农业绿色全要素生产率耦合协调度的空间集聚效应：

$$\text{Moran's I} = \frac{m \sum\limits_{i=1}^{m} \sum\limits_{j=1}^{m} w_{ij} (D_i - \bar{D})(D_j - \bar{D})}{\sum\limits_{i=1}^{m} \sum\limits_{j=1}^{m} w_{ij} \sum\limits_{i=1}^{m} (D_i - \bar{D})} \tag{6-26}$$

式中，m 为空间单元（省区市）的数量；w_{ij} 为要素 i 与 j 之间的空间权重；D_i 和 D_j 为 D 在相应空间单元 i 和 j 上的取值。全局莫兰指数取值范围为 $[-1,1]$，取值越接近 1，空间正相关性越强，空间集聚分布程度越强；取值越接近 −1 空间负相关性越强，空间离散分布程度越强，取值越接近 0，越不存在空间自相关性，研究单元呈现空间随机分布。

采用局部莫兰指数（LISA）值评估省域间耦合协调度的空间分布格局：

$$\text{LISA}_i = z_i \sum\limits_{j=1}^{j} w_{ij} z_j \tag{6-27}$$

$$z_i = \frac{D_i - \bar{D}}{\alpha} \tag{6-28}$$

式中，z_i 和 z_j 为空间单元 i 和 j 上耦合协调度的标准值；α 为标准偏差。LISA 值分为四种类型：H-H、H-L、L-L、L-H。

5. 数据来源

考虑到数据可获得性及统计口径一致性，本节选取中国 30 个省区市（数据不含西藏、香港、澳门、台湾）为研究对象，采用国家统计局统计口径，将全国划分为东部、中部和西部 3 个地区。农业、经济和社会统计数据主要来源于 1995～2018 年《中国统计年鉴》《中国农村统计年鉴》《中国农业统计资料》以及各省相关统计年鉴，个别省份缺失或异常数据用均值法补充和修正，对产值数据按 1990 年不变价换算。土地利用数据采用 1995 年、2000 年、2005 年、2010 年、2015 年和 2018 年中国土地利用和土地覆盖图，源于中国科学院资源与环境科学数据中心全国土地利用类型遥感监测空间分布数据，基于美国陆地卫星 Landsat TM 影像，通过人工目视解译生成，空间分辨率为 30m×30m。

6.2.3　研究结果

1. 耕地多功能评价结果

1995～2015 年，全国耕地多功能指数波动上升，至 2018 年又略有下降。东、中、西部地区耕地多功能演化存在较大差异：中部地区耕地多功能指数最高，在 1995～2015 年出现逐年增长趋势，而后呈现下降；东部地区耕地多功能指数次之，呈现下降趋势；西部地区耕地多功能指数相对稳定，但耕地多功能指数最低（图 6-4）。

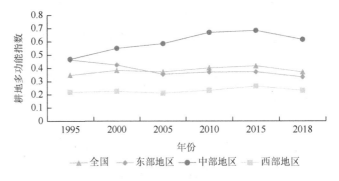

图 6-4　1995～2018 年中国耕地多功能变化

分析 1995～2018 年各省份耕地多功能值及五种子功能变化（图 6-5），发现中部地区的河南、黑龙江等省份耕地多功能程度逐年上升，以上地区虽因农业经营集约化发展迅速，单位耕地所需的农业劳动力数量减少，耕地劳动力承载功能呈下降趋势，但耕地物质产出功能、水源涵养功能、固碳释氧功能及景观美学功能呈上升趋势，耕地各功能逐渐均匀，故耕地多功能程度逐年上升。东部地区，尤其是上海、浙江、江苏和福建等东南沿海省份，工业化、城镇化快速发展，大量农业劳动力流入城市，建设占用耕地现象较重，优质耕地后备资源不足，耕地物质

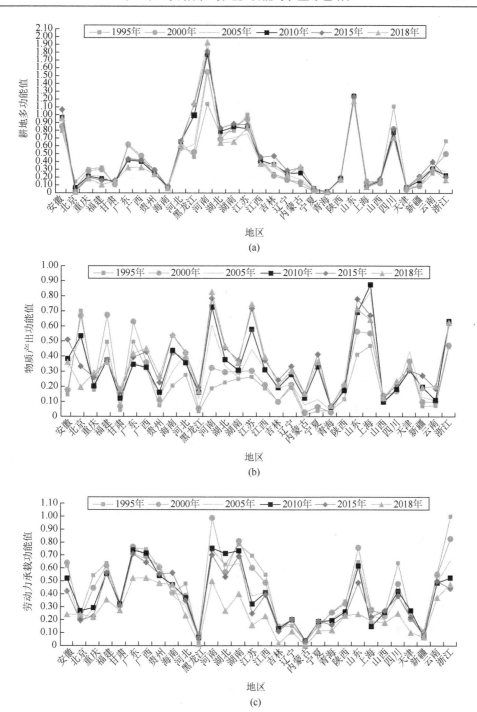

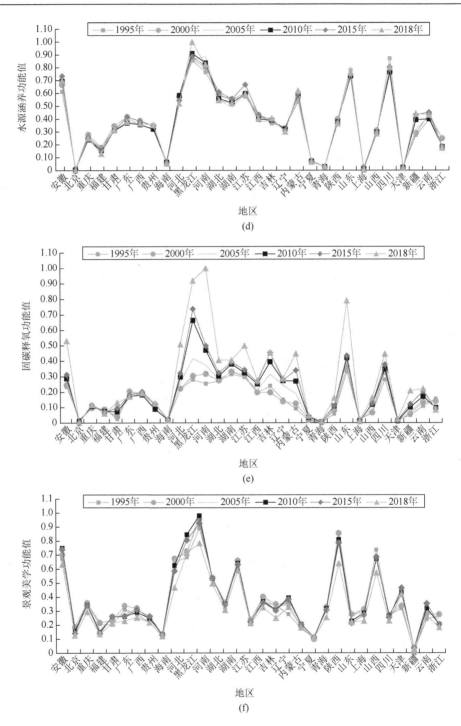

图 6-5　1995～2018 年各地区耕地多功能及子功能变化

产出功能和劳动力承载功能下降，耕地各功能愈加不均使耕地多功能程度呈下降趋势。西部地区农民收入来源较东部、中部地区少，多依赖农业保障生活，劳动力承载功能较为稳定。但是，较差的耕地资源禀赋、气候条件使西部地区耕地物质产出功能、固碳释氧功能、水源涵养功能和景观美学功能始终较低。虽然西部地区耕地各功能随着农业生产条件改善呈现增长趋势，但当前西部地区，尤其是位于西北部的省份仍然处于较低水平。

2. 农业绿色全要素生产率测算结果

如表 6-6 所示，1995～2018 年中国农业绿色全要素生产率呈现增长趋势，年均增速 3.46%，虽然技术效率年均下降 0.44%，但技术进步年均增速 4.09%，与相关研究结果基本一致。分时间来看，1995～2003 年中国农业绿色全要素生产率呈下降趋势，与 20 世纪 90 年代及 21 世纪初自然灾害频发有关，如 1998 年长江、嫩江、松花江等江河流域发生特大洪水，2000 年南北方均发生旱灾，2003 年淮河、渭河流域发生洪灾等。2004 年起，中国开始出台增加良种补贴、种粮直补、农资综合补贴、农机补贴，取消农业税等一系列强农惠农政策，提升了农民种植积极性，农业技术效率增加，但化肥农药投入增加而产生的农业污染问题愈加严重。为此，国家出台了鼓励发展循环农业、生态农业、耕地生态保护红线划定等政策，研发和推广农业绿色生产技术等一系列保护农业生产环境的措施，技术效率虽有下降，但技术进步的快速增长依然带动农业绿色全要素生产率快速增长。

表 6-6 1995～2018 年中国农业绿色全要素生产率指数及分解

年份	ML（农业绿色全要素生产率）	EC（技术效率）	TC（技术进步）	年份	ML（农业绿色全要素生产率）	EC（技术效率）	TC（技术进步）
1995	0.9845	0.9957	0.9887	2008	1.0850	0.9308	1.1656
1996	0.9831	1.0028	0.9804	2009	1.0658	1.0135	1.0517
1997	0.9633	1.0267	0.9383	2010	1.1015	0.9864	1.1167
1998	0.9408	1.0106	0.9310	2011	1.0765	0.9664	1.1139
1999	0.9320	0.9881	0.9432	2012	1.0552	0.9559	1.1039
2000	0.9488	1.0297	0.9215	2013	1.0678	1.0012	1.0665
2001	0.9801	1.0034	0.9767	2014	1.0557	0.9898	1.0666
2002	0.9736	1.0394	0.9367	2015	1.0663	0.9609	1.1097
2003	0.9955	1.0081	0.9876	2016	1.0741	0.9381	1.1450
2004	1.0765	1.0643	1.0114	2017	1.0911	0.9995	1.0917
2005	1.0580	0.9644	1.0971	2018	1.1101	1.0175	1.0910
2006	1.0542	1.0069	1.0469	均值	1.0346	0.9956	1.0409
2007	1.0915	0.9935	1.0987				

分区域和省份来看，如表 6-7 所示，除海南、河北、安徽、河南、江西和甘肃农业绿色全要素生产率略有下降外，其余省份均呈现增长趋势。1995～2018 年东、中、西部地区农业绿色全要素生产率年均增速分别为 4.94%、0.35% 和 4.25%。东部地区和西部地区农业绿色全要素生产率增长速度均高于中部地区。东部地区经济发展水平处于全国领先，农业市场化发展迅速，农业绿色技术起步早，即使技术效率存在轻微下降（0.81%），技术进步快速增长（5.76%）仍然带动了其农业绿色全要素生产率增长。西部地区经济和农业发展滞后，较低的农业管理水平与基础设施使其具有较大的发展空间，在相关政策引导下抓住发展机遇、调整农业结构后，技术效率提升（0.51%）和技术进步增长（3.77%）共同带动西部地区农业绿色全要素生产率增长。中部地区多为产粮大省，较早实现的农业规模化和市场化，使其进一步提升效率的难度较大，现代农业技术推广难度也高于东部地区，技术效率停滞不前与技术进步缓慢增加，制约了中部地区农业绿色全要素生产率增长。

表 6-7　各省区市农业绿色全要素生产率指数及分解

省区市	ML（农业绿色全要素生产率）	EC（技术效率）	TC（技术进步）	省区市	ML（农业绿色全要素生产率）	EC（技术效率）	TC（技术进步）
北京	1.0746	1.0338	1.0351	江西	0.9737	0.9497	1.0253
福建	1.0588	1.0043	1.0543	吉林	1.0006	0.9408	1.0636
广东	1.0433	0.9989	1.0444	山西	1.0082	0.9829	1.0257
海南	0.9649	0.9565	1.0088	中部平均	1.0035	0.9728	1.0318
河北	0.9898	0.9895	1.0004	重庆	1.0630	1.0079	1.0546
江苏	1.1287	1.0131	1.1141	甘肃	0.9826	0.9583	1.0254
辽宁	1.0069	0.9590	1.0500	广西	1.0326	0.9669	1.0679
山东	1.0261	0.9212	1.1139	贵州	1.0642	1.0230	1.0402
上海	1.0439	0.9983	1.0457	内蒙古	1.0411	0.9768	1.0658
天津	1.1256	1.0314	1.0913	宁夏	1.1178	1.1208	0.9973
浙江	1.0810	1.0051	1.0755	青海	1.0510	1.0356	1.0149
东部平均	1.0494	0.9919	1.0576	陕西	1.0649	0.9976	1.0674
安徽	0.9953	0.9720	1.0240	四川	1.0441	1.0063	1.0376
黑龙江	1.0060	1.0258	0.9807	新疆	1.0049	0.9884	1.0167
河南	0.9446	0.9284	1.0175	云南	1.0012	0.9748	1.0270
湖北	1.0458	1.0007	1.0450	西部平均	1.0425	1.0051	1.0377
湖南	1.0536	0.9821	1.0728				

3. 耕地多功能与农业绿色全要素生产率耦合协调度分析

（1）耕地多功能与农业绿色全要素生产率耦合协调度时空变化参考相关研究（盖美等，2021），将耦合协调度 D 划分为 6 类：$D \in [0.0, 0.2)$ 为严重失调，$D \in [0.2, 0.4)$ 为中度失调，$D \in [0.4, 0.5)$ 为濒临失调，$D \in [0.5, 0.6)$ 为勉强耦合协调，$D \in [0.6, 0.8)$ 为良好耦合协调类，$D \in [0.8, 1.0]$ 为优质耦合协调类。如表 6-8 所示，1995 年，30 个省份中有 2 个严重失调，7 个中度失调，6 个濒临失调，6 个勉强耦合协调，9 个良好耦合协调。2018 年，中度失调省份减少为 4 个，濒临失调省份增加为 11 个，良好耦合协调省份降低为 6 个，仅有河南 1 个省份进入优质耦合协调阶段。东部地区耦合协调程度总体上较好，但随时间发展有耦合协调度逐渐下降的趋势，主要集中于浙江、福建、广东等东南沿海省份，这些省份经济发展处于全国前列，但建设占用优质耕地情况严重，耕地多种功能受到制约，耕地多功能与农业绿色全要素生产率逐渐走向失调；中部地区，尤其是河南、湖北、湖南等传统农业大省，耦合协调程度良好，且随时间推进呈现上升，这与以上地区耕地资源优质、耕地多种功能显化较好，且农业绿色全要素生产率水平较高有关，已经形成耕地多功能与农业绿色全要素生产率的良好互动；西部地区耦合协调度虽然逐年上升，但薄弱的耕地资源条件和相对落后的经济发展，以及农业技术推广和政策倾斜的不足，使西部地区耕地多功能和农业绿色全要素生产率仍处于失调状态。总体上，耦合协调度呈现东高西低、南高北低的空间分异规律，且西北部逐渐上升、东南部逐渐下降的时间演化特征。至 2018 年，仍有 17 个省份处于耕地多功能与农业绿色全要素生产率失调的状态。

表 6-8 1995～2018 年耕地多功能与农业绿色全要素生产率耦合协调度

省区市	耦合协调度 D						耦合协调度类型
	1995 年	2000 年	2005 年	2010 年	2015 年	2018 年	
河南	0.6853	0.6779	0.7511	0.9557	0.7385	0.8009	优质耦合协调
山东	0.7467	0.7095	0.7355	0.8017	0.6956	0.7083	良好耦合协调
湖北	0.6688	0.6642	0.6831	0.6915	0.7216	0.6535	
黑龙江	0.5413	0.4591	0.5751	0.6382	0.5860	0.6451	
江苏	0.7098	0.5668	0.7059	0.6934	0.6757	0.6228	
河北	0.6024	0.2190	0.5989	0.6935	0.5759	0.6093	
安徽	0.6282	0.5709	0.5952	0.6907	0.6341	0.6062	

省区市	耦合协调度 D						耦合协调度类型
	1995 年	2000 年	2005 年	2010 年	2015 年	2018 年	
四川	0.7276	0.5826	0.5859	0.6307	0.6257	0.5946	勉强耦合协调
湖南	0.5983	0.5635	0.5661	0.7300	0.6004	0.5483	
广东	0.6433	0.5832	0.5761	0.5439	0.5494	0.5308	
广西	0.5210	0.5174	0.5369	0.5661	0.5436	0.5195	
云南	0.4225	0.4360	0.4605	0.4162	0.4440	0.5094	
浙江	0.6162	0.4315	0.5083	0.4778	0.4528	0.5086	
内蒙古	0.3654	0.3820	0.4180	0.4826	0.4442	0.4885	濒临失调
江西	0.5737	0.3986	0.4557	0.5050	0.5285	0.4853	
吉林	0.4401	0.3976	0.4636	0.4760	0.4638	0.4816	
重庆	0.5189	0.4342	0.4135	0.4365	0.4518	0.4713	
新疆	0.1778	0.3602	0.3919	0.4458	0.4294	0.4677	
贵州	0.4423	0.4334	0.4527	0.4626	0.4864	0.4556	
辽宁	0.4348	0.4205	0.4273	0.4944	0.4748	0.4476	
甘肃	0.3743	0.3625	0.3860	0.4457	0.4141	0.4260	
陕西	0.4785	0.4476	0.4447	0.4984	0.2012	0.4215	
海南	0.3044	0.3104	0.3262	0.3883	0.4169	0.4074	
福建	0.5216	0.5099	0.4532	0.4818	0.4372	0.4009	
山西	0.4035	0.3726	0.3963	0.4350	0.3924	0.3893	中度失调
上海	0.3919	0.3937	0.4341	0.3965	0.3737	0.3810	
宁夏	0.2334	0.1283	0.2833	0.3731	0.3709	0.3428	
天津	0.3750	0.3848	0.3312	0.4031	0.3656	0.3324	
北京	0.3814	0.3590	0.3384	0.3600	0.3023	0.1778	严重失调
青海	0.1809	0.1035	0.0782	0.1661	0.1337	0.0588	

比较标准化后的耕地多功能指数和农业绿色全要素生产率指数,分析二者的相对发展程度(表6-9)。①1995~2018 年,河南和山东长期处于农业绿色全要素生产率滞后的类型,耦合协调程度始终较好。河南和山东均为中国的农业大省,耕地多功能水平始终处于全国前列,但依然存在高投入、高排放的发展模式,需

要进一步发展现代农业技术，降低非期望产出。②1995～2018 年，黑龙江、江苏和安徽从耕地多功能滞后转变为农业绿色全要素生产率滞后。其中，江苏和安徽耦合协调度始终良好，黑龙江由勉强耦合协调提升为良好耦合协调，三个省份耕地多功能水平良好且波动上升，耕地多功能与农业绿色全要素生产率相互促进。③其余省份均属于耕地多功能滞后类型，除河北和湖北耦合协调程度良好外，其余地区均存在耕地多功能和农业绿色全要素生产率失调现象。但东部发达地区如北京、上海、天津、福建，因耕地多功能水平逐年下降而造成耦合协调程度随时间逐渐降低，而位于西部地区的宁夏、新疆、甘肃等及东部地区的海南则因耕地多功能基础过于薄弱，耕地多功能虽有上升，但仍与上升迅速的农业绿色全要素生产率存在失调。可以看出，耕地多功能与农业全要素生产率的失调多表现为耕地多功能发展的滞后。

表 6-9 耕地多功能与农业绿色全要素生产率相对发展程度

类型	1995 年	2018 年
优质耦合协调-农业绿色全要素生产率滞后		河南
良好耦合协调-农业绿色全要素生产率滞后	河南、山东	山东、黑龙江、江苏、安徽
良好耦合协调-耕地多功能滞后	四川、江苏、湖北、广东、安徽、浙江、河北	河北、湖北
勉强耦合协调-耕地多功能滞后	湖南、江西、黑龙江、福建、广西、重庆	四川、湖南、广东、广西、云南、浙江
濒临失调-耕地多功能滞后	陕西、贵州、吉林、辽宁、云南、山西	内蒙古、江西、吉林、重庆、新疆、贵州、辽宁、甘肃、陕西、海南、福建
中度失调-耕地多功能滞后	上海、北京、天津、甘肃、内蒙古、海南、宁夏	山西、上海、宁夏、天津
严重失调-耕地多功能滞后	青海、新疆	北京、青海

（2）空间自相关分析为进一步分析耕地多功能与农业绿色全要素生产率耦合协调度的空间集聚效应，采用 GeoDa 软件，选择 Queen 邻接矩阵，计算耕地多功能与农业绿色全要素生产率耦合协调度的全局莫兰指数值，并使用随机分布检验显著性。研究期内全局莫兰指数值均为正，P 值均小于 0.05，Z 值均大于 1.96，显著性检验通过（表 6-10）。耦合协调度在空间分布上存在显著正相关关系，存在高值区与高值区相邻、低值区与低值区相连的聚集效应，且全局莫兰指数值随时间逐渐减小，说明耦合协调度空间分布集聚性减弱，空间差异逐渐增大。

表6-10　耕地多功能与农业绿色全要素生产率耦合协调度的全局莫兰指数值

年份	莫兰指数	Z值	P值
1995	0.358***	3.088	0.004
2000	0.245**	2.278	0.019
2005	0.264**	2.419	0.015
2010	0.220**	2.246	0.022
2015	0.175**	2.135	0.024
2018	0.145**	2.058	0.041

***代表在1%的水平上显著；**代表在5%的水平上显著

对不同年份耕地多功能与农业绿色全要素生产率耦合协调度做局部空间自相关分析，结果如表6-11所示。H-H型区域自身耦合协调度与周围省份耦合协调度都较高，在1995年有山东、河南、江苏、安徽、湖北、江西6个省份，集中于东部地区和中部地区农业大省，空间上表现为组团分布，表明耦合协调度较高的省份通过先进的技术发展和管理经验的辐射作用，带动了周边区域的进步。但是，随时间的发展处于该类型的区域呈减少趋势，至2018年仅剩山东、河南和安徽。L-L型区域自身和周围省份耦合协调度均较低，1995年有新疆、甘肃，均为西部省份，该类型随时间发展波动减少，至2018年仅有新疆，低值聚集现象有所改善。H-L型区域自身耦合协调度高而周围耦合协调程度低，仅四川在2005年和2010年处于此类型，未来应充分发挥该类型省份的带动作用，辐射周围省份实现协调发展。L-H型区域自身耦合协调度低而周围耦合协调度高，2000年江西和重庆、2005年江西、2010年山西，以及2015年和2018年的四川处于此类型。2018年，全国80%以上省份在95%的置信区间下呈现不显著，即不存在显著的聚集/分异特征。至2018年，超过80%的省份在95%的置信区间下呈现不显著，明显的聚集或分异特征减弱。

表6-11　耦合协调度LISA类型

类型	1995年	2000年	2005年	2010年	2015年	2018年
H-H型	山东、河南、江苏、安徽、湖北、江西	安徽、湖北	山东、河南、安徽	山东、河南、安徽、湖北	山东、安徽、江西	山东、河南、安徽
L-L型	新疆、甘肃	新疆、甘肃、内蒙古	新疆、甘肃	新疆、甘肃	新疆、甘肃	新疆
H-L型			四川	四川		
L-H型		江西、重庆	江西	山西	四川	四川

6.2.4 讨论与结论

1. 讨论

耕地多功能和农业绿色全要素生产率处于相互包容和对立统一的关系中，二者相互促进、相互制约。实证研究结果表明，中国中部、东部一些传统农业大省，如山东、河南、湖北、河北等，耕地多功能与农业绿色全要素生产率耦合协调程度较高，但高投入高污染的传统规模化生产使非期望产出增加，农业绿色全要素生产率增长缓慢，造成的农业绿色全要素生产率滞后于耕地多功能的现象，同样需要关注。相比之下，其他省份仍存在勉强耦合乃至不同程度的失调情况，主要分布在西部地区和东部经济发达省份。西部和东部地区失调原因各有不同，东部地区经济快速发展，存在建设占用优质耕地现象，农业劳动力流失，耕地多功能水平随时间发展下降，滞后于快速增长的农业绿色全要素生产率。相反，西部地区则因经济发展不足、耕地资源禀赋较差，耕地多功能增长缓慢而始终滞后于农业绿色全要素生产率增长。耕地多功能滞后是造成其无法与农业绿色全要素生产率协调发展的重要原因，耦合协调度与耕地多功能水平的空间分布情况相似，也证实了这个观点。耦合协调度空间集聚性变弱的趋势，也提示今后需要加强区域间的联系，发挥高值区的辐射带动作用，缩小地区差异。

研究创新体现在三个方面：第一，从空间融合视角，选择了全排列多边形综合图示法评估省域尺度耕地多功能，弥补了空间分离视角耕地分项功能研究在整体性、层次性和结构性方面的缺陷；第二，考虑非期望产出的农业绿色全要素生产率较当前建立指标体系评估农业经济发展更加全面；第三，将30个省份分为东部、中部、西部探讨了耕地多功能与农业绿色全要素生产率耦合协调发展规律，有利于差异化地指导各区域耕地规划管理和农业经济发展。未来可从市级、县（市、区）、农场等单一尺度或多尺度作用进一步探讨耕地多功能与农业绿色全要素生产率的关系及其耦合机理。

2. 结论

基于耕地多功能与农业绿色全要素生产率相互作用机制分析，探究中国30个省份耕地多功能与农业绿色全要素生产率耦合协调度的时空演变，研究结论如下。①1995～2018年，中国耕地多功能呈现中部地区增长、东部地区下降、西部地区稳定的变化趋势，耕地多功能程度中部地区最高，东部地区次之，西部地区最低。农业绿色全要素生产率年均增速3.46%，年均增速东部地区（4.94%）高于西部地区（4.25%），中部地区（0.35%）最低。②1995～2018年，中国耕地多功能与农业绿色全要素生产率耦合协调度西北部上升、东南部下降，呈现东高西低、南高北低的空间分异规律，东部沿海发达省份耦合协调程度下降明显。耕地多功能滞后于农业绿色全要素生产率增长是失调的重要原因。③耕地多功能与农业绿色全要素生产率耦合协调度空间集聚性减弱，省域间耦合协调度空间差异逐渐增大，局部自相关显著的省份减少，耦合协调度明显的聚集或分异特征减弱。

根据研究结论及中国东部、中部、西部地区发展现状，提出以下政策建议。①东部地区应重点遏制优质耕地资源和劳动力流失，注重耕地多种功能协调发展。在严守耕地"非农化""非粮化"原则的基础上，利用其经济发展领先的优势推动农业转型升级，全面提升东部地区农业经济贡献的质量和可持续性，以调整当前耕地多功能落后于农业绿色全要素生产率的失调局面。②中部地区应在巩固现有农业优势的基础上，保持技术进步推动，注重技术效率提升。进一步优化配置农业资源，鼓励耕地流转，提升农业规模化经营水平，为农业环境友好技术提供更好的推广条件，减少耕地粗放利用和农业环境污染问题，以实现耕地固碳释氧功能和水源涵养功能与其他功能的协同发展，提升耕地可持续利用水平，以实现耕地多功能与农业绿色全要素生产率更高质量的协调发展。③西部地区应在制度改革方面发挥后发优势，加大农业农村现代化建设投资和农业科研投入，结合西部地区耕地资源禀赋现实状况，采取差异化措施提升耕地物质产出，并充分运用全域土地综合整治等耕地整治技术措施，改善耕作环境，提升耕地本体质量，以实现耕地多功能与农业绿色全要素生产率的协同增长。

第7章　需求侧：耕地多功能福利效应与价值评估

7.1　耕地多功能福利效应与价值评估：生活满意度法[*]

耕地具有自然和社会双重属性，既是不可替代的生产要素，又是稀缺的生态环境要素。一般而论，耕地可提供生产性服务功能（如粮食、蔬菜、纤维等）、调控性服务功能（如控制洪涝与疾病、调节气候等）、支持性服务功能（如营养循环等）、文化性服务功能（如景观、教育、户外休闲活动等）（蔡银莺和张安录，2007；Brouwer and van der Heide，2009）。耕地的生产性服务功能在市场中得到了体现，表现为耕地的市场价值；耕地的调控性、支持性、文化性等非生产服务功能一般具有公共物品或准公共物品的特征，即具有正外部性；同时，耕地产生的臭气、农药污染等具有负外部性（Peterson and Boisvert，2000）。耕地提供的这些非生产性服务功能不能完全在市场交易中得到体现，称为耕地的"非市场价值"。对耕地资源的这些价值进行货币化计量，将其纳入资源成本核算体系，对优化土地资源配置、缓解耕地流失，促进人口城镇化与耕地"非农化"的良性互动具有重要的实践意义。

许多文献对耕地资源价值评估进行了大量研究，在研究思路上主要侧重于将研究对象分为城市居民和农村居民，分别量化评估市场价值与非市场价值，然后加总获得耕地资源总价值（蔡银莺和张安录，2007；张雄和张安录，2009；谭永忠等，2012）。这种研究思路主要源于对耕地功能服务的考察，即耕地提供生产性和非生产性功能服务，但耕地的各功能服务之间具有一定的关联，简单加总可能存在问题。在研究方法上，通常采用揭示性偏好法和陈述性偏好法。揭示性偏好法主要通过考察市场上人们的选择行为来推测其偏好，最常用的方法为特征价格法。该方法假设住房或劳动力市场是均衡的，把住房价格或工资分解为包括耕地在内的各种特征属性的价格，通过计算耕地的边际价格来衡量人们对耕地变化的支付意愿。陈述性偏好法通过构造一个假想的耕地数量变动的结果，要求被调查者陈述他们对这种结果假想的支付意愿（或受偿意愿），据此得出耕地的价值，常用的方法为意愿调查法，但并没有哪一种方法明显优于其他方法（Ambrey and Fleming，2011）。特征价格法要求住房或劳动力市场的均衡，意愿调查法要求被

* 本节部分内容来源于胡伟艳等（2016）和 Hu 等（2018），内容有增改。

调查者对假想性质的调查问题具有比较深刻的认识，这些在现实或执行中很难达到（van Praag et al.，2007）。我们对李广东等（2011）、蔡银莺和张安录（2007）的研究发现，受访者对耕地价值的支付意愿比较接近，可能的解释是受访者并不能确切分辨耕地功能的异同、深刻认识耕地价值，其愿付价值可能只是一个概念性的数字，因此还有必要继续完善和扩展耕地资源价值评估方法。我们从农村居民的角度，应用生活满意度法分别从数量与功能视角对武汉市郊区的耕地资源价值进行了评估。

7.1.1　方法与模型

1. 研究方法

自我报告的生活满意度是人们对自己生活条件的一种理性判断和感性状态的认识，被认为是关于主观福利最理想的测量指标（Sumner，1996）。20 世纪 50 年代以来，以人均收入或人均 GDP 测量客观福利的方法遭到质疑，社会科学尤其是经济学和心理学领域越来越关注对自我报告的生活满意度进行主观福利研究。福利经济学认为，个人福利取决于一些待评估的公共产品服务、收入以及其他决定主观福利的个人特征变量和区域宏观水平变量，一般用间接效用函数表示（Brereton et al.，2008），即生活满意度法：

$$U_{i,j} = \beta_0 + \beta_1 \times x_{i,j} + \beta_2 \times \ln y_{i,j} + \beta_3 \times z_{i,j} + \beta_4 \times \rho_{i,j} + \varepsilon_{i,j} \qquad (7\text{-}1)$$

式中，$U_{i,j}$ 为 i 个人在 j 位置的生活满意度；$x_{i,j}$ 为公共产品（服务）数量或质量；$y_{i,j}$ 为个人收入；向量 $z_{i,j}$ 为个人特征变量，如年龄、性别、教育等；$\rho_{i,j}$ 为影响生活满意度的其他因素；$\varepsilon_{i,j}$ 为误差项。公共产品或服务的价值，即平均受偿意愿（AWTA）根据式（7-2）计算：

$$\text{AWTA} = -\frac{\mathrm{d}y}{\mathrm{d}x} = \frac{\partial U}{\partial x} \Big/ \frac{\partial U}{\partial y} = \bar{y} \times \frac{\hat{\beta_1}}{\hat{\beta_2}} \qquad (7\text{-}2)$$

式中，$\hat{\beta_1}$、$\hat{\beta_2}$ 分别为 β_1、β_2 的估计值；$\bar{y}$ 为个人年平均收入。生活满意度法将人们的生活满意度与公共产品的变化联系起来，直接考察公共产品对人们福利影响的货币化度量，该方法已经被国际学者广泛用于评估空气污染（Welsch，2002）、噪声污染（van Praag et al.，2005）、气候变化（Carroll et al.，2009；Fitzroy et al.，2012；Maddison and Rehdanz，2011）、景观宜人环境（Ambrey and Fleming，2011）和恐怖活动（Frey et al.，2004）等公共产品（public goods）和公共损害（public bads）的外部性货币化价值。

2. 计量模型

耕地作为一种不可替代的生产要素，主要为人类提供生产性产品服务如粮食、蔬菜、纤维等，人们通过市场交易获得收入来提高生活满意度，而收入是幸福的函数在经济学领域被广泛应用。在主流经济学中，收入增加会使生产可能性边界和预算线外移，个人效用最大化决策点将处于更高的无差异曲线上，意味着为个人带来了更高的效用，隐含着更大的幸福感。因此，主流经济学用"效用"（utility）直接取代"幸福"（happiness），收入和幸福的关系被"设定"为正向相关（田国强和杨立岩，2006；Pischke，2011）。有关研究表明，住房面积、自然环境满意度、个人健康状况、家庭其他成员状况、相对他人收入、社区邻里关系、闲暇时间等影响个人的生活满意度。首先，健康是个人幸福的重要组成部分，个人健康状况与生活满意度息息相关，身体状况差会降低生活的满意度（Frijters et al.，2004）。国外心理学研究表明，当人们回答对生活满意时，其家人和朋友同样也感到满意：家庭成员的健康、工作、生活等方面的状况常常影响到个人的生活满意度（Sandvik et al.，1993）。Fitzroy 等（2012）研究表明，在自己收入保持不变的情况下，他人收入的增加会导致自己的相对收入下降，这会降低个人的生活幸福程度。和谐的社区邻里关系是生活满意的重要保障，Elgar 等（2011）认为，被人信任或信任他人都是一种幸福。微观经济学指出，个人的效用直接由闲暇时间决定，闲暇时间与生活满意度呈显著的正相关关系（Fitzroy et al.，2012）。近年来，外部影响尤其是自然环境被认为是生活满意的主要驱动力，保持或改善现有生态系统服务水平会增加个体福利（Ambrey and Fleming，2011），同时，房屋面积大小对总体幸福感也具有显著正向影响（Brereton et al.，2008）。

根据试调查中受访者的反映，我们增设政策执行状况，主要表现为基层政府对农业相关政策如农业补贴、农民医疗保险和土地征收补偿等政策的执行满意状况。对政策的执行状况通常在基层政府的形象中得到体现，该因素会影响个人的生活满意度。Elgar 等（2011）认为，对警察、公正体系、政府的信任程度显著影响个人的生活满意度。

个人特征属性如性别、年龄和教育是影响生活满意度的关键因素。Blanchflower 和 Oswald（2004）的一项研究认为，男人要比女人更不幸福，而 Ambrey 和 Fleming（2011）得出了与此相反的结论。一般而论，年龄与个人生活满意为"U"形关系，30～40 岁的个人幸福度最低（Blanchflower and Oswald，2004）。教育对个人生活幸福的影响为负（Shields et al.，2009），他们认为教育不是直接对个人生活的满意度产生影响，而是通过创造和维护人力与社会资本间接影响个人生活满意状况。也有研究认为教育增加了个人生活的满意度（Ambrey and Fleming，2011）。

根据上述概念框架，本节分别从耕地数量、功能两个角度探讨耕地多功能的福利效应，构建变量标识的实证计量模型如下。

（1）数量视角耕地多功能福利效应模型构建

$$
\begin{aligned}
\mathrm{LS} = {}& \beta_0 + \beta_1 \times \mathrm{LAND} + \beta_2 \times \ln(\mathrm{INCOM}) + \beta_3 \times \mathrm{HEALT} \\
& + \beta_4 \times \mathrm{FAMIM} + \beta_5 \times \mathrm{RINCO} + \beta_6 \times \mathrm{NEIGH} + \beta_7 \times \mathrm{SUBGO} \qquad (7\text{-}3) \\
& + \beta_8 \times \mathrm{LEISU} + \beta_9 \times \mathrm{GEND} + \beta_{10} \times \mathrm{AGE} + \beta_{11} \times \mathrm{EDUCA} + \varepsilon
\end{aligned}
$$

式中，变量定义与预期方向如表 7-1 所示，数量视角耕地多功能福利效应以耕地面积（LAND）衡量；β_0 为截距项；$\beta_1 \sim \beta_{11}$ 为解释变量与控制变量的回归系数；ε 为误差项。

表 7-1　变量定义与预期方向

变量名称	变量定义	预期方向
LS	生活满意度分为非常满意、满意、一般、不满意、很不满意五个档次，按 5、4、3、2、1 赋值	+
LAND	耕地面积（单位为 hm^2）	+
MCLU	耕地多功能性分别用多功能综合指数、辛普森倒数指数测算	+
F_b	耕地各单项功能：分别测算耕地物质生产功能（PF）、生态服务功能（EF）、景观文化功能（CF）	+
INCOM	家庭收入、年均家庭收入（元）	+
HEALT	个人健康分为十分健康、比较健康、一般、比较差、很差五个档次，按 5、4、3、2、1 赋值	+
FAMIM	家庭成员状况分为非常理想、比较理想、一般、不太理想、很不理想五个档次，按 5、4、3、2、1 赋值	+
RINCO	相对他人收入分为非常满意、比较满意、一般、不太满意、很不满意五个档次，按 5、4、3、2、1 赋值	+
NEIGH	社区邻里关系分为非常满意、比较满意、一般、不太满意、很不满意五个档次，按 5、4、3、2、1 赋值	+
SUBGO	政策执行状况分为非常满意、比较满意、一般、不太满意、很不满意五个档次，按 5、4、3、2、1 赋值	+
LEISU	闲暇时间，每周休闲时间（单位为 h）	+
ENVIR	自然环境满意度分为非常满意、满意、一般、不满意和很不满意，按 5、4、3、2、1 赋值	+
HOUSE	家庭住房总面积（单位为 m^2）	+
GEND	性别：女性为 1，男性为 2	+/–
AGE	年龄 ≤16、（16, 25]、（26, 35]、（36, 45]、（46, 55]、≥56 分别用 1、2、3、4、5、6 表示	+/–
EDUCA	教育，文盲或半文盲、小学、初中、高中（中专）、大专及以上分别用 1、2、3、4、5 表示	+/–

注："+"，"+/–" 表示因变量与各自变量的预期相关关系分别为正或正负

（2）功能视角耕地多功能福利效应模型构建

$$
\begin{aligned}
\text{LS} = {} & \beta_0 + \beta_1 \times F_b + \beta_2 \times F_b^2 + \beta_3 \times \text{GEND} + \beta_4 \times \text{AGE} \\
& + \beta_5 \times \text{HEALT} + \beta_6 \times \text{EDUCA} + \beta_7 \times \text{SUBGO} + \beta_8 \times \ln(\text{INCOM}) \qquad (7\text{-}4) \\
& + \beta_9 \times \text{NEIGH} + \beta_{10} \times \text{HOUSE} + \beta_{11} \times \text{ENVIR} + \varepsilon
\end{aligned}
$$

式中，变量定义与预期方向如表 7-1 所示，功能视角耕地多功能福利效应先选取耕地单项功能值（F_b）进行测算，包括耕地物质生产功能（PF）、生态服务功能（EF）、景观文化功能（CF）。

$$
\begin{aligned}
\text{LS} = {} & \beta_0 + \beta_1 \times \text{MCLU} + \beta_2 \times \text{MCLU}^2 + \beta_3 \times \text{GEND} + \beta_4 \times \text{AGE} \\
& + \beta_5 \times \text{HEALT} + \beta_6 \times \text{EDUCA} + \beta_7 \times \text{SUBGO} + \beta_8 \times \ln(\text{INCOM}) \qquad (7\text{-}5) \\
& + \beta_9 \times \text{NEIGH} + \beta_{10} \times \text{HOUSE} + \beta_{11} \times \text{ENVIR} + \varepsilon
\end{aligned}
$$

式中，变量定义与预期方向如表 7-1 所示，功能视角耕地多功能福利效应在单项功能（F_b）测算的基础上，再进行耕地多功能指数（multifunctional comprehensive index,MCLU）测算，分别包括多功能综合指数（MULCI）与辛普森倒数指数两种表征方式，计算公式为

$$
\text{MULCI} = \sum_{b=1}^{N} F_b, (b = 1, 2, 3, \cdots, N) \qquad (7\text{-}6)
$$

式中，MULCI 为耕地多功能总分值；F_b 为耕地各单项功能分值，包括耕地物质生产功能（PF）、耕地生态服务功能（EF）、耕地景观文化功能（CF）；N 为耕地功能类别总数。

$$
\text{SRI} = \frac{1}{\sum (n_{ij} / N)^2} \qquad (7\text{-}7)
$$

式中，SRI 为辛普森倒数指数；n_{ij} 为 i 地区第 j 项耕地功能的分值；N 为耕地功能类别总数。

7.1.2　结果分析

1. 数量视角耕地多功能福利效应与价值评估

武汉市属鄂东南丘陵地区，经江汉平原东缘，向大别山南麓低山丘陵的过渡地区，境内中间低平，南北垄岗、丘陵环抱，北部低山耸立，形成以耕地、水域和林地为主的农地利用格局。根据土地变更调查统计，截至 2008 年 10 月 31 日，武汉市的农地面积为 553 211.51hm²。其中，耕地面积 336 150.15hm²、园地面积 13 165.60hm²、林地面积 87 799.14hm²、牧草地面积 256.47hm²、其他农用地面积 115 840.15hm²，占农地总面积的比例分别为 60.76%、2.38%、15.87%、0.05%、20.94%。

随着武汉市人口的增长和经济发展步伐的加快，耕地资源将日趋紧张。2009 年武汉市人均耕地面积仅为 $0.023hm^2$，低于联合国粮食及农业组织确定的人均耕地占有量 $0.053hm^2$ 的警戒线，人地矛盾突出。武汉市作为我国的大都市之一、中部地区的经济中心，在全国同类城市中具有典型性与代表性，因此对武汉市耕地资源价值的研究将为协调城乡经济发展和耕地保护之间的现实矛盾，探寻两者的均衡提供十分重要的理论和决策依据。

2011 年 10 月下旬，研究采用面对面抽样问卷调查方法对武汉市郊区农户进行了正式调查，获得调查问卷 370 份，其中有效问卷 346 份。样本的空间分布较均匀，样本数量符合统计计量要求，各变量的描述性统计见表 7-2。

表 7-2　样本描述性统计

项目	平均值	标准差	方差	最小值	最大值	观测数
LS	3.318	0.965	0.931	1	5	346
LAND	0.353	0.277	0.076	0	1.667	346
ln(INCOM)	9.840	0.811	0.658	8	11	346
HEALT	3.540	0.993	0.985	1	5	346
FAMIM	3.361	0.998	0.997	1	5	346
RINCO	2.925	0.820	0.673	1	5	346
NEIGH	3.110	0.960	0.921	1	5	346
SUBGO	2.835	1.074	1.152	1	5	346
LEISU	14.572	9.721	94.506	0	50	346
HOUSE	171.994	73.090	5342.121	50	600	346
GEND	1.517	0.500	0.250	1	2	346
AGE	4.679	1.217	1.482	2	6	346
EDUCA	2.610	0.984	0.969	1	5	346

调查样本中，男女比例接近，男性占 51.73%，女性占 48.27%；年龄结构上，由于冬季农闲期青壮年劳动力大部分外出打工，调查样本中 45 岁以上者达 229 人，占样本总数的 66.18%；教育水平上，调查样本受教育程度相对较低，小学和初中文化水平占 71.09%。我们使用的耕地面积为水田和旱地面积，采用开放式提问，调查样本中 $0.33hm^2$ 及以下的农户占 58.09%，大于 $0.33hm^2$ 且小于 $0.67hm^2$ 的农户占 33.53%。农户家庭收入包括农业收入和非农业收入，调查样本的年平均收入为 24 976.88 元，约 60% 的农户非农业收入占家庭总收入的 2/3 以上。生活满

意度采用"您对现在的生活满意吗？"提问，为了避免调查中可能产生的战略反应行为，我们将该问题设计在问卷的最前面，按照"非常满意、比较满意、一般、不太满意、很不满意"做出回答，依次用5、4、3、2、1赋分处理，79.19%的样本报告生活满意度评分为3分以上（标准差为0.965）。

在有关生活满意度变量为定序变量（ordered variables）的文献中，Luechinger和Raschky（2009）采用了OLS估计，Frey等（2004）采用了OLS的固定效应模型；Ambrey和Fleming（2011）进行了OLS回归估计和有序Probit回归估计（ordered Probit regression estimation），普遍认为估计方法对研究结果的影响差异不大。我们采用有序Probit估计和OLS估计，并运行Stata分析软件，获得的计量结果见表7-3。从模型的显著性和回归系数的显著性来看，两种估计方法获得的研究结果具有一致的有效性。表7-3中的VIF为方差膨胀因子，是诊断多重共线性的统计变量，统计结果表明变量之间不存在多重共线性。从相关系数矩阵（表7-4）可见，所有变量之间的相关系数小于0.5，大部分变量之间的相关系数小于0.3，可认为变量之间不存在多重共线性（Cohen，1988），符合变量的独立性假设。限于篇幅，我们只论述了有序Probit估计即模型II的计量结果。

表 7-3　计量结果

项目	模型 I（OLS）				模型 II（有序 Probit）				
	系数	标准误差	t	P	VIF	系数	标准误差	Z	P
LAND	0.347	0.162	2.14	0.033**	1.07	0.500	0.220	2.27	0.023**
ln(INCOM)	0.205	0.059	3.46	0.001***	1.23	0.287	0.081	3.56	0.000***
HEALT	0.093	0.050	1.86	0.064*	1.32	0.134	0.068	1.98	0.047**
FAMIM	0.165	0.052	3.20	0.001***	1.42	0.220	0.070	3.16	0.002***
RINCO	0.200	0.060	3.33	0.001***	1.30	0.277	0.082	3.37	0.001***
NEIGH	0.071	0.048	1.47	0.143	1.15	0.089	0.065	1.37	0.172
SUBGO	0.213	0.042	5.13	0.000***	1.07	0.297	0.058	5.15	0.000***
LEISU	0.006	0.047	1.31	0.191	1.12	0.009	0.006	1.39	0.165
GEND	0.089	0.094	0.98	0.328	1.11	0.132	0.123	1.07	0.285
AGE	0.080	0.042	1.90	0.058*	1.39	0.110	0.057	1.94	0.052*
EDUCA	−0.110	0.053	−2.08	0.039**	1.45	−0.155	0.072	−2.00	0.032**
截距项（Intercept）	−1.334	0.591	−2.26	0.025**					

$F = 14.93$，$R^2 = 0.330$　　log likelihood $= -402.21$，LR $\chi^2 = 140.41$，Prob$> \chi^2 = 0.0000$，$R^2 = 0.150$

注：被解释变量：生活满意度 LS；样本数量 $n = 346$

*、**、***分别为10%、5%、1%的显著性水平

表 7-4　相关系数矩阵

项目	LAND	ln(INCOM)	HEALT	FAMIM	RINCO	NEIGH	SUBGO	LEISU	GEND	AGE	EDUCA
LAND	1.000										
ln(INCOM)	0.017	1.000									
HEALT	0.049	0.238	1.000								
FAMIM	0.096	0.219	0.376	1.000							
RINCO	0.141	0.281	0.264	0.387	1.000						
NEIGH	0.075	0.175	0.196	0.264	0.088	1.000					
SUBGO	0.066	0.030	0.051	0.188	0.157	0.161	1.000				
LEISU	−0.189	0.102	−0.135	0.036	−0.012	−0.028	0.009	1.000			
GEND	0.071	0.128	0.118	0.025	0.130	0.014	0.008	−0.133	1.000		
AGE	−0.029	−0.078	−0.178	0.029	−0.068	−0.019	0.015	0.040	0.126	1.000	
EDUCA	0.108	0.248	0.184	0.064	0.122	0.162	−0.006	−0.123	0.111	−0.468	1.000

　　从影响生活满意度的因素角度看，模型的有效性由个人健康状况、家庭其他成员状况、相对他人收入、社区邻里关系、闲暇时间、年龄、性别、教育、家庭收入的估计值所证实，它与国内和国际的研究结果基本一致。表 7-3 说明个人健康状况、家庭其他成员状况、相对他人收入、社区邻里关系、政策执行状况、闲暇时间均与生活满意度呈正相关。男性报告的生活满意度高于女性，但统计上并不显著；年龄与生活满意度呈显著正相关，生活满意度随着年龄的增长而增加；教育导致生活满意度降低。根据试调查增加政策执行状况因素，结果显示政策执行状况显著影响个人的生活满意度，政策执行状况按五等计量，每增加一个等级，生活满意度相应增加。收入与生活满意度呈正相关，收入每增加 1%，生活满意度按五等计量增加 0.287，较小的值在有关幸福方面的实证研究较常见（Ambrey and Fleming，2011；Welsch，2002；Frey et al.，2004）。耕地与生活满意度呈显著正相关，根据模型 II 的结果，农地每增加 0.07hm^2，生活满意度按五等计量将增加 0.500，反之每减少耕地 0.07hm^2，按照五等计量生活满意度减少 0.500。

　　根据式（7-2）和表 7-3 模型 II 的计量结果，测算耕地的平均受偿意愿等于 $\bar{y} \times \dfrac{0.500}{0.285}$，调查样本家庭的年平均收入为 24 976.88 元，则武汉市郊区农户对耕地每年的平均受偿意愿分别为 4.38×10^4 元/hm^2。2009 年研究区总户数为 66.25×10^4 户，耕地（水田和旱地）面积为 336 150.15hm^2。根据单位面积耕地的年平均受偿意愿＝每户平均受偿意愿（总户数）/耕地（水田和旱地）面积（蔡银莺和张安录，2007；张雄和张安录，2009），计算获得单位面积耕地的年平均受偿意愿为 $8.58×10^4$ 元/hm²。用无限年期的收益还原法测算耕地资源价值：$V = A/i$。式中，V 为耕地资源价值；A 为单位面积耕地的年平均受偿意愿；i 为还原利率。用安全利率加上风险调整值方法求取还原利率，安全利率取一年期银行存款利率。2011 年我国商业银行一年期定期存款利率为 3.5%，风险调整值取物价指数增长率，2003~2009 年武汉市物价指数增长率为 2.70%，因此用 6.2%的还原利率测算武汉市郊区耕地（水田和旱地）资源总价值为 $138.32×10^4$ 元/hm²。

2. 功能视角耕地多功能福利效应与价值评估

在武汉市郊区研究的基础上，选择武汉市新洲区开展后续调研。新洲区为武汉市东北方向远城区，土地面积 1463.43km²，其中陆地面积占 82%，水域面积占 18%，常用耕地面积 4.88 万 hm²。2016 年新洲区常住人口 89.48 万人，常住人口城镇化率 51.21%，城镇居民人均可支配收入 27 037 元，乡镇居民人均可支配年收入 17 046 元，常住人口城镇化率与人均可支配收入均处于稳步增长状态。

2015 年 11 月至 2016 年 11 月，采用面对面抽样问卷方法，共调查新洲区 64 个村，发放问卷 820 份，得到有效问卷 805 份。调研内容主要涉及农户的年龄、性别、个人健康、受教育程度、家庭收入、政策执行情况、社区邻里状况等。统计结果显示，73.42%的样本报告生活满意度评分为 3 分以上，平均值 3.23，标准差 1.079。调研样本中男女比例较为接近，男性占 56.48%，女性占 43.52%，男性比例略高于女性，与武汉市郊区男女比例相近。在年龄层次上，被调查农村地区大量青壮年劳动力外流，留在当地务农的人口以中老年人为主，受访者年龄集中在 46 岁以上，占 77.5%。文化程度方面，受教育程度相对武汉郊区平均状况较低，小学及以下文化水平占 31.05%，初中水平占 42.16%，高中文化水平占 18.09%，被调查者具有大专及以上文化水平占 8.70%。运用 SPSS 22.0 软件，对问卷数据进行缺失值处理与信度分析，结果表明，调查问卷的信度检验结果为 80.0%，效度检验结果为 83.9%，总体信度达到标准要求。

针对生活满意度这一定序变量，采用有序 Logit 模型较为合适。van Praag 和 Ferrer-i-Carbonell（2007）研究发现，在幸福感的研究中，OLS 估计与相关研究较多使用的有序 Probit 模型或有序 Logit 模型的结果都非常接近（Ferrer-i-Carbonell and Frijters，2004；van Praag and Ferrer-i-Carbonell，2007）。故本文采用有序 Logit 模型、有序 Probit 模型与 OLS 估计，利用 Stata17 软件进行模型检验。VIF 检验结果表明变量之间不存在多重共线性；相关系数矩阵中所有变量之间的相关系数均小于 0.4，可认为变量间不存在多重共线性，符合独立性假设。

　　表 7-5 为采用有序 Logit 模型估计的结果，模型的伪 R^2 与其他同类型文献相当（Ambrey and Fleming，2014；杨继东和章逸然，2014；van Praag and Baarsma，2005；Zhang et al.，2018），回归结果能够较好地分析耕地多功能对居民福利的影响。模型 1 引入主要解释变量为耕地辛普森倒数指数及其平方项，检验结果中一次项系数显著为负，二次项系数显著为正，分别通过显著性水平为 1%、5%的检验。据二次函数可知，得出一条开口向上的抛物线，说明辛普森倒数指数表征的耕地多功能水平对居民福利表现出先抑制后促进的"U"形影响。模型 2 在模型 1 的基础上引入个体特征及其他全部解释变量，耕地多功能水平与居民福利的"U"形关系依然保持不变，且二次项系数转为 1%水平下显著。模型 3 引入主要解释变量为多功能综合指数，检验结果与辛普森倒数指数相反，呈显著正相关，通过 1%的显著性水平检验，模型 4 在模型 3 的基础上同样引入其他全部解释变量，1%水平下的显著正相关依旧不变。

表 7-5　耕地多功能有序 Logit 模型估计

变量	辛普森倒数指数		多功能综合指数	
	模型 1	模型 2	模型 3	模型 4
MCLU	−202.9655*** （75.2122）	−224.2937*** （77.0659）	20.6642*** （7.0957）	21.5163*** （7.3687）
MCLU^2	2994.169** （1232.901）	3242.738*** （1263.161）		
GEND		−0.3380** （0.1497）		−0.2979* （0.1495）
AGE		0.0280*** （0.0066）		0.0287*** （0.0066）
HEALT		0.2854*** （0.0818）		0.2817*** （0.0820）
EDUCA		0.0504** （0.0201）		0.0511** （0.0201）
SUBGO		0.3998*** （0.0656）		0.3918*** （0.0654）
ln(INCOM)		0.1515** （0.0756）		0.1545** （0.0755）
NEIGH		0.4389*** （0.0923）		0.4371*** （0.0921）
HOUSE		0.0015 （0.0010）		0.0017*** （0.0010）
ENVIR		0.2992*** （0.1025）		0.2856** （0.1025）

续表

变量	辛普森倒数指数		多功能综合指数	
	模型 1	模型 2	模型 3	模型 4
伪 R^2	0.0050	0.0794	0.0040	0.0768
log likelihood	−1044.7786	−966.6730	−1045.8425	−969.3467
样本量（sample size）	805	805	805	805

注：被解释变量：LS（生活满意度）；主要解释变量：MCLU（由辛普森倒数指数、多功能综合指数测算）

、*分别为 5%、1%的显著性水平；括号内为标准误

　　在农村居民个体特征方面，模型 2 与模型 4 呈现出相同的相关关系结果：女性的生活满意度显著高于男性；年龄与生活满意度呈正相关；身体状况与生活满意度呈显著正相关；农村居民受教育程度的提高也能显著提升生活满意度；在农村居民社会认知方面，政府的政策执行效果的提升能显著提高农户生活满意度；邻里关系能够处理得更好的农户生活满意度也相应更高；家庭收入与生活满意度显著正相关；住房面积反映了一个家庭的财富水平，房屋面积的增大使得生活满意度显著提高；居民对于村庄环境的满意度也与生活满意度呈显著正相关。

　　为验证估计结果是否对估计方法敏感，采用有序 Probit 与 OLS 进行估计（表 7-6），耕地多功能水平对于居民福利的相关关系结果依然稳定。

表 7-6　耕地多功能估计结果的敏感性分析

项目	辛普森倒数指数		多功能综合指数	
模型	有序 Probit	OLS	有序 Probit	OLS
MCLU	−133.489 1*** （43.174 2）	−99.893 3*** （33.505 1）	14.210 7*** （4.308 1）	10.777 8*** （3.395 1）
$MCLU^2$	1 887.685*** （705.118 0）	1 401.602** （547.843 8）		
控制变量	控制	控制	控制	控制
伪 R^2	0.069 4		0.066 3	
log likelihood	−977.139 41		−980.421 93	
F		15.44		16.17
R^2		0.173 7		0.166 6
样本量	805	805	805	805

注：括号内为标准误

、*分别为 5%、1%的显著性水平

　　表 7-7 为揭示耕地多功能如何促进农户满意度，采用有序 Logit 模型引入主要

解释变量耕地的物质生产功能（PF）、生态服务功能（EF）、景观文化功能（CF），进一步探究耕地多功能各单项功能对居民福利的影响。模型 5、模型 6 与模型 7 分别引入主要解释变量为物质生产功能（PF）及其平方项、生态服务功能（EF）、景观文化功能（CF）及其平方项。由估计结果可知，耕地物质生产功能与农户生活满意度为负相关，且呈"U"形关系，在 10%水平下显著；耕地生态服务功能与农户生活满意度呈正相关，在 5%水平下显著；耕地景观文化功能与农户满意度呈正相关，且为倒"U"形关系，在 1%水平下显著。从农村居民个体特征等控制变量来看，与耕地多功能的有序 Logit 模型估计结果表现一致。

表 7-7　单项耕地功能的有序 Logit 模型估计

变量	模型 5	模型 6	模型 7
PF	−171.208[*] （100.235 1）		
PF^2	5 147.003[*] （2 477.303）		
EF		44.082 8[**] （18.493 8）	
CF			1 806 379[***] （526 008.5）
CF^2			−4.76e + 09[***] （1.38e + 09）
GEND	−0.327 2[**] （0.149 7）	−0.304 1[**] （0.149 1）	−0.300 1[**] （0.149 2）
AGE	0.028 8[***] （0.006 6）	0.027 0[***] （0.006 6）	0.026 8[***] （0.006 6）
HEALT	0.286 4[***] （0.081 8）	0.280 5[***] （0.081 7）	0.274 8[***] （0.081 8）
EDUCA	0.053 3[***] （0.020 1）	0.050 8[**] （0.020 0）	0.051 2[**] （0.020 1）
SUBGO	0.392 7[***] （0.065 5）	0.413 1[***] （0.065 9）	0.408 4[***] （0.065 7）
ln(INCOM)	0.159 4[**] （0.075 7）	0.152 0[**] （0.075 5）	0.152 4[**] （0.075 6）
NEIGH	0.426 6[***] （0.092 3）	0.439 4[***] （0.092 2）	0.437 0[***] （0.092 5）
HOUSE	0.001 5 （0.001 0）	0.001 6[*] （0.001 0）	0.001 6[*] （0.001 0）
ENVIR	0.286 1[**] （0.102 8）	0.314 0[***] （0.102 5）	0.304 5[***] （0.103 4）

续表

变量	模型 5	模型 6	模型 7
伪 R^2	0.077 3	0.075 5	0.078 7
log likelihood	−968.852 9	−970.779 0	−967.357 5
样本量	805	805	805

注：被解释变量：LS（生活满意度）；主要解释变量：物质生产功能（PF）、生态服务功能（EF）、景观文化功能（CF）；括号内为标准误

*、**、***分别为10%、5%、1%的显著性水平

为验证估计结果是否对估计方法敏感，采用有序 Probit 与 OLS 进行估计（表 7-8），单项耕地功能水平对于居民福利的相关关系结果依然稳定。

表 7-8　单项耕地功能的估计结果的敏感性分析

项目	模型 5		模型 6		模型 7	
方法	有序 Probit	OLS	有序 Probit	OLS	有序 Probit	OLS
PF	−79.496 1 （51.804 09）	−52.287 0 （40.322 69）				
PF²	2 618.39** （1 296.172）	1 810.119* （1 009.094）				
EF			27.861 1*** （10.668 8）	20.680 1*** （8.343 7）		
CF					1 171 624*** （300 898）	962 126*** （237 816）
CF²					−3.08e + 09*** （7.89e + 08）	−2.52e + 09*** （6.23e + 08）
控制变量	控制	控制	控制	控制	控制	控制
伪 R^2	0.066 9		0.064 4		0.068 4	
log likelihood	−977.139 4		−982.453 6		−978.176 3	
F		14.86		15.70		15.36
R^2		0.168 3		0.162 5		0.173 0
样本量	805	805	805	805	805	805

*、**、***分别为10%、5%、1%的显著性水平，括号内为标准误

据耕地多功能（辛普森倒数指数、多功能综合指数）与单项耕地功能（PF、EF、CF）的有序 Logit 模型估计结果分析，研究结果如下。

耕地多功能的居民福利效应表明，当其他因素保持不变时，辛普森倒数指数

表征的耕地多功能水平对居民福利存在"U"形影响，即耕地多功能水平较低时，居民福利随耕地多功能水平的提高而降低，当耕地多功能水平达到一定程度后，居民福利则随耕地多功能水平提高而提高。主要由于辛普森倒数指数表征的耕地多功能水平更强调耕地功能的均衡性，最初耕地多功能水平提高主要源于某一单项强势功能的贡献，因耕地多功能水平提高伴随着单项功能水平的差距增大，导致农户满意度呈现下降趋势，当耕地多功能水平发展到单项功能均衡增长时，农户满意度则随耕地多功能水平增加而增加。此外，多功能综合指数表征的耕地多功能水平对居民福利存在正向促进作用，即耕地多功能水平越高，农户满意度则越高，由此可知耕地多功能具有明显的福利效应。

单项耕地功能的居民福利效应表明，耕地物质生产功能对农户满意度存在"U"形关系，即耕地物质生产功能水平较低时，居民福利随耕地物质生产功能水平的提高而降低，当耕地物质生产功能水平达到一定程度后，居民福利则随耕地物质生产功能水平提高而提高。主要由于耕地物质生产功能水平较低时，生产功能在耕地功能中处于劣势地位，提升耕地生产功能则伴随其他功能的损失，带来的经济收益并不显著，导致农户满意度下降，但当耕地生产功能达到一定水平后可发挥规模效应，进一步利于农户满意度提升。耕地生态服务功能与农户满意度呈正相关，即表明耕地生态服务功能越好，农户满意度越高，符合农户对耕地保护的需要，良好的耕地生态服务功能更能确保农产品的安全，从而影响农户的生活满意度。耕地景观文化功能与农户满意度呈正相关，存在倒"U"形关系，即耕地景观文化功能水平较低时，居民福利随耕地景观文化功能的提高而提高，当达到一定水平后，居民福利随景观文化功能水平提高而下降，主要由于耕地的景观文化功能多以休闲旅游的方式发挥作用，其经济价值相较生产与生态功能更为突出，但当其发展到一定程度后，受到商业化影响易导致乡土景观破坏丧失，农村居民满意度由此出现下降。

7.1.3　结论与讨论

生活满意度法作为一种资源价值评估的揭示性偏好方法，相对于目前国内国际常用的意愿调查法和特征价格法，具有比较明显的优势。意愿调查法利用假想市场，要求被调查者对研究对象的耕地价值有非常深刻的认识，且在调查中可能产生战略性反应行为；特征价格法依赖于市场的均衡假设。这两种方法只能捕获个人意识到的资源环境条件变化所带来的影响，没有考虑对无法感知的资源环境条件变化的影响。生活满意度法避免了上述这些问题，不要求被调查者对耕地与生活满意之间的关系有非常明确的认知，只要求被调查者对自己整体的生活满意度做出回答，可为意愿调查法和特征价格法的研究应用提供可供比较的案例，有助于丰富和扩展当前耕地资源价值评估的方法。主要研究结论如下。

（1）数量视角耕地多功能福利效应与价值评估：将生活满意度法用于耕地资源价值评估，在其他变量不变的情况下揭示农户的受偿意愿，即以耕地数量和收入变量之间的边际替代率测算耕地资源价值。对武汉市郊区 346 份有效样本的研究结果显示，耕地面积对农户的生活满意度具有显著的正向作用，每增加耕地 $0.07\mathrm{hm}^2$，按照五等计量生活满意度将增加 0.500；每减少耕地 $0.07\mathrm{hm}^2$，按照五等计量生活满意度减少 0.500；农户对耕地每年的平均受偿意愿为 4.35×10^4 元/hm^2，按 6.2% 的还原利率测算耕地资源总价值为 138.32×10^4 元/hm^2。该评估结果高于国内学者张雄和张安录（2009）采用加总方法测算的耕地资源价值，即使考虑耕地市场价值，也高于蔡银莺和张安录（2007）应用意愿调查法的研究结果。

（2）功能视角耕地多功能福利效应与价值评估：采用辛普森倒数指数与多功能综合指数表征耕地多功能水平探究耕地多功能的福利效应，并进一步揭示耕地各单项功能对居民福利的具体影响。对武汉市新洲区 805 份有效样本的研究结果显示，耕地多功能对农户的生活满意度具有显著的正向作用，其中辛普森倒数指数与居民福利存在"U"形关系；单项功能的福利效应分析中，耕地物质生产功能对农户满意度存在"U"形关系，生态服务功能对农户满意度呈正相关，景观文化功能与农户满意度存在倒"U"形关系。

生活满意度法的评估结果取决于生活满意度函数的有效性。研究结合数据的可调查性与相关研究文献来设定函数，考虑了耕地面积、耕地多功能水平、单项耕地功能水平、个人收入、个人健康状况、家庭其他成员状况、相对他人收入、社区邻里关系、闲暇时间、住房面积、自然环境满意度，性别、年龄和教育等。所有变量的计量均符合理论预期，耕地面积和耕地多功能水平对生活满意度的影响显著，但模型的总体解释能力较弱，可能是由于一些重要因素如婚姻状况、空间因素等未考虑所致。此外，一方面主观福利具有人际可比性，生活满意度法更关注群体，需要大量样本，以抵消个人差异性的影响；另一方面为了满足计量对样本数据量的要求，因此生活满意度法更适合于地区或区域尺度而非地块尺度的耕地多功能价值评估。

7.2　耕地多功能福利效应与价值评估：特征价格法[*]

随着多功能理论研究与实践的发展，耕地作为重要的生态用地引起了人们的关注（王静等，2017；胡伟艳等，2017）。生态用地是维持生态系统的重要土地空

---

[*] 本节部分内容来源于 Liu 等（2020），内容有增改。

间（Xie et al.，2017），一般来说，生态用地分为三类：湿地、林地和草地，不包括耕地（Ferretti and Pomarico，2013；Xie et al.，2017），然而，耕地作为生态系统的重要生境，其生态功能的重要性日益显现（姜广辉等，2011）。生态用地作为建设美丽中国的重要载体，探索其空间溢出效应有助于完善城市发展规划和制定差别化的生态补偿政策（Liebelt et al.，2018；吴平，2017）。生态用地提供了许多生态系统服务，如改善空气质量、减轻压力和提供绿色空间（Ekkel and de Vries，2017），从而提高城市居民的生活水平和福祉（Liebelt et al.，2018）。由于生态用地提供的生态系统服务无法在公开市场上直接交易，并不具有明确的市场价值（Jiao and Liu，2010；Liebelt et al.，2018）。因此，在缺乏明确市场的情况下，测度生态用地的空间溢出效应是极具挑战性的（Jiao and Liu，2010）。

学者提出了许多测度分析生态用地的空间溢出效应的方法（Liebelt et al.，2018），最常用的是条件价值评估模型（conditional value evaluation model，CVM）和特征价格模型（Brander and Koetse，2011；Czembrowski and Kronenberg，2016；Liebelt et al.，2018）。特征价格模型的基本假设是，房屋购买者不仅需要支付住房本身的价格还要对住房周围的生态用地所提供的服务价值进行支付，因此生态用地的空间溢出效应是根据它们对房价增值的部分来考量的（Jiao and Liu，2010）。与 CVM 相比，特征价格模型可以有效避免样本数量非常大时的主观性和执行成本高等限制（Yamagata et al.，2016）。近年来随着空间统计学和空间信息系统的快速发展，人们逐渐认识到住房价格由于拥有相似的位置和环境而存在空间关联特征（Yamagata et al.，2016），空间分析逐渐被纳入特征价格研究中，形成了空间特征价格模型（Jiao and Liu，2010）。空间多层特征价格模型是多层空间数据中最常用的方法之一，其通过融合多层线性模型和空间特征模型，能同时兼顾数据的嵌套结构以及空间关联特征，得到了学术界的广泛认可（Yamagata et al.，2016）。

综上，本节将采用空间多层特征价格模型对比分析各类生态用地空间溢出效应来弥补已有研究存在的不足，将耕地作为生态用地的一种类型纳入其中，以耕地、林地、草地和湿地四种不同类型生态用地为研究对象，考虑可能存在的非线性关系、空间相关性和嵌套结构，探讨其空间溢出的形式和效应。

7.2.1　分析框架

耕地作为一种生态用地，具有提供食物、调节气候、降低噪声、美化环境、增加休闲娱乐场所等多种功能，这些功能通过影响居民幸福感来影响住房价格（Larondelle and Lauf，2016）。具体而言，首先，生态用地的多功能服务的可获得性（包括可达性和可见性）对居民福祉具有重要意义（Bertram and Rehdanz，2015；

de Bell et al.，2017；Liebelt et al.，2018；Ala-Hulkko et al.，2019）。其次，因为购房是人一生中最重要的交易之一，在购买住房时，人们会考虑很多住房福祉，如舒适的居住环境，且由于住房的长期稳定性而不会轻易妥协（Czembrowski and Kronenberg，2016），所以住房价格就像居民福祉的风向标，这些价格将随着居住福祉的变化而变化（Yamagata et al.，2016）。基于以上分析，生态用地对房价的影响如图7-1所示。

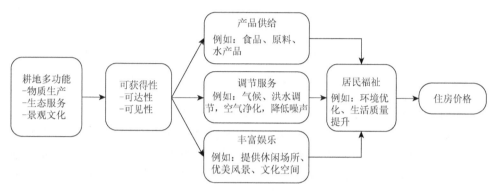

图7-1　生态用地（耕地、林地、草地、湿地）对住房价格的空间溢出效应

总体而言，生态用地对房价具有正向的空间溢出效应（de Bell et al.，2017；Markevych et al.，2017；Larondelle and Lauf，2016；Ciftcioglu et al.，2019）。但是生态用地也可能对房价产生负面影响（Bertram and Rehdanz，2015）。例如，一些常见的乔木和灌木产生的挥发性有机化合物，如异戊二烯、单萜、乙烷、乙酸、甲酸等，会间接导致城市雾霾和臭氧问题（Chaparro and Terradas，2009）；D'amato（2000）发现，风媒传粉植物会造成过敏反应，进而对人类健康造成负面的空间溢出效应。同样，Ives 等（2017）发现，危险动物的存在或不安全的夜间环境可能也会造成生态用地的负向空间溢出效应。

"正向空间溢出效应"与"负向空间溢出效应"的权衡可能导致生态用地对住房价格的非线性空间溢出效应。通常用到最近的生态用地的距离来衡量生态用地可达性（Ekkel and de Vries，2017），经济地理学的经典研究已经证明了住房价格如何随着可达性的变化而变化，该理论已经转变为基于购房者理性行为的经验现实（Li and Brown，1980）。Li 和 Brown（1980）的研究提出，与可达性相关的正面和负面影响都会随着与非居住活动的距离而下降，而负面影响的下降速度将远远快于正面影响。同样，假设生态用地对房价的正负空间溢出效应具有相似的演变模式，其净空间溢出效应等于两条曲线的垂直和，如图7-2（a）所示。生态用地的净空间溢出效应并不是线性的，而是呈现出先增后降的非线性趋势。

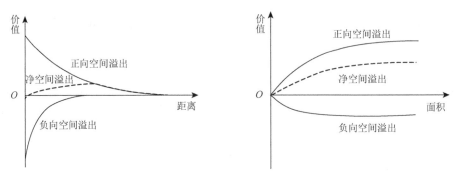

(a) 可达性对住房价格的空间外溢效应　　　　　　　(b) 可见性对住房价格的空间外溢效应

图 7-2　生态用地（耕地、林地、草地、湿地）对住房价格的空间外溢效应

关于生态用地的可见性，通常通过最近生态用地的大小来衡量（Bertram and Rehdanz，2015；Liebelt et al.，2018）。边际规模收益递减定律表明，住房价格是如何随能见度而变化的。Li 和 Brown（1980）进行的微观外部性分析表明，负面影响可能小于正面影响。因此，假设生态用地的正向空间溢出效应和负向空间溢出效应均随面积的增加而增加，且正向空间溢出效应的曲线更陡峭（Liebelt et al.，2018；Ives et al.，2017），进一步地利用可见性确定生态用地对住房价格的净空间溢出效应 [图 7-2（b）]。从可见性的角度来看，生态用地对住房价格的净空间溢出效应可能是非线性的。因此，研究假设生态用地对住房价格的空间溢出效应可能是非线性的。

7.2.2　数据与变量

1. 研究区域

武汉市是湖北省的省会，管辖 13 个区县，本节特征价格分析侧重于中心城区。2015 年，研究区面积 1243km²，生态用地面积约 656.46km²，其中耕地 292.51km²（44.56%）、林地 27.83km²（4.24%）、草地 15.30km²（2.33%）和湿地 320.82km²（48.87%）。大量的生态用地和城市公园靠近城市居民区，这使得城市居民很容易获得生态空间。此外，2000~2015 年，武汉的草地面积大约增加了 2.72km²，但同一时期内耕地、林地和湿地分别减少 229.25km²、4.11km² 和 57.70km²，总体而言，生态用地减少了 288.34km²，以耕地减少最为突出。生态用地数量的减少将会将巨大压力转向现存的生态用地，因此，为满足武汉居民的生态需求，如何保护和增加生态用地已成为武汉市的一个关键问题。

2. 数据

生态用地数据来源于 Landsat TM/ETM 遥感影像数据，由中国科学院资源环境科学与数据中心云平台提供。小区的位置数据来自百度地图；房价是从房天下平台获取的真实的交易价格（http://wuhan.fang.com；该网站提供单元和公寓层面的实际住房交易价格信息）。通过一些标准对住房信息进行筛选，为避免物业类型不同，仅考虑 2015 年 1 月至 2015 年 12 月期间交易的普通住宅，本节选取的住房交易数据共 788 个小区和 2485 个单元。

3. 变量

本节选取变量见表 7-9。因变量是单元尺度上每平方米的交易价格。解释变量包括小区尺度变量和单元尺度变量。小区尺度变量包括关键生态用地变量和控制变量。单元尺度变量集包括房屋的物理房屋属性，如总楼层数（楼层）、卧室数（卧室）、客厅数（客厅）和房屋面积（面积）。

表 7-9　变量定义及描述性统计分析

类别	变量	描述	最小值	平均值	最大值	标准差
因变量	房价	每平方米交易价格	2 807.33	9 953.33	21 375.00	2 594.43
小区尺度变量	耕地距离	到最近耕地的距离	0.69	6.81	8.74	1.57
	耕地面积	最近耕地的面积大小	6.42	12.21	16.69	2.21
	林地距离	到最近林地的距离	1.61	7.34	8.84	1.01
	林地面积	最近林地的面积大小	6.36	11.70	14.83	1.72
	草地距离	到最近草地的距离	4.39	7.86	8.89	0.71
	草地面积	最近草地的面积大小	6.42	12.15	15.11	1.43
	湿地距离	到最近湿地的距离	0.69	6.50	8.36	1.07
	湿地面积	最近湿地的面积大小	6.42	15.25	20.14	3.58
	年限	公寓的使用年限	0.00	10.24	30.00	5.87
	容积率	建筑总面积与净用地面积比	0.40	2.80	16.00	1.64
	住户数	公寓内住户人数	3.04	6.64	9.09	0.92
	绿地率	公寓的绿地比率	0.83	3.51	4.09	0.24
	公交站距离	到最近公交车站的距离	2.77	5.84	9.17	1.22
	CBD 距离	距离最近 CBD 的距离	4.15	7.98	9.75	0.81
	三甲医院距离	到最近三甲医院的距离	4.55	7.54	10.04	0.82
	地铁距离	到最近地铁站的距离	4.40	7.14	9.78	0.96

续表

类别	变量	描述	最小值	平均值	最大值	标准差
小区尺度变量	学校距离	距离最近重点学校的距离	3.40	7.32	9.56	0.86
	公园距离	距离最近城市公园的距离	3.48	6.86	9.19	0.94
	金融便捷度	800 米内银行、ATM 机的数量[1]	0	17.32	61.00	11.05
	医疗便捷度	800 米内医院和诊所的数量[2]	0	17.72	64.50	11.11
	教育便捷度	800 米内初高中学校的数量	0	3.80	28.00	3.39
单元尺度变量	总楼层数	该单元所在的楼层总数	1.00	17.20	67.00	10.69
	卧室数	卧室数量	1.00	2.44	6.00	0.86
	客厅数	客厅数量	1.00	1.69	3.00	0.48
	房屋面积	单位内生活区面积	3.09	4.54	5.67	0.39

注：[1]考虑到居民在日常生活中可接受的步行时间为 10min，我们选择 800m 作为缓冲区，测量周边设施对房价的空间溢出效应（朱一中等，2015）

[2]采用赋值数据来区分医院和诊所，以及银行和 ATM 机（医院和银行为 1；诊所和 ATM 机为 0.5）

基于距离的可达性指标通常被用作生态用地变量，以衡量生态用地对城市房价的空间溢出效应，如距离最近绿地的距离（Ekkel and de Vries，2017；Czembrowski and Kronenberg，2016）。然而，基于距离的可达性指标往往忽略了面积问题（Jiao and Liu，2010；Ekkel and de Vries，2017）。例如，如果体力活动（如放风筝）必须在生态用地上进行，则可能需要最少数量的生态用地（Ekkel and de Vries，2017）。基于大小的能见度指标通常使用最近生态用地的大小来衡量，它考虑了生态用地的规模（Bertram and Rehdanz，2015；Liebelt et al.，2018）。因此，在本节，使用了到最近生态用地的距离和最近生态用地的大小。

在小区尺度上，个人变量（年龄、住房比率、家庭和绿地比率）、社区变量（财务、医疗和学校）和位置变量（Dist_Bus，Dist_CBD，Dist_AAA，Dist_Subway，Dist_Key，and Dist_Park）被视为控制变量，以消除可能忽略的变量偏差（Song and Knaap，2004）。根据 2010～2020 年的城市总体规划，武汉与其他城市的不同在于有多个中心，而非单中心（Jiao and Liu，2010）。考虑到远离市中心的房价相对较低，使用到最近 CBD 的距离来控制可能影响城市房价的因素。

7.2.3 计量模型

特征价格模型通过剥离各种因素的影响来估算商品或服务的经济价值（Rosen，

1974；Yamagata et al.，2016），常被用于测算住房价格中的非市场部分（Jiao and Liu，2010；de Bell et al.，2017；Markevych et al.，2017）。本节采用特征价格模型分析生态用地对住房价格的空间溢出效应。

现有文献发现，住房价格存在空间自相关性（Jiao and Liu，2010）和多层结构，如住房单元嵌套于住宅小区中（Yamagata et al.，2016）。本节，住房价格具有单元和小区两个层次结构，且其莫兰指数为 0.16，远高于 0。这些结果表明，住房价格具有显著的空间自相关性和多层结构，忽略空间自相关性和多层结构可能会导致回归误差（Yamagata et al.，2016；Liebelt et al.，2018），因为这样违背了多元回归的基本假设。空间多层特征价格模型可以同时考虑住房价格的空间自相关性和多层结构（Yamagata et al.，2016）。为更准确地揭示生态用地空间溢出效应，本节选用该模型展开后续分析。

然而，特征价格理论并未明确规定空间多层特征价格模型的函数形式（Yamagata et al.，2016）。本节通过双对数、半对数和简单线性等多种函数模型测试后，发现因变量经自然对数转换后的半对数模型是最合适的。因此，本节采用了空间多层特征价格模型。

单元尺度：

$$\ln P_{ij} = \beta_{0j} + \sum_{k=1}^{k} \beta_{kij} \chi_{kij} + \varepsilon_{ij} \qquad (7\text{-}8)$$

小区尺度：

$$\begin{cases} \beta_{0j} = \gamma_{00} + \rho W \ln P_{ij} + \sum_{m=1}^{M} \beta_{0m} Z_{mj} + \sum_{l=1}^{L} \beta_{0l} \chi_{lj} + \mu_{0j} \\ \beta_{kij} = \gamma_{i0} + \rho W \ln P_{ij} + \sum_{m=1}^{M} \beta_{im} Z_{mj} + \sum_{l=1}^{L} \beta_{il} \chi_{lj} + \mu_{ij} \end{cases} \qquad (7\text{-}9)$$

式中，P_{ij} 为小区 j 单元 i 的住房价格；χ_{kij} 为单元尺度控制变量；W 为权重矩阵；$W \ln P_{ij}$ 为空间滞后变量；Z_{mj} 为生态用地变量；χ_{lj} 为小区尺度控制变量；β_{0j} 为单元尺度截距项；β_{kij} 为单元尺度控制变量的回归系数；ε_{ij} 为单元尺度误差项；γ_{i0} 为小区尺度截距项；ρ 为空间回归系数；关键变量 β_{im} 为生态用地空间溢出效应；β_{il} 为小区尺度控制变量的回归系数；μ_{ij} 为小区尺度误差项；k 为单元尺度变量个数；M 和 L 分别为小区尺度生态用地变量和控制变量个数；m 和 l 分别为小区尺度生态用地变量和控制变量的次序。为避免空间分布不均匀可能导致的偏差，本节采用两步法构建权重矩阵。首先，使用 GeoDa 软件构建泰森多边形；其次，基于邻接原则构建权重矩阵，若小区 a 和 b 空间邻接，则小区 a 和小区 b 的权重矩阵 Wab = 1；否则，Wab = 0，上述公式假设生态用地对住房价格的空间溢出效应是线性的。然而，理论框架进一步提出生态用地对住房价格的空间溢出效应可能是非线性的。除式（7-8）中的线性函数形式，我们进一步通过引入生态用地变量的平方项尝试揭示生态用地的非线性空间溢出效应，在非线性模型中，式（7-10）～式（7-11）进一步转换为

Level-1（单元尺度）：

$$\ln P_{ij} = \beta_{0j} + \sum_{k=1}^{k} \beta_{kij} \chi_{kij} + \varepsilon_{ij} \tag{7-10}$$

Level-2（小区尺度）：

$$\begin{cases} \beta_{0j} = \gamma_{00} + \rho W \ln P_{ij} + \sum_{l=1}^{L} \beta_{0l} \chi_{lj} + \sum_{m=1}^{M} \beta_{0m} Z_{mj} + \sum_{m=1}^{M} \theta_{0m} Z_{mj}^2 + \mu_{0j} \\ \beta_{kij} = \gamma_{i0} + \rho W \ln P_{ij} + \sum_{l=1}^{L} \beta_{il} \chi_{lj} + \sum_{m=1}^{M} \beta_{im} Z_{mj} + \sum_{m=1}^{M} \theta_{im} Z_{mj}^2 + \mu_{ij} \end{cases} \tag{7-11}$$

式中，Z_{mj}^2 为生态用地变量的平方项；θ_{0m}、θ_{im} 分别为基线尺度、i 级尺度生态用地变量的平方项回归系数。

生态用地变量的非线性空间溢出效应意味着生态用地空间溢出效应还取决于生态用地当量。

生态用地空间溢出效应可通过求导测算。对于线性和非线性空间溢出效应而言，生态用地的空间溢出效应可分别用 SS_1 和 SS_2 表示，公式如下：

$$SS_1 = \frac{\partial \ln P_{ij}}{\partial Z_{mj}} = \beta_{im} \tag{7-12}$$

$$SS_2 = \frac{\partial \ln P_{ij}}{\partial Z_{mj}} = \beta_{im} + 2\theta_{im} Z_{mj} \tag{7-13}$$

7.2.4 结果分析

1. 空间多层特征价格模型的合理性

为验证空间多层特征价格模型的合理性，本节分别在 ArcGIS 10.2 和 HLM 6.08 软件中进行了空间自相关分析和 ICC（intraclass correlation coefficient，组内相关系数）检验（Hox，2003）。空间自相关分析结果显示，价格类似的住房呈空间集聚状态，聚集于同一区域，如高-高和低-低，这意味着住房价格具有显著的空间自相关特征。表 7-10Wab 回归系数的显著性也进一步证实了此发现。表 7-11 显示，住房价格的 ICC 值（ICC 值等于小区间的方差除以总方差）为 0.847，即 84.7%的住房价格差异可用小区尺度水平上的特征解释。因此，应考虑构建多层回归模型。整体来看，空间自相关分析和 ICC 检验结果显示空间多层特征价格模型是最合适的。

表 7-10　回归参数估计结果

变量	多层线性空间模型			多层非线性空间模型		
	系数	t 值	显著性	系数	t 值	显著性
耕地距离	0.022	2.945	***	−0.091	−3.271	***
耕地面积	0.004	1.238		−0.001	−0.042	
耕地距离的平方项				0.012	4.743	***
耕地面积的平方项				0.000	0.116	
林地距离	−0.003	−0.427		−0.028	−1.207	
林地面积	0.017	3.736	***	0.054	1.705	*
林地距离的平方项				0.002	−1.236	
林地面积的平方项				−0.002	−1.236	
草地距离	−0.010	−0.847		0.062	0.540	
草地面积	0.007	1.293		0.293	5.590	***
草地距离的平方项				−0.006	−0.749	
草地面积的平方项				−0.012	−5.206	***
湿地距离	0.000	0.033		0.062	1.828	*
湿地面积	0.005	2.187	**	0.012	0.589	
湿地距离的平方项				−0.006	−1.769	*
湿地面积的平方项				−0.000	−0.338	
截距项	9.151	37.082	***	7.109	11.920	***
Wab	0.041	2.525	**	0.035	2.705	***
年限	−0.011	−8.535	***	−0.011	−6.826	***
容积率	−0.002	−0.301		−0.002	−0.279	
住户数	0.028	3.272	***	0.031	3.316	***
绿地率	0.292	2.535	**	0.254	2.186	**
公交站距离	−0.008	−1.115		−0.002	−0.279	
CBD 距离	0.050	4.029	***	0.046	3.979	***
三甲医院距离	−0.076	−5.570	***	−0.073	−5.270	***
地铁距离	−0.060	−5.468	***	−0.061	−5.318	***
学校距离	−0.047	−4.003	***	−0.029	−2.541	**
公园距离	−0.009	−0.953		−0.006	−0.610	
金融便捷度	0.006	5.607	***	0.004	4.386	***
医疗便捷度	−0.004	−3.475	***	−0.003	−2.928	***
教育便捷度	0.005	1.541		0.003	1.114	

变量	多层线性空间模型			多层非线性空间模型		
	系数	t 值	显著性	系数	t 值	显著性
总楼层数	0.000	0.073		0.000	0.070	
卧室数	0.025	3.971	***	0.025	3.009	***
客厅数	0.021	2.978	***	0.021	3.206	***
房屋面积	0.360	2.536	**	0.342	1.856	*
房屋面积×使用年限	−0.010	−3.717	***	−0.010	−3.483	***
房屋面积×三甲医院距离	−0.060	−3.289	***	−0.057	−2.471	**

*表示在10%水平下显著；**表示在5%水平下显著，***表示在1%水平下显著

表 7-11　住房价格零模型回归结果

项目		零模型	
		系数	标准差
截距项		9 674.890***	91.035
方差	小区间的方差（τ）	5 934 699.437***	2 436.124
	单元间的方差（σ²）	1 069 459.182***	1 034.147
ICC 值		0.847	
小区样本量		788	
住房样本量		2 485	

***表示在1%水平下显著

2. 生态用地对住房价格的空间溢出效应

表 7-10 展示了 4 种生态用地线性和非线性空间溢出效应参数估计结果。值得注意的是，模型存在多重共线性可能导致估计偏差，现有研究中常采用 VIF 检验模型中是否存在多重共线性（Melichar and Kaprová, 2013）。因此，本节采用 VIF 检验模型变量间是否存在多重共线性，研究发现模型中相关变量的 VIF 值均小于 6，表明线性和非线性空间溢出模型均不存在严重多重共线性问题。

针对单元尺度变量，客厅数量和卧室数量均对住房价格具有显著的正向影响，表现为卧室和客厅数量每增加 1 个，平均每平米住房价格提高 0.025% 和 0.021%。总楼层数对住房价格没有显著的影响，这与西方国家的研究结果相同（Liebelt et al., 2018）。房屋面积对城市住房价格具有显著的正向影响，住房面积每增加 1%，城市住房价格将会增加约 0.342%。然而，住房建设年限和距三甲医院的距离将削弱住房面积对住房价格的正向影响，这一发现表明人们倾向于购买靠近三甲医院或新建的小型公寓。

　　针对小区尺度变量，现有研究发现新公寓、更多住户、更高的绿化率、更便利的金融服务和学校对住房价格具有正向影响（温海珍等，2012）。此外，靠近地铁站、重点学校和三甲医院被居民认为是具有便利的设施，而靠近 CBD 却不受欢迎。距最近 CBD 的距离每下降 1%，平均每平米住房价格将下降 0.046%，这一结果与区位理论相反，但并非史无前例。Czembrowski 和 Kronenberg（2016）在波兰中部城市罗兹的研究发现，靠近购物中心会显著降低住房价值，Troy 和 Grove（2008）在巴尔的摩也有同样的发现。靠近 CBD 的负向影响可能与噪声和城市生态环境有关，住房离 CBD 越近，噪声就越大，同时由于地价昂贵，地理位置越好的区域生态环境相对会越差（Mehdi et al.，2018）。此外，靠近 CBD 的负向影响也表明，居民不再追求住房的地理区位，反而更偏爱生态环境优美的住房。

　　研究发现，多数生态用地变量都是显著的，包括距最近耕地的距离，以及林地的面积。其中，林地面积对住房价格具有线性空间溢出效应，随着林地面积增加会线性引起住房价格增加，但林地距离对住房价格没有显著的空间溢出效应。这与现有研究的结果相反（Czembrowski and Kronenberg，2016；Melichar and Kaprová，2013），可能由于研究区林地是混合型而非分类型，通常大型林地由于规模大而得到城市居民的广泛认可，而小型林地因其规模限制而无法提供和大型林地类似的服务。因此，混交林将会削弱靠近林地所带来的正向空间溢出效应。实际上，这种现象并不仅在武汉存在，Melichar 和 Kaprová（2013）发现，靠近大型林地可能会提高布拉格的住房价格，而靠近小型林地可能不会。草地面积与住房价格间存在显著的倒"U"形空间溢出，因为草地的空间溢出效应取决于其当量（Bertram and Rehdanz，2015）。尽管早期研究揭示了草地对住房价格的线性空间溢出效应，但倒"U"形空间溢出并不令人惊讶（Sander and Haight，2012），可能与不同土地之间的竞争关系有关（Bertram and Rehdanz，2015；刘恬等，2018）。武汉城市土地是固定且稀缺的，草地过多会阻碍交通、商业等其他用地扩张，有损居民便利性。研究中草地距离对住房价格没有显著的空间溢出效应，尽管其他研究已证实草地对城市居民的重要性，但武汉草地多分布于湿地周围，与湿地对房价较强空间溢出效应相比，草地距离的空间溢出效应可以忽略不计，甚至可能被忽视。由线性空间溢出模型可知，湿地面积对房价具有显著的空间溢出效应，而在添加平方项的非线性空间溢出模型中，显著性消失。此外，非线性空间溢出模型显示，湿地距离与房价之间存在倒"U"形空间溢出效应，即湿地距离低于176m 时，房价会上涨，但当湿地距离超过 176m 时，房价会随湿地距离下降。非常接近湿地的负向空间溢出效应可能和武汉的地形气候有关。武汉有"千湖之城"之称（Jiao and Liu，2010），据统计武汉年均降水量超过 1100mm，这可能会引起洪涝灾害，而靠近湿地的住宅，洪涝灾害风险最高。

　　2000～2015 年，耕地减少占武汉市生态用地减少的 79.51%，缓解生态用地数量减少的巨大压力应强化耕地的生态功能。非线性空间溢出效应模型结果显示，房价随耕地距离呈"U"形增长，即若耕地距离小于 44.26m，房价会不断下降，但若耕地距离高于 44.26m，房价会随着耕地距离增加而迅速上升。这意味着只有非常接近城市居民区的耕地会提高房价，而其他耕地会降低住房价格。这一发现与西方国家现有研究成果存在差异。大多数研究没有考虑耕地和住房价格间的非线性空间溢出效应，但也有一些研究发现，距耕地的距离对住房价格没有显著的空间溢出效应，如 Melichar 和 Kaprová（2013）在捷克共和国首都布拉格进行的研究。造成这种差异可能是因为，非常接近城市居民区的耕地在武汉已经转变为都市农业，进而可以通过提供农业景观和休闲空间改善居民福祉。然而，其他耕地仍用于农业生产。此外，武汉耕地面积对住房价格的空间溢出效应并不显著。这一发现虽与预期不同，但和之前的研究一致。

3. 不同生态用地的空间溢出效应评价

遵循式（7-10）和式（7-11）中的描述方法，本节利用不同生态用地变量的最小值、平均值和最大值测算不同生态用地的空间溢出效应，如表 7-12 所示。

表 7-12　不同生态用地的空间溢出效应

空间溢出效应		生态用地类型			
		耕地	林地	草地	湿地
可达性 （生态用地距离）	最小值	−0.074%	—	—	0.054%
	平均值	0.072%	—	—	−0.016%
	最大值	0.119%	—	—	−0.038%
可见性 （生态用地面积）	最小值	—	0.054%	0.139%	0.005%
	平均值	—	0.054%	0.001%	0.005%
	最大值	—	0.054%	−0.070%	0.005%

正如预期的那样，不同生态用地对住房价格具有差异化的空间溢出效应。其中，正向空间溢出效应最强的生态用地是林地。表现为林地面积每增加 1%，平均住房价格将会上涨 0.054%。可见，林地价值体现在住房市场中，增加林地面积可以持续改善居民福利和城市整体价值水平；湿地在解释住房价格差异方面也起着重要的作用，靠近湿地的正向空间溢出效应最强，距湿地的距离每增加 1%，住房价格将会下降 0.016%，其估计范围为 0.054%到−0.038%。同时湿地面积也具有正向空间溢出效应，湿地面积每增加 1%，每平方米价格提高 0.005%，增加湿地面积可能会带来住房价格持续上涨；相比林地和湿地，草地的正向空间溢出效应较弱，草地面积每增加 1%，平均住房价格将会上涨 0.001%。当草地面积过大，草

地面积的正向空间溢出效应可能会变为负值，规划中应注重增加草地特别稀缺地区的草地面积。

耕地空间溢出效应结果显示，距耕地距离越远区域，距耕地的距离每增加 1%，每平方米住房价格将会上涨 0.074%，而距耕地距离适中和接近较高区域，距耕地的居民每增加 1%，每平方米住房价格将会下降 0.072% 和 0.119%。在本节研究中仍有 97.73% 的居民受耕地负向空间溢出效应影响。耕地可达性较高区域靠近耕地的负向空间溢出效应可能与农业耕作方式有关。本节研究区的耕地主要用于高度集约的农业生产，其特点是高投入和高产出，这可能会导致负向空间溢出效应，如水、空气和土壤污染（Glebe，2007；谭淑豪和汪浩，2011）。然而，如果这些耕地采取生态农业耕作方式，为城市居民提供休闲机会和风景，并有效减少废气和废水等污染物排放（Sanders，2006），这些耕地的负向空间溢出可能会降低。

7.2.5 结论与讨论

利用可获得性指标，包括可达性（到最近生态用地的距离）和可见性（最近生态用地的面积），以及考虑非线性、空间自相关性和嵌套结构的空间多级特征模型，确定并量化不同生态用地（包括耕地、林地、草地、湿地）对中国武汉城市房价的空间溢出效应。研究关注的第一个基本问题是空间多层次特征价格模型的合理性。空间自相关分析和 ICC 检验的结果表明，房价的空间自相关性和多层结构非常显著，因此有必要考虑房价数据的多层次结构和空间自相关性，探讨不同生态用地的空间溢出效应。结果表明，空间多层次特征价格模型十分有效，在单一尺度上，特别是使用多层地理数据时，选用忽略空间相关性的回归分析并不合适。

在此基础上，研究结果表明，耕地距离、草地面积、湿地距离对房价的空间溢出效应是非线性的。其中，非常接近城市的耕地可能会对房价带来正的空间溢出效应，而其他耕地可能不会。进一步发现，适度的草地面积和接近湿地可能会提高城市房价，而过多或过差的草地面积和接近湿地可能会降低城市房价。若使用线性空间溢出模型，就无法检测到这种空间溢出。为有效改善城市居民的福祉和房价，研究指出城市规划者应该致力于增加武汉的生态用地数量，尤其是生态用地稀缺的地区，以满足该地区居民的生态需求。此外，不同生态用地对房价产生不同的空间溢出效应。具体地，根据当前生态用地的平均价值，林地面积产生的正空间溢出效应最大。到湿地的距离、湿地面积和草地面积对房价有正向空间溢出效应，仅非常接近耕地才会受购房者的欢迎。结果表明，林地、湿地和草地的价值在城市住房市场中得到了很好的反映，而耕地的价值在城市住房市场中的反映较少。研究可引导政府建立差异化的生态用地保护政策，将市场导向的生态用地机制与政府导向的耕地补偿相结合，以确保生态用地的持续供应。

　　本节研究仍存在几个局限性。第一，生态用地的空间溢出效应与其所处的生态环境直接相关（杜继丰和袁中友，2015）。在生态供应相对充足的城市中，生态用地对房价的空间溢出效应显著变弱，但在生态供给不足的工业城市，生态用地对房价的空间溢出效应明显增强，据此本节研究结论仅适用于生态环境与武汉相似的城市。第二，只有非常接近城市居民区的耕地对房价有显著正向的空间溢出效应，而其他耕地可能没有。许多因素可以解释这一发现，可能与农业耕作方法有关。具体而言，研究区域的耕地主要用于高度集约化的农业生产，这可能会造成许多负面的空间溢出效应，如水和土壤污染（Glebe，2007；谭淑豪和汪浩，2011）。当前生态农业已经成功地吸引了中国政府的注意，它可以为城市居民提供钓鱼机会和风景名胜，并有效减少废气和废水等污染物的排放（Sanders，2006）。因此，随着生态农业和美丽乡村建设的进行，耕地的负向空间溢出效应可能会消失，主要通过耕地数量、质量、生态"三位一体"的保护作用于提升居民福祉。

第8章 耕地多功能价值提升机制

8.1 分区规划机制[*]

耕地作为乡村产业发展的核心要素，其合理开发利用是乡村空间价值实现与乡村振兴的关键。在科学分析耕地多功能空间组织特征的基础上进行合理的空间布局规划，是缓解耕地的功能冲突与供需矛盾的重要举措，有助于推动耕地多功能的利用实践与科学管理，促进高价值的多功能农业空间建设。

耕地可持续利用管理目标应是在确保耕地多功能的供给大于需求，即供给"匹配"需求，而量化耕地多功能供需的错配可以使政策制定者更准确地进行规划管理，是实现耕地多功能供给与多元主体需求匹配的最有效途径，也是耕地多功能利用规划的重要途径。在匹配耕地多功能供需时存在的最主要困难是：当我们追求某些功能最大化，是以牺牲其他功能为代价时，就会出现耕地多功能之间的权衡。以往的研究多是将耕地多功能权衡关系与供需平衡分离展开研究，但二者之间是相互联系且密不可分的。一方面，权衡特征会影响供需关系，如果功能间存在权衡关系，一个功能的增强是以减少其他功能为代价的，而功能的减少很可能导致因供应不足而无法满足需求（引发供需矛盾）；另一方面，供需关系也会影响权衡，人类对于某一功能需求的增加，但不了解二者之间存在权衡关系，通过改变耕地利用方式增加了这一功能的供给，从而导致其他功能供给的降低，加剧了功能间的权衡。在耕地利用和保护过程中考虑耕地多功能之间的权衡-协同关系将有效规避耕地利用负向效应，使多功能互相促进，实现耕地利用效益最大化（朱从谋等，2020）。

关于耕地多功能利用管理与规划，如何将权衡和协同方法纳入耕地多功能的供需匹配中，将耕地多功能权衡和供需关系结合起来，是同时改善耕地多功能间权衡关系和解决供需矛盾的新的探索（Wang et al., 2019）。因此，缓解耕地的功能冲突和供需矛盾，是耕地利用规划的首要任务，对于实现耕地可持续利用的目标至关重要。

8.1.1 分区规划框架

本节在耕地多功能测度、耕地多功能权衡与协同关系、耕地多功能供给与需求关系等研究的基础上，构建了结合权衡协同关系与供需匹配关系的耕地多功能分区规划

---

* 本节部分内容来源于李世香、王婧的《耕地多功能分区规划机制研究》（工作论文，2023），内容有增改。

框架（图 8-1）：规划以耕地的数量、质量、生态的"三位一体"保护为总则，以耕地的物质生产功能、生态服务功能、景观文化功能为基础，形成了"耕地多功能规划总则—耕地多功能模式分析—耕地多功能分区规划"三个层面的规划思路，重点聚焦"耕地多功能水平测度—权衡与协同关系识别—空间/主体供需匹配状况"三个关键环节。

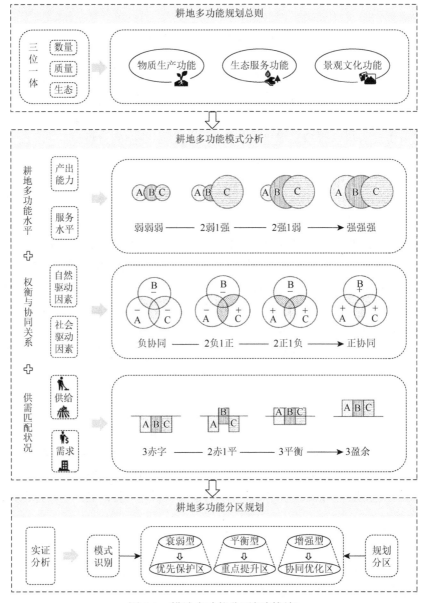

图 8-1　耕地多功能分区规划框架

图中图形仅为示意，具体说明见本章后续介绍

1. 耕地多功能水平

耕地是一种复杂的人地耦合系统，具有多功能性，但在耕地利用过程中往往只片面追求生产功能的增长，其所具有的其他功能长期被忽视。对耕地多功能的层次性进行深入探讨，耕地功能可分为基本功能与衍生功能，将物质生产功能、生态服务功能、景观文化功能定义为耕地的基本功能，其他功能则由三种基本功能衍生而成（姜广辉等，2011）。本节由此选择耕地的基本功能作为耕地多功能的三个方面：物质生产功能、生态服务功能、景观文化功能，根据不同强弱的三个功能组合构成八种情形下的耕地多功能水平。

探讨耕地多功能水平的八种情形（图 8-2），细化耕地多功能的具体表现类型，有利于准确诊断耕地多功能综合表现下的优势功能与弱势功能。根据优势功能的占比，耕地多功能水平从优到劣依次为：三个均为优势功能、两个优势功能、一个优势功能、不存在优势功能，可分为综合功能优越型、单一功能脆弱型、单一功能优越型、综合功能脆弱型。由此，不同组合情形下耕地多功能的优劣功能类型更加明确，特别是耕地短板功能的识别，可为耕地多功能提升提供依据。

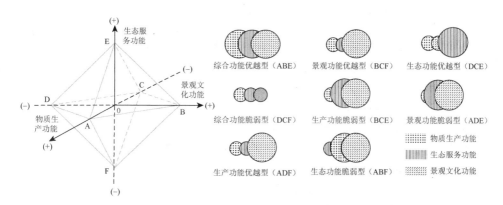

图 8-2　耕地多功能水平组合的八种情形

大圆表示功能表现强，小圆表示功能表现弱，圆形的组合对应左侧三维象限图；"+"表示功能水平强，"−"表示功能水平弱，0 为功能水平的临界值

2. 耕地多功能权衡与协同关系

生态系统服务权衡与协同分析已成为国内外研究的热点，权衡表示同一时间段内不同生态系统服务产生相反方向变化，协同则表示生态系统服务同向变化（杨凤妍子等，2021）。耕地作为生态系统的组成部分，分析其多种功能间的权衡与协同关系，利于规避耕地利用的负向效应，实现耕地利用效益最大化。本节将耕地

三种功能间的权衡与协同关系进行排列组合，由此产生耕地多功能权衡与协同的八种情形（图8-3）。

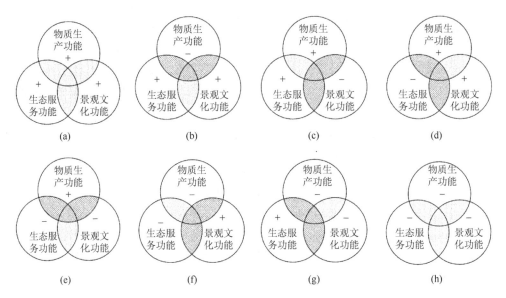

图8-3　耕地多功能权衡与协同关系组合的八种情形

圆圈的相交处代表不同功能之间的关系，深色表示相交的两个功能存在权衡关系，浅色表示相交的两个功能存在协同关系，各个圆圈中的"＋""–"分别代表功能呈正向增强与功能呈负向减弱

考虑耕地多种功能间存在的权衡与协同关系，厘清耕地多功能权衡与协同的几种情形，有利于判断耕地利用和保护过程中存在哪些功能的冲突。具体地，根据权衡与协同关系中正向功能的占比，耕地多功能协同水平从优到劣依次为：三个功能均正向、两个功能正向、一个功能正向、三个功能均负向，可分为正协同关系、两正一负权衡关系、两负一正权衡关系、负协同关系。由此，耕地多功能间存在权衡或协同的两两功能类型更加明确，特别是权衡关系中负向趋势耕地功能的识别，可为耕地多功能优化提供依据。

3. 耕地多功能供需匹配状况

耕地多功能是连接着自然生态系统与人类社会系统的桥梁，前者代表了耕地多功能的供给侧，后者是耕地多功能的需求侧。一方面，人口的不断增长和社会经济的飞速发展，使人类对耕地不再仅仅满足于物质生产的需要，需求逐步多元化，需求强度逐步扩大。另一方面，耕地具有特殊的不可移动性、稀缺性等特性，以及耕地所面临的退化等问题，耕地供给各种产品的能力存在有一定限度（姜广辉等，2011；吕立刚等，2023）。因此，耕地多功能的供给和需求之间常常产生矛盾,耕地多功能供需不匹配往往引发一系列社会问题,同时造成耕地资源浪费。

本节将耕地多功能供需匹配中盈余、平衡、赤字三种状态进行排列组合,由此产生耕地多功能供需匹配的 27 种情形(图 8-4)。根据供需匹配状态中供需赤字的占比,耕地多功能供需匹配状况从优到劣依次为:三个功能均不为赤字、一个功能为赤字、两个以上功能为赤字,可分为 I、II、III 级供需匹配水平。由此,耕地各功能的供需匹配状态更加明确,特别是供需错配中赤字功能的识别,可为耕地多功能供需平衡提供依据。

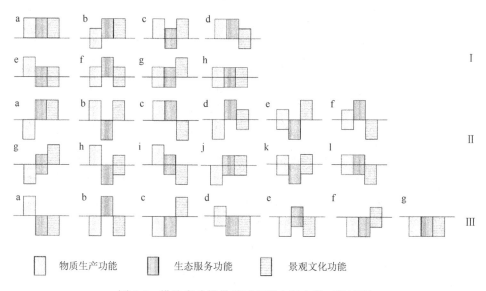

图 8-4 耕地多功能供需匹配状态组合的三级情形

不同颜色深浅的矩形代表不同的耕地功能,水平横线以上的矩形表示盈余,水平横线居中贯穿的矩形表示平衡,水平横线以下的矩形表示赤字

4. 耕地多功能模式划分

耕地多功能的正向发展是释放耕地多功能价值的基础,其受各个功能水平、功能权衡与协同关系、功能供需匹配状况的综合影响,三者的相互作用决定着耕地多功能的发展态势。

本节分析了耕地多功能发展在各个功能水平、权衡与协同关系、供需匹配状况三个方面可能发生的全部情形,不同情形的组合构成耕地多功能的发展模式。发展模式主要分为增强型、平衡型与衰弱型三种模式(表 8-1),其中增强型为耕地多功能的安全模式,平衡型为耕地多功能的良性模式,衰弱型为耕地多功能的风险模式,模式的划分可为耕地多功能分区规划与利用管理提供依据。

表 8-1　耕地多功能模式划分表

多功能水平	权衡与协同关系		约束条件与供需匹配状况	满足	不满足
3 优	正协同（3 正）		任意情形	增强型	—
	权衡关系	2 负 1 正	2 负为盈余	平衡型	衰弱型
		2 正 1 负	1 负为盈余	平衡型	衰弱型
	负协同（3 负）		3 负为盈余	平衡型	衰弱型
2 优 1 弱	正协同（3 正）		1 弱不为赤字	增强型	平衡型
	权衡关系	2 负 1 正	1 弱为正、不为赤字，2 负为盈余	平衡型	衰弱型
		2 正 1 负	1 弱为正、不为赤字，1 负为盈余	平衡型	衰弱型
	负协同（3 负）		任意情形	衰弱型	—
2 弱 1 优	正协同（3 正）		2 弱不为赤字	平衡型	衰弱型
	权衡关系	2 负 1 正	任意情形	衰弱型	—
		2 正 1 负	2 弱为正、不为赤字，1 负为盈余	平衡型	衰弱型
	负协同（3 负）		任意情形	衰弱型	—
3 弱	正协同（3 正）		3 弱不为赤字	平衡型	衰弱型
	权衡关系	2 负 1 正	任意情形	衰弱型	—
		2 正 1 负	任意情形	衰弱型	—
	负协同（3 负）		任意情形	衰弱型	—

注：优表示多功能水平中某单项功能表现为优越型，弱表示多功能水平中某单项功能表现为脆弱型；负表示权衡与协同关系中某单项功能表现为负向减弱，正表示权衡与协同关系中某单项功能表现为正向增强

由表 8-1 可知，不同情形组合下出现衰弱型模式的概率远远大于平衡型、增强型，当耕地多功能发展状态处于衰弱型模式时则更需重点关注。探究衰弱型模式的主导作用尤为关键，耕地多功能"既弱又赤、既弱又负、既负又非盈余"是衰弱型模式的主要情形，若同时存在"既弱又负也赤字"的情形为最极端的衰弱模式，规划中应尽量避免此类模式的出现。

8.1.2　分区规划结果

研究以武汉城市圈作为耕地多功能分区规划的案例区，主要通过 2020 年耕地多功能水平测度、2015~2020 年耕地多功能权衡与协同关系识别、2020 年耕地多功能供需计算三方面的综合分析对武汉城市圈市级与县级尺度的耕地多功能模式进行划分，最后进行分区规划并提出规划策略。

1. 耕地多功能模式分析

从市级与县级两个尺度进行武汉城市圈耕地多功能的模式分析，一方面可以

揭示耕地多功能的尺度效应，另一方面可使分析结果得到相互印证，二者结合更有利于对武汉城市圈耕地多功能的模式类型进行准确判断。

从市级尺度来看，武汉城市圈耕地多功能具有明显的空间异质性：物质生产功能以中西部江汉平原为高值区，但其与生态功能存在显著的权衡关系，全区供需整体呈平衡状态；生态服务功能高值区多集中在东部大别山和南部幕阜山等丘陵地区，中部武汉市为低值区且与景观文化功能显著权衡，供需呈现"西部平衡，中部赤字，东部盈余"的分布格局；景观文化功能高值区大致与生态服务功能相反，其与物质生产、生态服务功能均为协同关系，仅武汉市供需赤字表现明显。从县级尺度来看，武汉城市圈耕地多功能是在市级尺度上的细化，具有明显的尺度效应。耕地三种功能的功能水平、权衡与协同关系、供需匹配状况的空间异质性与市级尺度均呈现出相似的空间分布格局，但县级尺度存在被市级尺度部分隐藏的空间信息，如黄石市辖区耕地多功能的负协同情况只在县级尺度被捕捉，该类空间的识别可作为市级尺度的有效补充。

由此可见，不论是市级尺度还是县级尺度，武汉城市圈各功能的高值分布及其相互关系在空间上均具有显著差异，且不同区域各类功能的供需匹配状况也不尽相同，以任意一项结果均难以准确描述区域耕地多功能发展综合能力的空间分布。因此，综合武汉城市圈耕地多功能水平、权衡与协同关系、供需匹配状况三者的分析结果，根据各区域耕地多功能发展情形的组合类型划分耕地多功能模式，更有利于掌握区域耕地多功能发展能力的分布情况。

2. 耕地多功能规划分区

规划分区以耕地多功能模式分析为依据，衰弱型模式的空间分布是规划的重点区域，推动衰弱型模式向平衡型、增强型转化是规划的首要任务，其次提升平衡型、优化增强型。通过对武汉城市圈耕地多功能模式进行分析，从市级与县级尺度重点对衰弱型、平衡型耕地多功能模式所处市、县（市、区）进行识别（表 8-2），分别剖析其模式在当地形成的主导情形，明确其短板功能、负向功能及赤字功能，进而开展分区规划并提出对策建议。

表 8-2 武汉城市圈耕地多功能模式识别结果

尺度		耕地多功能	功能水平	权衡关系	供需状态	模式类型
市级尺度	武汉市	生态服务功能	弱	负	赤字	衰弱型
	潜江市	生态服务功能	弱	负	平衡	衰弱型
	天门市	生态服务功能	优	负	平衡	衰弱型
	孝感市	生态服务功能	优	负	赤字	衰弱型

续表

尺度			耕地多功能	功能水平	权衡关系	供需状态	模式类型
市级尺度	咸宁市		物质生产功能	弱	正	盈余	平衡型
			生态服务功能	优	正	盈余	
			景观文化功能	弱	正	平衡	
县级尺度	武汉市	蔡甸区	生态服务功能	弱	负	赤字	衰弱型
		汉南区	生态服务功能	弱	负	赤字	衰弱型
		江夏区	生态服务功能	弱	负	赤字	衰弱型
		新洲区	生态服务功能	弱	负	赤字	衰弱型
		武汉市中心城区	生态服务功能	弱	负	赤字	衰弱型
		黄陂区	生态服务功能	弱	负	赤字	衰弱型
	潜江市	潜江市	生态服务功能	弱	负	平衡	衰弱型
	天门市	天门市	生态服务功能	优	负	赤字	衰弱型
	孝感市	汉川市	生态服务功能	弱	负	赤字	衰弱型
		应城市	生态服务功能	弱	负	平衡	衰弱型
		孝南区	生态服务功能	弱	负	赤字	衰弱型
	黄冈市	黄州区	生态服务功能	弱	负	平衡	衰弱型
	黄石市	黄石市中心城区	物质生产功能	弱	负	平衡	衰弱型
			生态服务功能	优	负	平衡	
			景观文化功能	优	负	盈余	
	孝感市	云梦县	生态服务功能	优	负	盈余	平衡型
		安陆市	生态服务功能	优	负	平衡	平衡型
	咸宁市	嘉鱼县	生态服务功能	弱	正	赤字	平衡型
		咸安区	生态服务功能	弱	正	赤字	平衡型
		赤壁市	生态服务功能	弱	正	赤字	平衡型
	仙桃市	仙桃市	生态服务功能	弱	正	赤字	平衡型
	鄂州市	鄂州市	生态服务功能	弱	正	赤字	平衡型
	黄冈市	红安县	生态服务功能	弱	正	赤字	平衡型

注：此表仅展示衰弱型、平衡型的市、县（市、区），便于分析其衰弱的主导功能及原因，未展示的城市均为增强型；将江汉区、硚口区、江岸区、汉阳区、武昌区、洪山区、青山区合并为武汉市中心城区；将黄石港区、西塞山区、铁山区、下陆区合并为黄石市中心城区

　　根据武汉城市圈耕地多功能模式识别结果可知，造成衰弱型模式的主导功能均为生态服务功能，其在功能水平上大部分市、县（市、区）为弱水平，全部存

在负向权衡趋势，且在供需匹配中赤字居多。平衡型模式同样以生态服务功能为主，但其权衡多为正向趋势或其生态功能处于优越水平，尚无衰退倾向出现。增强型模式的耕地多功能无明显发展障碍，并无提升某单一功能的必要，重点在于多种功能的协同发展或突破性提升。由于武汉城市圈耕地多功能综合能力差异显著，规划管理应分区分策（表 8-3），据耕地多功能模式分布提出规划分区及对策如下。

表 8-3　武汉城市圈耕地多功能分区及对策表

功能分区	覆盖区县	耕地多功能规划对策
优先保护区	蔡甸区、汉南区、江夏区、新洲区、武汉市中心城区、黄陂区、潜江市、天门市、汉川市、应城市、孝南区、黄州区、黄石市中心城区	①保护生物多样性：识别农田生物多样性保护的关键区域进行优先保护；采用人工种植或者自然演替增加农田系统中自然、半自然生境；新建生态廊道连接各类非农生境，形成网络化格局；防止集约化生产造成的过度均质化，维护农田生物多样化 ②防止土壤退化：施用有机肥、种植绿肥、测土配方精准施肥；选育抗虫作物品种，降低杀虫剂用量；控制入侵及有害物种，定点处理除草剂、农药，严格控制面源污染；加强监测灌溉水源，严禁使用污染水灌溉农田 ③恢复水体自净能力：连通农田水系，避免死水、提高水质；使用天然工料建设沟渠，减少使用混凝土；保持自然驳岸和渠底，渠边种植水质净化植物
重点提升区	云梦县、安陆市、嘉鱼县、咸安区、赤壁市、仙桃市、鄂州市、红安县	①高标准农田建设：完善节水、净化、自动化灌排等农田水利建设；配套精准施肥、病虫防治、质量监测、灾害预警等农田智能化设备；加强建后管护，落实受益对象管护责任，设立公益管护岗位提供适当补助 ②农田生态修复：开展农田生态保护修复，加强农地土壤修复、水源净化、生物多样性保护；合理轮作或休耕，定期进行翻耕或种植绿肥以培养地力；采用渠道、路网、林网生态化等生态工法，景观边界本土化、自然化设计 ③田园景观规划：打造地标式主题景观，利用地形、作物、河流、林木等塑造地方特色景观；体现乡土特色，运用乡土植物、石材、篱笆等进行创意造景；引入园林造景，利用古树、河湖等资源，注重植被季相、色彩搭配以及丛植、孤植、列植等多种栽植方式的合理运用；农田景观不必处处雕琢，重点在于乡村生产、生态、生活的协调统一
协同优化区	大悟县、孝昌县、罗田县、浠水县、大冶市、阳新县、武穴市、黄梅县	①农旅融合整体规划：树立"自然美"的规划理念，围绕"线条美、质地美、色彩美、空间美、季相美、动感美"释放耕地景观价值；将耕地设计与城镇环境、基础设施统筹考虑，适当建设景观游憩设施，如亭子、座椅等，实现生产生活空间一体化设计；开展多样化的农旅文化项目策划，举办农民丰收节、农耕文化巡游季等精品活动，满足游客的归属感与体验感，增强生产者的幸福感与获得感 ②农科园区试点建设：引导科技、信息、人才、资金等创新要素集聚，提高土地产出率、资源利用率、劳动生产率，推进农业转型升级；培育科技创新主体，实现标准化生产、区域化布局、品牌化经营和高值化发展，形成一批带动性强、特色鲜明的农业高新技术产业集群；按照"一园区一主导产业"，打造高新技术特色产业优势品牌，提高农业产业竞争力；建设农民培训基地，提升农民职业技能，优化农业从业者结构，培养适应现代农业发展需要的新农民

武汉城市圈耕地多功能主要是由于生态服务功能的脆弱水平、负向权衡、供需赤字等问题而进入衰弱型模式，规划应重点关注生态服务功能的提升、协同与供需匹配，实现耕地多功能管理数量、质量、生态"三位一体"保护到"数量、质量、生态、效益"多维协调发展。

优先保护区以耕地多功能衰弱型模式分布为主,其中以生态服务功能的衰退为首要问题。在优先保护区应以保护性耕作为主,重点提升耕地生态服务功能及其与其他功能的协同能力,以保护生物多样性、防止土壤退化、恢复水体自净能力为主要措施。

重点提升区以耕地多功能平衡型模式分布为主,以提升耕地三种功能的协同能力为主要任务。在重点提升区应以强化耕地多种功能为主,优先保护耕地生态服务功能,兼顾发展物质生产与景观文化功能,以高标准农田建设、农田生态修复、田园景观规划为主要措施。

协同优化区主要以耕地多功能增强型模式分布为主,代表着区域内耕地多功能发展的最佳水平,推动耕地可持续发展是该区的主要任务。在协同优化区遵循"细部优化、整体协同"的思路,以农旅融合整体规划、农科园区试点建设为主要措施。

8.2　主体合作机制[*]

耕地景观文化不仅是乡村空间自然环境和农业生产生活的展示,更是当地农民地域思想情感、人文面貌的表达(马蕊和严国泰,2019)。作为耕地保护利用的主体,农民一方面是耕地景观文化氛围的维护者、农耕文化保护和传承发展的支持者,也是景观文化自然生态环境破坏、农耕文明遗失的主要承担者(王兆峰和向秋霜,2020);另一方面农民既是耕地景观文化信息的源头也是信息反馈的终点(谢红,2020)。在耕地景观文化系统中,政府、企业、村委会、合作社和农民等多个主体应共同参与、互动交流,实际中,政府、村委会责任担当较重,农民参与较少甚至缺失。以农户为核心,研究耕地景观文化价值共创过程中的农户行为,对于实现农业景观文化保护和发展的目标具有重要意义。

当前关于耕地景观文化价值的研究主要从省市县级、乡村和农业公园等宏观尺度揭示时空演变特征(胡伟艳等,2019;黄涛等,2018;黄越和赵振斌,2018;黄宗智,2000),而农户、市民、游客等对耕地景观文化价值认知、支付意愿以及需求和供给的意愿和行为(简兆权等,2016)等微观主体心理视角的研究还比较少,对耕地景观文化价值共创的研究相对缺乏。国内外学者对价值共创的概念解释各有不同,但都强调各利益相关者共同生产、创造价值。价值共创的互动主体研究从企业与供应商之间、企业与顾客之间的二元关系(姜广辉等,2011),到所有利益相关者和组织共同参与(李伯华等,2018;李朝辉和金永生,2013)的多元利益主体关系。农户是乡村发展的主体,他们积极、开放的行为能够作为当地的一种标识吸引游客(李靖华等,2017),并且对非物质生活领域的幸福感也有着

---

* 本节部分内容来源于陈莉(2022)和 Zhang 等(2023),内容有增改。

积极影响（李丽娟，2012）。当前研究文献侧重于从个人特征、家庭特征、政策环境方面，探讨农户的价值认知和行为等，对于认知、行为间存在相互作用关系已形成共识。对针对特定群体尤其是农户群体的价值共创行为实证研究较为少见，特别是对认知、共创行为与环境之间存在复杂关系的研究还比较少。

　　耕地是乡村发展的关键资源环境要素和重要载体，农户是乡村发展的重要主体，农村景观文化、乡村旅游发展均依托于耕地资源和农户主体，为研究耕地景观文化价值共创的农户行为，文章融合计划行为理论、价值共创理论，从农户个体行为转向共创行为，设计农户行为量表，构建耕地景观文化价值共创行为分析框架并提出研究假说，探索耕地景观文化价值共创及影响机理问题，为耕地可持续利用、农业多功能发展、乡村振兴和治理提供政策参考。

8.2.1　理论基础与研究假说

1. 耕地景观文化价值共创的农户行为界定

不同学者研究农户认知时，对农户认知的测度既有差异也有相似之处。余威震（2017）在研究农户生产行为时，将农户认知分为环境政策认知、行动认知以及重要性认知；俞振宁（2019）在计划行为理论中的认知变量分为效益、实施、外部压力情况三个方面。农户认知受到多种因素的影响，从农户个体因素来看，邢美华等（2009）发现农户认知受信息获取渠道、性别因素、地理区位等因素影响；王雪禅（2015）发现年龄与农户生态认知程度呈现负相关，农户文化水平与农户生态认知程度呈显著正相关。在家庭因素方面，家庭农业人口显著正向影响农户认知情况（刘洪彬等，2018），家庭收入水平正向影响农户认知状况（邓正华等，2013）。外部环境影响方面，主要包括信息掌握状况、农户生活满意度情况（廖玉静等，2009；韦惠兰和周夏伟，2017）等。王静和霍学喜（2014）运用二阶结构方程模型研究发现，技术创新环境对农户认知分化具有关键作用。李莎莎等（2015）采用有序多分类 Logistic 模型分析得出外部环境（服务和技术培训）对农户认知产生较大影响，良好的外部环境有助于提高农户认知。

　　国外学者对农户行为研究主要分为两种：一是农户行为是理性的，符合经济学中追求利润最大化的假设前提，以美国经济学家西奥多·舒尔茨的理性小农学说为代表；二是农户行为是有限理性的，农户行为取决于农户家庭消费需求，以苏联恰亚诺夫为代表的组织生产学派。国内学者研究农户行为侧重于耕地保护、农产品安全、秸秆处理、种植意愿、农业投入、农业技术选择等方面。钟涨宝和汪萍（2003）研究发现当地经济发展水平与农户在农地流转行为的普及程度、理性化、组织化有显著正相关。陈美球等（2012）研究发现惠农政策、新生代农户在耕地保护行为中具有重要影响。郭利京和赵瑾（2014）建立"认知-情境-行为"

模型研究秸秆处理行为，研究发现农户心理认知、社会约束、行为成本、政策制度对农户行为有显著影响。苟露峰（2015）研究参加合作社农户、农业企业、家庭农户等不同经营主体在技术选择行为中的差异。

农户价值共创行为是农户和农户之间、农户和其他各利益相关主体之间共同创造价值而进行的一系列互动行为，可分为参与行为和公民行为（李莎莎等，2015）。参与行为是农户在价值共创中必须采取的行为，是一种角色内行为，一般包括责任行为、信息获取、信息分享、个体互动（李梦燃，2019；李莎莎等，2015）。研究从责任行为、信息获取、信息分享三方面测度参与行为，其中责任行为为农户接受其他利益主体的指导，进行耕地休闲利用，配合进行农耕文化宣传；信息获取为农户通过其他利益主体获取休闲农业政策、市场信息；信息分享为农户与其他利益相关主体讨论分享农业休闲观光、农耕文化相关信息。公民行为是非必须采取的行为，但能创造额外的价值，是一种角色外行为，一般包括反馈、帮助、拥护和谅解四个方面（李梦燃，2019；李莎莎等，2015）。研究选取反馈、帮助、谅解三个维度测度公民行为，其中，反馈为农户向其他利益相关主体提出耕地休闲利用、农耕文化宣传的建议；帮助为农户帮助其他利益相关主体进行耕地景观文化利用；谅解为农户谅解其他利益主体在景观文化价值创造过程中的服务瑕疵。

情景影响主要考虑个体所处的外部环境情景影响。外部环境是指对系统本身有影响的非自身的自然、人文因素。在农户行为的研究中，外部环境主要包括地理区位、政策、邻里效应等（刘文超等，2011）。本节外部环境因素是指除了农户个体心理因素外，对耕地景观文化价值共创行为产生影响的外界因素，具体包括：一是农户周围环境中有助于农户提高耕地景观文化认知、认同感以及促进农户参与景观文化活动过程的相关政策环境因素；二是农户与最近田园景观休闲点的距离的区位环境因素。

2. 耕地景观文化价值共创的农户行为形成机制

依据计划行为理论，个人行为受到自身认知的影响（李莎莎等，2015），农户对耕地景观文化价值的认知程度决定农户的土地利用行为决策，认知包括态度、主观规范和知觉行为控制三个方面（李旭旦，1985；连纲等，2008），即农户自身对耕地景观文化价值的认知、周围人的认知以及自身是否有能力进行价值共创行为的认知。人类的认知、行为与社会环境之间存在复杂关系，农户存在于乡村空间，乡村空间以一种特定方式影响人们的行为和互动（梁水兰，2013），耕地景观文化价值共创的农户行为是乡村空间与社会因素以及主体认知之间的互动，很大程度上受到周围外部环境因素的影响，包括周围人的态度和政策的引导，并且随着空间邻近程度的变化而变化（廖玉静等，2009）。

农户在社会中不是独立的个体，农户行为受到环境中其他个体的影响，农户与环境中的其他个体互动交流对价值共创的农户行为有促进作用（刘春腊等，2020），农户不仅会直接观察其他个体行为来改善自身价值共创行为，还会通过社会互动获取景观文化知识，促进价值共创行为产生。农户与其他个体的互动交流能驱动农户公民行为形成（刘丹丹，2015），也是形成农户景观文化价值认知的决定性因素（刘洪彬等，2018），其情感对公民行为有积极影响。此外，农户景观文化价值认知与参与行为存在直接联系。

　　本节建立耕地景观文化价值共创的农户行为理论框架（图 8-5），探讨认知、价值共创参与行为和公民行为之间的关系。研究假设耕地景观文化价值共创认知的态度、主观规范和知觉行为控制三个方面，耕地景观文化价值认知会显著影响农户价值共创参与行为和公民行为，据此提出研究 H1、H2 及其子假说。

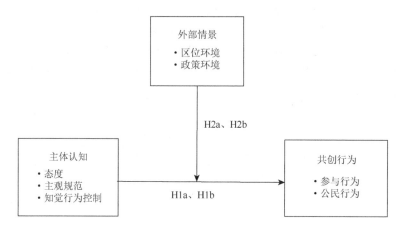

图 8-5　耕地景观文化价值共创的农户行为理论框架

H1：认知对耕地景观文化价值共创的农户行为有正向影响。

H1a：认知对价值共创的农户参与行为有正向影响。

H1b：认知对价值共创的农户公民行为有正向影响。

H2：耕地景观文化价值共创机理因外部情景不同存在显著差异。

H2a：共创机理因区位环境不同存在显著差异。

H2b：共创机理因政策环境不同存在显著差异。

8.2.2　研究区概况和数据来源

1. 研究区域和数据收集

　　研究选取湖北省武汉市蔡甸区、江夏区及孝感市汉川市展开实地调研，研究区位于江汉平原腹地和鄂南丘陵过渡地段，距离武汉市均在 50km 以内。2020 年，江夏区地区生产总值为 842 亿元，蔡甸区地区生产总值为 371 亿元，汉川市地区生产总值为 646 亿元，分别位于武汉城市圈 35 个区（不含中心城区）第 3 位、第 4 位和第 14 位，经济发展均处于前 50% 的领先地位，存在地区差异。3 个区县耕地资源丰富，农业生产条件优越，其中，蔡甸区和江夏区属于武汉市"四大乡村振兴示范带"，现代都市农业、休闲旅游示范产业发展良好；汉川市素有江汉平原"鱼米之乡"的美誉，区内有汈汊湖、仙女山、金鲤湖等风景，近年来逐步形成点片相连的休闲旅游农业产业带，耕地景观文化功能开始显化。

　　问卷调查时间为 2021 年 6～7 月，基于分层抽样和随机抽样的原则，采取面对面访谈调查。历经 1 周的试调研和 7 周的正式调研，在江夏区、蔡甸区、汉川市三个研究区分别随机选取 10 个乡镇 30 个村庄进行问卷调查，根据对样本量的统计要求，每个村庄调查 15～20 份问卷。共发放问卷 530 份，去除异常值和无效问答样本后，共获得 518 份有效问卷，有效率为 97.74%。受访农户基本特征见表 8-4，由于农村大量男性、年轻劳动力外出务工，农村现有女性及年长者较多，样本发放受到一定限制。总体上，受访者基本特征与武汉市周边城郊地区现实情况基本相符，具有较好的代表性。

表 8-4　受访者基本特征

特征		频次	比例	特征		频次	比例
性别	男	213	41.12%	职业	农民	273	52.70%
	女	305	58.88%		工人	49	9.46%
年龄	(20, 30]岁	7	1.35%		服务业	43	8.30%
	(30, 40]岁	18	3.47%		兼业农民	108	20.85%
	(40, 50]岁	59	11.39%		待业	45	8.69%
	(50, 60]岁	184	35.52%	家庭全年总收入	2 万元及以下	35	6.76%
	(60, 70]岁	169	32.63%		2 万～6 万元（含上界）	146	28.19%
	(70, 100]岁	81	15.64%		6 万～20 万元（含上界）	275	53.09%
受教育程度	小学及以下	257	49.61%		20 万元以上	62	11.97%
	初中	182	35.14%	家庭以何种收入为主	农业收入为主	73	14.09%
	高中或中专	64	12.36%		非农业收入为主	445	85.91%
	大专	5	0.97%				
	大学及以上	10	1.93%				

注：表中数据进行过修约，存在合计不等于 100% 的情况

　　外部环境分为区位环境、政策环境，区位环境表示农户与最近农业休闲点的距离，政策环境是农户周围环境中有助于农户提高耕地景观文化认知、认同感以

及促进农户参与景观文化活动过程的相关政策因素。农业休闲点 POI 数据通过 Python 3.6 软件获取，2022 年 1 月 10 日以"农业园、休闲农庄、农家乐、采摘、生态园"等关键词在百度地图开放平台获取研究区各个农业休闲点名称、地点、经纬度等。村庄政策环境数据获取方式：一是百度查询研究区域内美丽乡村示范点、美丽村湾名单；二是调研过程中通过询问村委会"本村是否属于美丽乡村示范村""本村是否建设美丽村湾""本村是否有相关休闲旅游、农业观光政策"等问题。

2. 问卷设计

问卷内容包括农户个人、家庭基本信息和问卷主体量表三个部分。其中主体量表涉及农户对耕地景观文化功能的认知（态度、主观规范、知觉行为控制）、价值共创参与行为和公民行为。采用利克特量表法，分别赋值 1 到 5，分值越大表示越认同，各变量具体赋值及题项见表 8-5。

表 8-5 耕地景观文化价值共创的农户行为研究量表

类别		编码	题项	均值	标准差
认知	态度	CS01	耕地能提供田园景观、休憩放松、休闲娱乐	3.79	0.91
		CS02	耕地能够普及农耕知识、文化教育	3.74	0.85
		CS03	耕地能够提供交流场所、开展社区活动	3.55	0.86
	主观规范	SS01	您的家人、周围人（朋友、亲戚、邻居等）是否赞同耕地休闲利用	3.55	0.89
		SS02	您的家人、周围人（朋友、亲戚、邻居等）是否赞同学习农业文化知识非常重要	3.47	0.74
		SS03	您的家人、周围人（朋友、亲戚、邻居等）是否赞同体验休闲农业	3.47	0.82
	知觉行为控制	ZS01	您是否有能力（时间、金钱、信息、技术等）进行耕地休闲利用	2.45	1.14
		ZS02	您是否有经济实力体验休闲农业？	2.67	1.05
共创行为	参与行为	PB01	在村委会、合作社、农业公司、熟人等的指引下，开展耕地休闲利用，配合相关组织进行农耕文化宣传	1.84	1.19
		PB02	通过村委会、合作社、农业公司、熟人等途径获取休闲观光农业相关政策及开发模式	1.91	1.19
		PB03	与周围村民、村委会、合作社等讨论分享耕地休闲观光利用及农耕文化相关信息	2.05	1.26
	公民行为	CB01	向村委会、合作社、农业公司等提出耕地休闲利用、农耕文化宣传的建议	1.76	1.02
		CB02	帮助他人进行耕地休闲利用	1.63	0.92
		CB03	谅解村委会、合作社、农业企业等由于某些原因在耕地休闲利用、农耕文化宣传过程中的服务瑕疵问题	2.31	1.31

3. 模型方法

结构方程模型是一种基于协方差结构观察变量之间关系的统计方法,用于揭示潜变量之间、潜变量与可观察变量之间的结构关系,主要包括测量模型和结构模型。本节提出的耕地景观文化价值共创的农户行为模型,涉及多个自变量和多个因变量,且考虑外部情景因素(区位环境和政策环境)的调节效应,传统的回归分析方法不再适用,而结构方程模型能够检验相关影响因素与耕地景观文化价值共创行为之间的关系。

区位环境因素,通过 ArcGIS 10.2 软件将 199 条农业休闲点数据与农户样本点数据进行近邻分析,把距离值中位数分为两组。E 组(区位环境变量值≤中位数)和 F 组(区位环境变量值>中位数);政策环境因素以村庄是否满足休闲农业相关政策、美丽乡村示范点等条件,满足其中一项则政策环境因素变量值为 1,否则为 0,以此分为两组:G 组(政策环境变量值=1)和 H 组(政策环境变量值=0)。将区位环境和政策环境因素纳入调节效应中,用结构方程模型的多群组分析进行调节效应检验,若多群组检验结果认为假设模型可接受,且不同群组间路径系数的差异性通过显著性检验,则表明假设模型具有调节作用,因此,本节采用多群组分析分别检验外部环境的区位环境、政策环境对耕地景观文化价值共创行为模型的调节效应。

根据农户耕地景观文化价值共创行为研究假说的结构关系,考虑态度、主观规范、知觉行为控制三个因素组成的认知高阶变量,与价值共创参与行为和公民行为变量共同构建结构方程模型(图 8-6)。

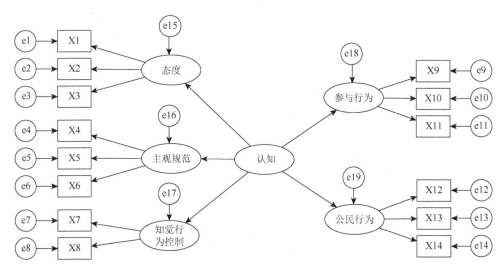

图 8-6　耕地景观文化价值共创的农户行为结构方程概念模型

X1~X14 表示观测变量(见表 8-5 中的 14 个量表题项),e1~e19 为各变量对应的误差项

8.2.3　结果分析

1. 信度和效度检验

信度和效度检验是对调查数据可靠性和观测变量正确性的衡量，通常运用克龙巴赫 α 系数（Cronbach's α 系数）、KMO（Kaiser-Meyer-Olkin）值和巴特利特球形检验（Bartlett's 球形检验）三个指标进行测度。Cronbach's α 系数用于检验模型各潜变量内部一致性，KMO 值和 Bartlett's 球形检验用于判断量表能否进行因素分析。基于 SPSS 26.0 软件，Cronbach's α 系数均大于 0.6，KMO 值均不小于 0.5，Bartlett's 球形检验均达到 0.01 的显著水平（表 8-6），调查数据具有较好的信度和结构效度。

表 8-6　量表信度和效度检验结果

潜变量		Cronbach's α 系数	KMO 值	Bartlett's 球形检验
总体		0.880	0.858	3675.901（$P = 0.000$）
认知	态度	0.842	0.718	649.583（$P = 0.000$）
	主观规范	0.655	0.630	228.658（$P = 0.000$）
	知觉行为控制	0.812	0.500	328.480（$P = 0.000$）
共创行为	参与行为	0.892	0.744	911.434（$P = 0.000$）
	公民行为	0.762	0.691	441.514（$P = 0.000$）

2. 描述性分析

通过调查受访者对耕地景观文化价值认知情况发现（图 8-7），在态度方面，约 56%（态度取值为 4 和 5）受访者认同耕地具有提供田园景观、休憩放松、休闲娱乐，普及农耕知识、文化教育的功能，仅有约 7%（态度取值为 1 和 2）的受访者不认同耕地的景观文化功能。在主观规范方面，约 45%（主观规范取值为 4 和 5）的受访者家人、周围人赞同进行耕地休闲利用、学习农业文化知识的重要性以及体验休闲农业，约有 8%（主观规范取值为 1 和 2）的受访者的家人及周围人不赞同。在知觉行为控制方面，约 21%（知觉行为控制取值为 4 和 5）的受访者认为自己有能力进行耕地休闲利用、有经济实力体验休闲农业，约 53%（知觉行为控制取值为 1 和 2）的受访者认为自己没有相关能力从事或者体验休闲农业。总体上，农户对耕地景观文化价值的态度、主观规范普遍较高，而知觉行为控制较低，说明农户参与耕地景观文化的能力较弱，如存在缺乏经济实力、知识技术以及市场信息获取不及时等问题。

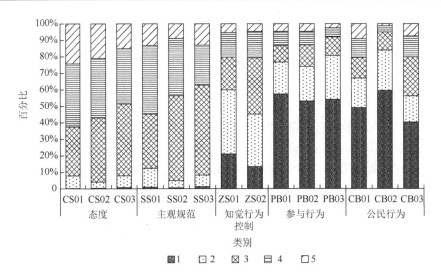

图 8-7　总体样本描述性统计图

得分从高到低（5、4、3、2、1）依次代表认知程度为"完全同意、比较同意、一般、比较不同意、完全不同意"

从受访者的价值共创参与行为来看，约 11%（参与行为取值为 4 和 5）的受访者参与行为较多，77%（参与行为取值为 1 和 2）的受访者参与行为较少；约 15%（公民行为取值为 4 和 5）的受访者公民行为较多，约 69%（公民行为取值为 1 和 2）的受访者公民行为较少。其中，农户更愿意在村委会、合作社、农业公司、熟人等的指引下进行农业休闲观光利用，配合耕地休闲利用、农耕文化宣传的管理或与其他村民进行讨论分享，农户更愿意提出相关建议、谅解休闲农业实施与宣传中的不足。

总体上，农户对景观文化价值认知明显高于共创行为，农户更愿意实施价值共创公民行为，而不是参与行为，尤其是自身进行农业休闲观光利用和配合村委会宣传农耕文化方面。从外部环境来看［图 8-8（a）、图 8-8（b）］：一方面，近区位环境农户的价值共创行为高于远区位，其中农户讨论分享休闲观光利用及农

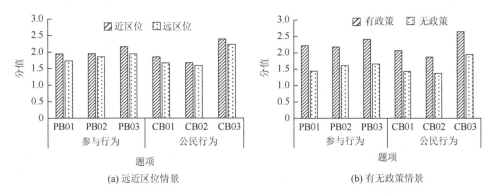

(a) 远近区位情景　　　　　　　　　　(b) 有无政策情景

图 8-8　不同情景下耕地景观文化价值共创的农户行为差异

耕文化信息、谅解服务瑕疵方面的比例更高；另一方面，政策因素中有无政策下的样本描述特征与总体样本基本一致，其中有政策情况下价值共创农户参与行为、公民行为显著高于无政策，有政策下的参与行为高于公民行为。

3. 耕地景观文化价值认知、共创行为模型检验

根据 Zhang 等（2019）的一项研究发现认知结构中各个维度存在相互作用，如图 8-9 所示，态度、主观规范、知觉行为控制之间交互作用显著，三者可以构建高阶的共同因素–耕地景观文化价值的农户认知。采用极大似然法进行模型适配检验（表 8-7），发现各指标均满足拟合标准，获得耕地景观文化价值共创的农户行为模型结果，如图 8-10 所示。

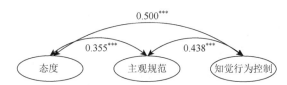

图 8-9　态度、主观规范和知觉行为控制之间的相互作用

***表示在 1%水平下显著

表 8-7　结构方程模型的适配性检验

项目	指标类型										
	绝对拟合指标				增值拟合指标					精简拟合指标	
拟合指标	CMIN	P	CMIN/DF	RMSEA	NFI	RFI	IFI	TLI	CFI	PNFI	PCFI
建议值	越小越好	>0.05	<3	<0.08	>0.9	>0.9	>0.9	>0.9	>0.9	>0.5	>0.5
实际值	275.596	0.000	2.552	0.047	0.926	0.901	0.946	0.944	0.958	0.693	0.718

注：CMIN（chi-square minimum discrepancy）为卡方统计量；P 为显著性；CMIN/DF（chi-square minimum discrepancy/degree of freedom）为卡方自由度比值；RMSEA（root mean square error of approximation）为近似误差均方根；NFI（normed fit index）为规范拟合指数；RFI（robust fitting index）为相对拟合指数；IFI（incremental fit index）为增值拟合指数；TLI（Tucker-Lewis index）为塔克·刘易斯指数；CFI（comparative fit index）为比较拟合指数；PNFI（parsimonious normed fit index）为精简规范拟合指数；PCFI（parsimony comparative fit index）为精简比较拟合指数

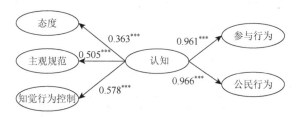

图 8-10　耕地景观文化价值认知、共创行为路径

***表示在 1%水平下显著

结构方程模型主要是用于揭示潜变量之间（潜变量与可观察变量之间）的结构关系，这些关系在模型中通过路径系数来体现。基于 Amos 24.0 软件，耕地景观文化价值认知与其态度、主观规范和知觉行为控制的路径系数分别为 0.363、0.505 和 0.578，在 1%的水平上显著，说明认知对态度、主观规范和知觉行为控制有直接正向影响。认知对价值共创参与行为、公民行为路径系数为 0.961、0.966，在 1%的水平上显著，证实了 H1a、H1b，符合研究预期（表 8-8）。农户认知对价值共创行为存在显著正向影响，且对公民行为的影响程度略高于参与行为。

表 8-8　结构方程模型估计结果

模型路径	非标准化系数	S.E.	C.R.	P	标准化系数	结论
认知→态度	1	—	—	***	0.363	成立
认知→主观规范	0.309	0.099	3.129	***	0.505	成立
认知→知觉行为控制	1.822	0.293	6.213	***	0.578	成立
认知→参与行为	3.739	0.525	7.123	***	0.961	成立
认知→公民行为	3.293	0.460	7.153	***	0.966	成立

注：S.E.为估计值标准误差，标准误差越小，表明样本统计量与总体参数的值越接近，C.R.为临界值，相当于 t 值用于得到 P 值

***代表 1%的水平上显著

4. 外部情景的调节效应

多群组结构方程模型拟合及 χ^2 差异量检验结果见表 8-9 和表 8-10。在区位环境因素的两个分组中，耕地景观文化价值认知对价值共创的参与行为、公民行为的影响在 E、F 组均在 1%的显著性水平上为正，且两组样本中认知对参与行为的影响程度均低于公民行为，与总样本结果一致。区位环境对认知与参与行为的关系（$\Delta\chi^2(1) = 5.030$；$P = 0.024 < 0.05$）存在显著正向调节效应，即距离农业示范点较近的农户，认知对参与行为正向促进较强，但区位环境对认知与公民行为的关系调节效应不显著（$\Delta\chi^2(1) = 1.343$；$P = 0.163 > 0.05$）。H2a 得到部分验证。

表 8-9　区位环境对耕地景观文化价值共创机理的调节效应

路径	区位环境		χ^2 差异	检验结果
	E 组（$N=259$）	F 组（$N=259$）		
认知→参与行为	0.962***	0.922***	$\Delta\chi^2(1) = 5.030$；$P = 0.024$	成立
认知→公民行为	0.970***	0.961***	$\Delta\chi^2(1) = 1.343$；$P = 0.163$	不成立

注：E 组表示区位环境变量值≤中位数，F 组表示区位环境变量值>中位数。基准模型拟合：RMSEA = 0.056；CFI = 0.943；GFI = 0.913，GFI（goodness-of-fit index）为拟合优度指数；NFI = 0.911。N 为样本数量

***表示在 1%的水平上显著

表 8-10　政策环境对耕地景观文化价值共创机理的调节效应

路径	政策环境		χ^2 差异	检验结果
	G 组（$N=268$）	H 组（$N=250$）		
认知→参与行为	0.980***	0.845***	$\Delta\chi^2(1)=4.524$；$P=0.033$	成立
认知→公民行为	0.954***	0.928***	$\Delta\chi^2(1)=5.409$；$P=0.020$	成立

注：G 组表示政策环境变量值 = 1，H 组表示政策环境变量值 = 0。基准模型拟合：RMSEA = 0.059；CFI = 0.936；GFI = 0.910；NFI = 0.905。N 为样本数量

***表示在 1%的水平上显著

　　政策环境因素调节效应中，农户对耕地景观文化价值的认知对价值共创参与行为、公民行为的影响在 G 组和 H 组均在 1%的显著性水平上为正。然而，有政策干预的 G 组样本中，认知对参与行为的影响程度高于公民行为，与总体样本相反。区位环境对认知与参与行为的关系（$\Delta\chi^2(1)=4.524$；$P=0.033<0.05$）和认知与公民行为（$\Delta\chi^2(1)=5.409$；$P=0.020<0.05$）之间的关系均存在显著正向调节效应，即受到政策干预的农户，认知对参与行为和公民行为的正向促进作用均强于未受政策干预。H2b 全部得到验证。

8.2.4　结论与讨论

　　耕地景观文化价值共创研究对提升主体的生态文明意识，促进休闲农业和乡村绿色发展，增加农户收入具有重要意义。本节融合价值共创理论和计划行为理论，建立耕地景观文化价值共创的农户行为理论模型，利用武汉市蔡甸区、江夏区和孝感市汉川市共 10 个乡镇 30 个村的 518 份有效问卷数据进行实证研究，研究结果显示。

　　（1）农户的耕地景观文化价值认知水平较高，其中，56%的受访者赞同耕地的景观文化功能，受访者周围人赞同耕地的景观文化功能的占 45%，21%的受访者认为自身有足够的能力进行耕地景观文化价值共创。耕地景观文化价值共创的农户行为水平较低，仅有 11%的受访者存在实际的价值共创参与行为，15%的受访者有实际的公民行为，且距离农业示范点较近、受政策支持的受访者，共创行为水平更高。总体上，受访者及其周围人大多赞同耕地景观文化价值，但是进行耕地景观文化价值共创的能力欠佳，示范点带动和政策支持不足，可能是缺乏实际价值共创行为的原因之一。

　　（2）耕地景观文化的农户知觉行为控制（标准化系数为 0.578）、主观规范（标准化系数为 0.505）对认知影响程度较高。一方面，农户认知受自身风险承受力和

经济承受力的影响，当农户具备相应经济、技术、市场信息的情况下，农户对于景观文化价值的认知就越高；另一方面，农户认知还受到主观规范的影响，农户周围人对耕地资源进行休闲利用、农耕文化传承积极性越高，农户受周围人潜移默化的影响越大。

（3）耕地景观文化价值认知与价值共创的农户参与行为、公民行为都显著正相关，路径系数分别为 0.961、0.966。认知对参与行为的影响程度略低于公民行为。外部环境条件好的情况下，认知对景观文化价值共创的农户参与行为和公民行为影响系数都会增加，其中，在优良区位环境下，认知对公民行为正向影响强于对参与行为的正向影响；优良政策环境下，认知对参与行为的正向影响更强。外部情景对于农户认知和价值共创行为存在正向调节，体现了政策支持和示范点带动对认知向共创行为尤其是参与行为转化的重要性。

研究仍然存在不足需要进一步完善：一是耕地景观文化价值共创的农户参与行为和公民行为受到外部情景的影响，外部情景比较复杂，本节考虑了区位环境和政策环境，未来可进一步考虑具体的农地政策、乡村类型、城乡梯度；二是耕地景观文化价值由多主体互动共创，本节基于当前多主体的现实关系，主要开展农户行为研究，没有考虑地方政府、农村集体、科研院所等主体的主动行为，未来可开展特定情境下耕地景观文化价值共创的多主体互动行为研究。

未来必须注重农户能力的培育和提升、差异化的政策制定和优化，促进农户对耕地景观文化价值的认知向共创行为的转化。具体措施包括：科学理性宣传耕地景观文化价值，通过技术培训、考察学习、现场体验，增强农户与开发商、政府及农业技术人员的联动，培育发展农户的耕地景观文化价值共创能力。进一步建设和规范休闲农业与农耕文化示范点，树立"标杆"农户，发挥引领辐射作用，因地制宜、加强农户合作，带动其他农户的持续发展。

8.3　政策整合机制[*]

我国实施了基本农田保护、占补平衡、耕地"进出平衡"、生态补偿等耕地保护政策，形成了耕地数量、质量和生态"三位一体"保护的格局（牛善栋和方斌，2019），体现了从单一生产功能保护向生产、生态功能保护的转变。耕地保护政策对遏制耕地数量减少、质量降低、生态恶化等问题起到了一定的预期效果，但耕地利用仍然存在"非农化""非粮化"现象，保护成本较高等问题（雍新琴和张安录，2011）。政策是影响耕地保护的关键（匡兵和左剑，2019），从多功能视角研

* 本节部分内容来源于肖婷，赵可，刘帆，刘恬，张丝雨的《耕地多功能政策整合机制研究》（工作论文，2023），内容有增改。

究耕地保护政策，对促进耕地全方位保护，提高耕地保护效率，确保国家粮食安全具有重要意义。

现有文献主要从以下两个方面开展研究。①将耕地多功能进行分类，利用统计数据、遥感数据分析耕地多功能的演进、区域差异等（朱庆莹等，2018；陈星宇等，2017；熊昌盛等，2021），或者从农户主体视角开展调查研究，旨在反映农户对耕地多功能的需求意愿和需求行为，反思耕地保护政策（李扬子等，2021）。比如，李扬子等（2021）基于农户调研数据，利用选择实验法和潜在分类模型对农户的耕地功能偏好和支付意愿展开探究，并提出根据农户意愿确定耕地保护政策的关键点和侧重点。②采用归纳演绎、比较分析等定性方法对政策演进时代背景和政策内容展开分析。比如，刘丹等（2018）以特殊政策的关键节点为依据划分了政策演进阶段并梳理了政策内容演变特征，或采用编码统计、政策一致性指数模型（policy modeling consistency，PMC）指数模型、情景模拟等方法对政策工具特征（王文旭等，2020）及其有效性（张晏维和卢新海，2022）进行实证分析，如匡兵和左剑（2019）基于省级面板数据实证分析了不同耕地保护政策工具的有效性。基于多功能视角，本节构建"政策目标-政策工具-发布时间"三维分析框架，采用政策文本量化方法，对 1978 年以来中国耕地保护政策的演变特征进行分析，并提出政策整合建议，为完善耕地保护政策体系提供依据。

8.3.1　分析框架与研究方法

1. 政策三维分析框架

构建政策目标（X 轴）、政策工具（Y 轴）和政策发布时间（Z 轴）三维分析框架（图 8-11），采用政策文本编码的方式量化政策文本中对政策目标和政策工具的描述性语句，在此基础上分析中国耕地保护政策的演变特征。

（1）X 轴：政策目标维度。将耕地保护政策目标分为粮食安全功能、社会保障功能、经济贡献功能、生态维护功能和景观休憩功能。粮食安全功能指耕地通过农业生产保障人们生产生活的基本粮食需求；社会保障功能是指耕地能够为人们增加收入、保障其生活需求的能力；经济贡献功能指耕地产出对国民经济的贡献程度；生态维护功能指耕地对农田生态平衡的维护能力；景观休憩功能指耕地能够为人们提供休息、观赏的场所，提高人们的生活品质的能力。

（2）Y 轴：政策工具维度。已有学者将耕地保护政策工具分为命令控制型、经济激励型和宣传引导型（匡兵和左剑，2019）；也有学者将政策工具分为管控型、激励型、建设型，并指出对这些工具进行科学组合与应用能够实现对耕地的有效管护（唐健等，2020）。借鉴已有文献，研究将耕地保护政策工具划分为管控型、激励型、建设型和宣传引导型四种类型（表 8-11）。

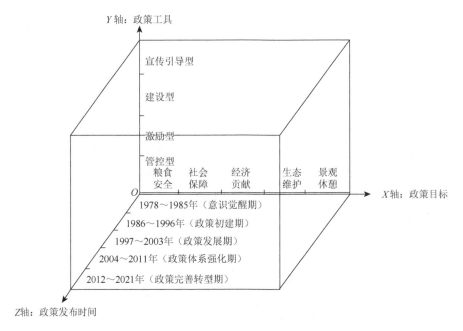

图 8-11　中国耕地保护政策的三维分析框架

表 8-11　耕地多功能保护政策工具箱

类型	政策工具
管控型	规划计划与指标控制；技术标准与法规管制；监督与督察；考核与责任追究；审核验收与申报批复；用途管制与占补平衡
激励型	补偿、奖励等正向调节；冻结指标、罚款等负向调节；土地税费；指标调剂与交易
建设型	储备库建设；建设与整治项目；信息化建设；休养生息；资金整合
宣传引导型	号召鼓励；经验推广；舆论宣传

（3）Z 轴：政策发布时间维度。根据特定政策内容划分为五个阶段：1978～1985 年为意识觉醒期；1986～1996 年为政策初建期；1997～2003 年为政策发展期；2004～2011 年为政策体系强化期；2012～2021 年为政策完善转型期。

2. 政策强度量化模型

政策强度量化模型是衡量政策效力的重要研究方法（纪陈飞和吴群，2015），本节构建耕地保护政策强度量化模型对耕地保护政策强度进行量化分析。

根据表 8-12 对单个政策文本的政策力度、政策目标、政策措施进行赋值，计算每年耕地保护政策的政策强度之和，即年度政策强度，计算公式如下：

$$\text{PMG}_i = \sum_{j=1}^{n}(m_j + g_j)P_j \qquad (8\text{-}1)$$

式中，i 为该得分政策的发布年份；n 为第 i 年颁布的政策的项数；j 为第 i 年颁布的第 j 项政策；$m_j + g_j$ 为第 j 项政策的各项政策目标 g 和政策措施 m 的得分；P_j 为第 j 条政策的力度得分；PMG_i 为第 i 年耕地多功能保护政策内容的力度、目标以及措施的整体状况。

表 8-12　政策强度量化标准

指标	得分	评判标准
政策力度	5	全国人民代表大会常务委员会颁布的法律和最高人民法院颁布的法律解释
	4	国务院发布的条例、国务院各部委发布的部令
	3	国务院发布的其他文件、国务院各部委发布的规定和条例
	2	国务院各部委发布的意见、办法和暂行规定
	1	国务院各部委发布的通知、公告、临时措施等
政策目标	5	耕地保护目标清晰明确，有明确的标准
	4	耕地保护目标清晰明确，但标准模糊
	3	耕地保护目标比较清晰，但未提出具体标准
	2	耕地保护目标比较模糊，表达不具体
	1	仅从宏观层面提出加强耕地保护
政策措施	5	列出具体措施，针对每一项均给出严格的执行与控制标准，并对其进行具体说明
	4	列出具体措施，针对每一项给出较详细的执行与控制标准
	3	列出较具体的措施，从多个方面分类给出大体的执行内容
	2	列出一些基础措施，并给出简要的执行内容
	1	仅提出加强耕地保护，但没有涉及具体的保护措施

由于某一时期的政策约束效果受到该时期新实施的政策和以往已经实施但尚未失效的所有政策的共同影响，考虑耕地多功能保护政策的累积政策强度，计算公式如下：

$$\text{NPMG}_i = \sum_{k=c}^{i} \text{PMG}_k \qquad (8\text{-}2)$$

式中，NPMG_i 为第 i 年耕地多功能保护政策的累积政策强度；k 为具体的年份；c 为起始年份（即 1978 年）。

3. 数据来源与政策文本统计

以"农田 + 耕地 + 农用地 + 基本农田 + 农地 + 农业用地"为检索词条，在"北大法宝"网检索出 1978 年至 2021 年的政策文本,根据以下原则进行筛选:一是政策文本必须与耕地保护目标直接相关;二是政策文件必须为公开发布的文件;三是政策形式包括法规、通知、意见、条例等,去除批复、复函等政策文件。最终获得的政策文本共 327 份(表 8-13),其中通知类政策文本共 259 份,占比约为 79.20%;法律、条例类政策文本共 12 份;办法、规定等实践操作性较强的政策文本共 11 份。

表 8-13　耕地多功能保护政策文本类型统计

项目	办法	法律	公告	规定	决定	条例	通知	意见	其他	合计
数量/份	7	6	15	4	2	6	259	15	13	327
比例	2.14%	1.83%	4.59%	1.22%	0.61%	1.83%	79.20%	4.59%	3.98%	100%

注:表中数据进行过修约,存在估计不等于 100% 的情况

8.3.2　耕地多功能政策演变特征

1. 政策数量与强度呈阶段性增长特征

由图 8-12 可知,1978~2021 年中国耕地保护政策数量逐渐增加,政策强度总体上呈现出逐渐增强的变化趋势,且呈现阶段性特征。其中,1978~1985 年,随着家庭联产承包责任制的推进、农村经济的发展、农民收入的增加,农民建房意愿开始增强,加上国家鼓励发展乡镇企业,使农民建房和乡镇企业建设占用耕地现象频发,耕地保护意识觉醒,相对而言,这一阶段政策数量较少、政策强度较低;1986~1996 年,确立了"十分珍惜、合理利用土地和切实保护耕地"的基本国策,政策数量增加,政策强度随之增长,中国政府对耕地保护的注意力显著增强,这一阶段侧重于耕地数量保护,为耕地保护政策初建期;1997~2003 年发布

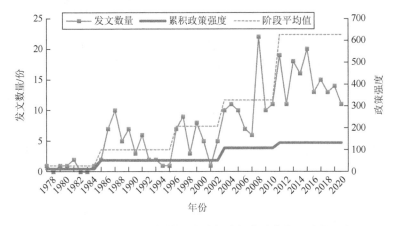

图 8-12　1978~2021 年耕地多功能政策数量变化及政策强度

的政策数量比前一阶段少，由于政策效力的累积，政策强度继续上升到一个新的阶段，为政策发展期；2004～2011 年共发布政策文件 87 份，该阶段侧重于对耕地数量与质量的双重保护，为政策强化期，其中 2009 年发布的政策文件数量达到了最高峰，政策强度继续上升；2012～2021 年中国耕地保护政策体系日渐完善，耕地生态保护逐渐成为耕地保护的重点之一，政策数量继续累积，政策强度指数达到了最高值。总之，中国政府一直在不断探索和完善耕地保护政策，已经形成了耕地数量、质量和生态"三位一体"保护格局。

2. 政策发布主体多元化、网络化，多主体协同合作有待增强

由图 8-13 可知，1978～2021 年中国耕地保护政策发布主体逐渐走向多元化，耕地保护成为一项综合性政策。1978～1985 年参与政策制定的主体较少，主要为国务院办公厅和农业部门，其中国务院办公厅就"侵占耕地建房"问题多次发文制止，农业部门则关注农田水利设施建设。1986～1996 年国家成立国家土地管理局，正式对耕地用途展开严格管控，大力制止建设占用耕地，建设部和农牧渔业部也参与到耕地保护进程中，分别就"完善村镇规划与基本农田保护区划定""农业结构调整中的占用耕地问题"发布相关政策。1997～2003 年国家发展改革委开始参与耕地保护政策制定，耕地保护问题被正式纳入了国家规划。2004～2011 年国家林业局、交通部（2008 年国务院机构改革不再保留交通部，组建交通运输部）分别就农田防护林建设、公路建设过程中的耕地保护问题发布了相应的政策文件，监察部也将耕地保护列为了重要的监察内容。2012～2021 年政策发布主体进一步增加，生态环境部、工业和信息化部开始关注耕地土壤环境污染问题。由此可见，

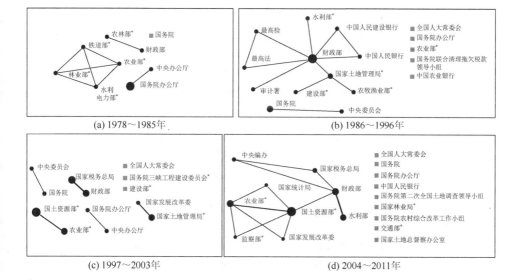

(a) 1978～1985年　　　　　　　　　(b) 1986～1996年

(c) 1997～2003年　　　　　　　　　(d) 2004～2011年

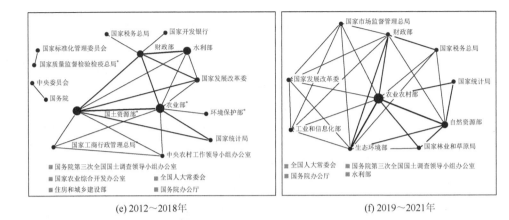

(e) 2012～2018年　　　　　　　　　　(f) 2019～2021年

图 8-13　各阶段耕地多功能政策发布主体网络图

*标记为已撤销或已变更的发布主体，方形节点为单独发文的主体，节点大小代表发文总数，节点间线的粗细程度
代表联合发文数量，中国人民建设银行 1996 年 3 月更名为中国建设银行

随着国家对耕地保护的日益重视，耕地保护逐渐被认为是一项跨领域的综合性问题，更多主体参与到耕地保护政策的制定中。

中国耕地保护政策发布主体网络化特征逐渐凸显，主体间协作程度逐渐加强。1978～1985 年政策发布主体倾向于独立发文或两两联合发文，多部门联合发文较少。1986～1996 年形成了以财政部为核心的主体网络，该阶段注重对耕地占用税的征收与管理，严控建设占用耕地。1997～2003 年在前一阶段的基础上，政策发布主体加强了两两之间的沟通合作，国家税务总局与财政部、国土资源部与农业部多次围绕耕地占用税、农用地管理、基本农田保护等问题联合发文。2004～2011 年国土资源部、农业部、财政部、水利部成为耕地保护政策的主要发布主体，并形成了分别以国土资源部、财政部为核心的两个子网络。2012～2021 年随着耕地"三位一体"保护进程的不断推进，中国耕地保护政策逐渐形成了以自然资源部（原国土资源部）、农业农村部（原农业部）、生态环境部、水利部为核心的主体网络。

多主体间的协作程度仍有待增强。生态环境部、水利部、自然资源部之间联合发文的数量较少，当前中国正在进入生态文明建设和农业绿色发展阶段，耕地生态管护成为现阶段耕地保护的重要任务之一，因此应当继续加强三者间的沟通协作。自然资源部应当大力推进全域土地综合整治，水利部做好农田灌区的水资源保障工作，生态环境部则需加强对土壤、水质的检测与污染治理。

3. 政策的多目标性渐显，政策目标间的协同程度较低

据图 8-14，研究期内政策的核心在于保障粮食安全，以此为目标的政策文本共 248 份；其次是加强社会保障功能，涉及的政策文本共 129 份；以增强耕地经

济贡献和生态维护为目标的文本数量较少，分别为 68 份和 50 份，而涉及强化耕地景观休憩功能的政策文本有 6 份。从时间序列来看，政策的多目标性逐渐凸显。1986～2011 年，国家对耕地数量与质量进行严格管控，并通过调整农业生产结构、发放农业补贴增强了粮食安全和经济贡献功能。2015 年国家提出要深化供给侧结构性改革，此项决议为农业生产与发展提供了新的发展方向，2021 年新增相关促进农村土地经营权流转的政策规定也为农业经济发展增添了活力。随着国家对耕地"三位一体"保护意愿的逐渐增强，耕地的生态维护功能在政策文本中逐渐显现出来，2012～2021 年相关政策文本共 41 份。近年来，中央一号文件多次强调发展休闲观光农业和乡村旅游休闲，在耕地保护的政策文本中逐渐得到了体现。

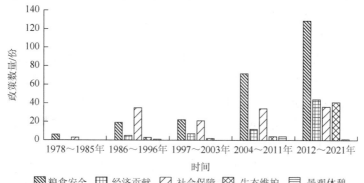

图 8-14　各阶段耕地多功能政策目标统计

从政策目标间的内在联系而言，因各行政部门的职能与政策偏好不同，不同政策目标间存在相互制约、相互矛盾的碎片化现象。一是多重目标之间的内部碎片化。耕地用于种植粮食作物的经济效益低于种植经济作物，因此农户为提高自身收入水平，更倾向于在耕地上进行"非粮化"的生产活动（Su et al.，2020）。然而，限制耕地"非农化"和"非粮化"阻碍了农户和地方政府追求利益最大化的生产行为，在一定程度上阻碍了耕地的社会保障和经济贡献功能的实现。单纯追求提高农民收入、增加农业产值也会导致粮食安全保障目标的虚化，致使政策失灵。二是整体目标分解到各部门后的异化。具体来看，自然资源部内设国土空间生态修复司，承担着国土空间综合整治、土地整理复垦、国土空间生态修复等工作；农业农村部内设的农田建设管理司同样承担着农田整治项目的管理工作；生态环境部内设的土壤生态环境司承担着农用地土壤污染防治和农村生态环境综合整治的责任。三者的职能存在一定程度上的重叠，在实际治理过程中可能造成责任不清或缺失、执法交叉冲突、越权执法或违法执法等现象，最终影响耕地保护效率。三是耕地多功能保护目标和其他政策目标之间的碎片化。各治理主体是一个相对独立的个体，具有特定的利益追求、问题认知和治理方式（Candel and Biesbroek, 2016）。这导致了当耕地多功能保护目标和治理主体的主要职责冲突时，容易忽略对耕地的保护，从而造成"顾此失彼"的现象。

4. 实质性政策工具的组合性增强，程序性政策工具运用不足

政策工具可分为实质性政策工具和程序性政策工具。实质性政策工具又可分为管控型、建设型、激励型和宣传引导型工具；程序性政策工具是指通过操纵政策过程间接影响结果（臧雷振和任婧楠，2023）。就实质性政策工具而言，管控型工具为主要的政策工具，其次是建设型工具和激励型工具，宣传引导型工具所占份额最小（表 8-14）。从时间序列来看，1978~2003 年耕地保护政策中使用较多的管控型工具主要为规划计划与指标控制、审核验收与申报批复。2004 年以后，国家开始重视对具体保护任务的监督管理及耕地保护主体的责任考核与追究。建设型工具由单一的建设与整治项目逐渐发展成为集储备库建设、信息化建设、休养生息、资金整合一体的综合性政策工具箱。1978~1996 年激励型工具中占主导地位的政策工具为土地税费。1997~2003 年国家开始尝试耕地占补平衡的跨区域指标调剂与交易，之后又采取了补偿、奖励、冻结指标等多项奖惩工具，进一步完善了激励型耕地保护政策工具体系。虽然各时期内宣传引导型工具的频数较少，但国家依靠号召鼓励、舆论宣传、经验推广等政策工具不断增强人们的耕地保护意识和保护能力。由此可见，中国耕地保护政策重视各类实质性政策工具的组合运用，不断创新和改进政策工具的应用方式。

表 8-14　"政策工具-发布时间"二维频数统计表

	政策工具	1978~1985 年	1986~1996 年	1997~2003 年	2004~2011 年	2012~2021 年	总计
管控型	规划计划与指标控制	7	20	47	63	123	260
	技术标准与法规管制	4	28	27	35	102	196
	监督与督察	0	10	19	46	119	194
	考核与责任追究	2	5	11	37	88	143
	审核验收与申报批复	8	30	44	98	116	296
	用途管制与占补平衡	1	11	39	33	57	141
管控型合计		22	104	187	312	605	1230
建设型	储备库建设	0	0	7	5	7	19
	建设与整治项目	4	21	18	67	183	293
	信息化建设	0	2	8	34	80	124
	休养生息	0	0	0	0	16	16
	资金整合	0	15	0	22	41	78

续表

政策工具		1978～ 1985 年	1986～ 1996 年	1997～ 2003 年	2004～ 2011 年	2012～ 2021 年	总计
建设型合计		4	38	33	128	327	530
激励型	补偿、奖励等正向调节	3	13	6	42	83	147
	冻结指标、罚款等负向调节	0	5	8	43	35	91
	土地税费	3	35	22	21	10	91
	指标调剂与交易	0	0	7	2	14	23
激励型合计		6	53	43	108	142	352
宣传引导型	号召鼓励	2	4	6	21	78	111
	经验推广	0	8	5	18	32	63
	舆论宣传	8	8	10	26	40	92
宣传引导型合计		10	20	21	65	150	266

就程序性政策工具而言，327 份政策文件中仅有 11 份政策文件提出要专门设立人员、机构或制度，以促进各部门之间的交流与合作，推进耕地保护项目稳步进行。例如，2006 年国土资源部《关于正式确定国家基本农田保护示范区的通知》明确要求成立专门领导机构或建立部门联席会议制度，从而保障各项措施落实。其他政策文件虽也有提及要加强部门协作，但未提出具体的促进部门协作的措施。总体上，当前中国耕地保护政策中缺乏对程序性政策工具的应用。

8.3.3　耕地多功能保护政策整合路径

1. 鼓励多主体参与，促进各主体间协同合作

一是扩大治理主体队伍。在行政部门层面，将耕地多功能保护理念贯穿到各部门政策目标中，强调必须坚守耕地保护红线和保障耕地生态环境，促进耕地的节约集约利用。在土地使用者层面，政策制定者可以通过灵活运用宣传引导型工具鼓励土地使用者对耕地展开自主保护，同时积极推进耕地保护补偿制度。在社会公众层面，应当进一步完善政务信息公开、重大事项社会公示、公众信息反馈和检举与奖励制度。非政府组织具备将社会问题转化为政策问题的能力，因此应当通过开展政府会议、研讨会、听证会等方式直接或间接将非政府组织纳入耕地保护政策主体中（郑准镐，2004）。

二是促进多方主体协同合作。纵向上，地方政府（下级部门）应当积极探索耕地多功能保护新途径，整合各方资源，将政策落到实处。中央人民政府（上级部门）也应当加强对地方政府的考察和监督管理。横向上，以自然资源部、农业

农村部、生态环境部、水利部等部门为核心，建立多部门定期交流机制、工作联动机制，促进各部门之间的沟通与交流，积极发挥各部门职能优势，形成政策合力，共同解决耕地多功能保护进程中的现实问题。积极开展研讨会、听证会，加强政府组织、非政府组织、社会公众之间的合作交流，实现优势互补，共同保障耕地多功能保护政策的科学制定和正常运行。

2. 加强运用程序性政策工具，促进政策工具的多样化

一是科学设置程序性政策工具。针对政策本身，可尝试设立政策评估机制，对各部门政策的内容和实质性政策工具展开评价，避免政策内容、政策工具重叠或相互矛盾，提高政策工具的有效性。在管理机构层面，尝试建立综合政策委员会和执行委员会制度，综合政策委员会负责政策的制定、协调与一体化，促进政策的有机整合。执行委员会负责统一分配政策资源，协调各部门的政策执行过程。此外，还可以通过建立联合决策制度、区域政策信息交流平台等方式，促进区域间政策协调与合作（张玉强，2014）。

二是促进政策工具的多样化。当前耕地保护政策管控性较强，耕地保护主体、客体、环境的复杂性要求加强建设型、激励型、宣传引导型政策工具的组合运用。就建设型工具而言，应当创新耕地质量提升和生态环境管护方式，促进多渠道资金统筹，为耕地轮作休耕、土壤污染防治、耕作层表土剥离提供技术和资金保障。就激励型工具而言，应当积极探索耕地生态保护、轮作休耕、农田景观建设与文化传承的补偿机制，大力推进补充、新增耕地指标交易制度体系建设，健全耕地保护奖惩机制。就宣传引导型工具而言，政府应当扩大政策透明度，利用好新媒体开展技术推广、政策宣讲、负面典型曝光等活动。

3. 促进政策目标整合，强化目标协同效应

耕地各功能之间存在一定程度的权衡和协同关系（朱庆莹等，2018），为加强对耕地多功能保护政策目标的整合与优化，提出以下政策整合思路（表8-15）。

表 8-15　耕地多功能保护政策目标整合框架

项目	纵向整合	横向整合
内部整合	在一个部门领域内，协调耕地多功能保护政策目标	在各部门领域内，促进耕地多功能保护政策目标的协同作用
外部整合	在一个部门领域内，将耕地多功能保护政策目标与部门其他目标协同起来	在各部门领域内，提高耕地多功能保护政策目标与其他部门目标的协同效应

"内部整合＋纵向整合"：在一个部门领域内，提高粮食安全、经济贡献、生态维护等耕地多功能保护政策目标之间的协同程度。以自然资源部为例，在加强

永久基本农田保护、遏制耕地"非农化"和"非粮化"的同时，也要注重对农业生产基础设施和农田生态环境的重视。因此应当通过推进全域土地综合整治、严控耕地进出平衡、促进农地流转等措施，提高对耕地粮食安全功能、经济贡献功能、生态维护功能保护的协同效应。

"外部整合＋纵向整合"：在同一部门内将耕地多功能保护目标纳入到其他政策目标中。以农业农村部加快推进乡村振兴战略为例，耕地质量的提升关系到农业产值和农民收入，耕地的生态环境状况则影响农村居民的生活条件，同时也是旅游开发的重要资源储备。一方面，开展农田建设与整治项目工程，提升耕地质量和改善生态环境，为开展特色农业、建设农田景观、打造乡村旅游环境奠定资源基础。另一方面，特色农业经营和乡村旅游获得的资金收入再投入到耕地质量提升与生态功能维护的项目工程中，实现"耕地保护—乡村振兴"良性循环。

"内部整合＋横向整合"：促进耕地多功能保护政策目标的跨部门整合，尝试构建跨部门的政策协调机制。各部门对耕地多功能保护的侧重点因部门目标和职能而有所不同，因此要促进跨部门政策目标有机整合。农业农村部在耕地保护进程中更加重视耕地的粮食安全功能和经济贡献功能；生态环境部主要负责耕地的污染防治和生态修复工作，致力于强化耕地的生态维护功能；自然资源部则主要以保障耕地粮食安全、维护社会稳定为主要耕地保护目标。

"外部整合＋横向整合"：在跨部门合作中，提高耕地多功能保护政策目标与其他目标的协同效应。将耕地多功能保护政策目标融入乡村振兴综合性政策目标中，通过跨部门协商合作促进政策资源节约利用。在政策目标整合的过程中，注重挖掘耕地多功能保护政策目标与其他部门目标之间的内在联系，通过增强耕地多功能价值促进其他政策目标的实现，同时利用其他政策目标带来的经济收益反哺耕地多功能保护项目。

参 考 文 献

白海江. 2020. 耕地多功能评价及权衡与协同关系分析：以张掖市为例. 西部大开发（土地开发工程研究），5（3）：1-5.

包锡南. 1992. 美国非点污染源及其治理对策. 农业环境与发展，（3）：3-6，49.

蔡银莺，张安录. 2007. 武汉市农地非市场价值评估. 生态学报，27（2）：763-773.

蔡银莺，宗琪，张安录. 2007. 江汉平原农地资源价值研究. 中国人口·资源与环境，17（3）：85-89.

蔡运龙，霍雅勤. 2006. 中国耕地价值重建方法与案例研究. 地理学报，61（10）：1084-1092.

陈丽. 2016. 黄淮海平原耕地多功能效应及保护补偿研究. 北京：中国农业大学.

陈丽，郝晋珉，陈爱琪，等. 2017. 基于二元水循环的黄淮海平原耕地水源涵养功能研究. 生态学报，37（17）：5871-5881.

陈丽，刘娟，郝晋珉，等. 2018. 大都市区耕地系统多功能运行效应综合评价：以北京为例. 北京师范大学学报（自然科学版），54（3）：284-291.

陈莉. 2022. 农村土地景观文化价值共创的农户行为研究. 武汉：华中农业大学.

陈美球，王光远. 2013. 农民对耕地非生产性功能的认识及其量化实证研究：基于 1065 份问卷调查. 中国土地科学，27（3）：10-16.

陈美球，吴月红，刘桃菊. 2012. 基于农户行为的我国耕地保护研究与展望. 南京农业大学学报（社会科学版），12（3）：66-72.

陈秋珍，Sumelius J. 2007. 国内外农业多功能性研究文献综述. 中国农村观察，（3）：71-79，81.

陈帷胜，冯秀丽，马仁锋，等. 2016. 耕地破碎度评价方法与实证研究：以浙江省宁波市为例. 中国土地科学，30（5）：80-87.

陈星宇，王枫，李灿. 2017. 珠三角地区耕地多功能空间差异与影响因素分析. 地域研究与开发，36（1）：130-136.

陈云洁. 2023. 耕地多功能权衡与协同关系的时空演变及驱动机制研究：以武汉城市圈为例. 武汉：华中农业大学.

程名望，阮青松. 2010. 资本投入、耕地保护、技术进步与农村剩余劳动力转移. 中国人口·资源与环境，20（8）：27-32.

代兵. 2010. 大城市多功能基本农田规划理论与方法研究：以上海市为例. 武汉：华中农业大学.

戴尔阜，王晓莉，朱建佳，等. 2015. 生态系统服务权衡/协同研究进展与趋势展望. 地球科学进展，30（11）：1250-1259.

邓正华，张俊飚，许志祥，等. 2013. 农村生活环境整治中农户认知与行为响应研究：以洞庭湖湿地保护区水稻主产区为例. 农业技术经济，（2）：72-79.

董鹏宇，赵华甫. 2019. 耕地多功能权衡与协同关系研究：以上海市青浦区为例. 长江流域资源与环境，28（2）：368-375.

杜继丰，袁中友. 2015. 基于耕地多功能需求的巨型城市区耕地保护阈值探讨：以珠江三角洲为例. 自然资源学报，30（8）：1255-1266.

樊杰，周侃，陈东. 2013. 生态文明建设中优化国土空间开发格局的经济地理学研究创新与应用实践. 经济地理，33（1）：1-8.

范丽娟，田广星. 2018. 1995—2015年上海市土地利用及其景观格局变化. 水土保持通报，38（1）：287-292，298.

范业婷，金晓斌，项晓敏，等. 2018. 苏南地区耕地多功能评价与空间特征分析. 资源科学，40（5）：980-992.

方斌，牛善栋，黄木易. 2021. 吃饱和吃好语境对我国耕地保护的启示. 长江流域资源与环境，30（10）：2533-2544.

方莹，王静，孔雪松，等. 2018. 耕地利用多功能权衡关系测度与分区优化：以河南省为例. 中国土地科学，32（11）：57-64.

房艳刚，刘继生. 2015. 基于多功能理论的中国乡村发展多元化探讨：超越"现代化"发展范式. 地理学报，70（2）：257-270.

丰雷，蒋妍，黄晓宇. 2011. 土地利用结构与社会经济结构：基于中国不同用地类型区域的实证分析. 地域研究与开发，30（1）：110-115.

付鸿昭，郭熙，周丙娟，等. 2021. 南方丘陵山区耕地资源多功能时空演变及协同与权衡研究：以安福县为例. 安徽农业科学，49（6）：85-91，153.

付慧，刘艳军，孙宏日，等. 2020. 京津冀地区耕地利用转型时空分异及驱动机制. 地理科学进展，39（12）：1985-1998.

盖美，秦冰，郑秀霞. 2021. 经济增长动能转换与绿色发展耦合协调的时空格局演化分析. 地理研究，40（9）：2572-2590.

高宁，胡迅. 2012. 基于多功能农业理论的都市农业公园规划设计：以莫干山红枫农业公园为例. 南方建筑，（5）：82-86.

高星，宋昭颖，李晨曦，等. 2021. 城乡梯度下的耕地多功能价值空间分异特征. 农业工程学报，37（16）：251-259.

葛继红，周曙东. 2011. 农业面源污染的经济影响因素分析：基于1978—2009年的江苏省数据. 中国农村经济，（5）：72-81.

葛鹏飞，王颂吉，黄秀路. 2018. 中国农业绿色全要素生产率测算. 中国人口·资源与环境，28（5）：66-74.

苟露峰，高强，汪艳涛. 2015. 新型农业经营主体技术选择的影响因素. 中国农业大学学报，20（1）：237-244.

郭利京，赵瑾. 2014. 非正式制度与农户亲环境行为：以农户秸秆处理行为为例. 中国人口·资源与环境，24（11）：69-75.

韩海彬，张莉. 2015. 农业信息化对农业全要素生产率增长的门槛效应分析. 中国农村经济，（8）：11-21.

郝芳华，常影，宁大同. 2003. 中国耕地资源面临的挑战与可持续利用对策. 环境保护，（4）：30-33.

郝亮. 2021. 基于生态系统服务供需关系的上海市生态安全格局分析. 西安：长安大学.

何山. 2019. 基于多源信息的耕地多功能评价与用途分区研究：以杭州市为例. 杭州：浙江大学.

胡伟艳，李梦燃，张娇娇，等. 2019. 农户农地生态功能供给行为研究：基于拓展的计划行为理论. 中国农业资源与区划，40（8）：156-163.

胡伟艳，卢大伟，赵志尚，等. 2015. 美国农地多功能保护政策逻辑与启示. 农村经济，（12）：121-125.

胡伟艳，魏安奇，赵志尚，等. 2017. 农地多功能供需错位与协同作用研究进展及趋势. 中国土地科学，31（3）：89-97.

胡伟艳，赵志尚，刘进，等. 2016.生活满意度法在农地资源多功能价值评估中的应用：以武汉市郊区为例. 资源开发与市场. 32（4）：385-389，493.

胡伟艳，朱庆莹，张安录，等. 2018. 总量与结构视角耕地多功能对农业经济增长的影响：以湖北省为例. 中国土地科学，32（5）：62-70.

黄涛，刘晶岚，唐宁，等. 2018. 价值观、景区政策对游客环境责任行为的影响：基于 TPB 的拓展模型. 干旱区资源与环境，32（10）：88-94.

黄伟华，祁春节，方国柱，等. 2021. 农业环境规制促进了小麦绿色全要素生产率的提升吗?. 长江流域资源与环境，30（2）：459-471.

黄业建. 2019. 宜都市耕地多功能时空演变特征及关联分析. 武汉：华中师范大学.

黄越，赵振斌. 2018. 旅游社区居民感知景观变化及空间结构：以丽江市束河古镇为例. 自然资源学报，33（6）：1029-1042.

黄宗智. 2000. 长江三角洲小农家庭与乡村发展. 北京：中华书局.

黄祖辉，李懿芸，毛晓红. 2022. 我国耕地"非农化""非粮化"的现状与对策. 江淮论坛，（4）：13-21.

霍雅勤，蔡运龙，王瑛. 2004. 耕地对农民的效用考察及耕地功能分析. 中国人口·资源与环境，（3）：105-108.

纪陈飞，吴群. 2015. 基于政策量化的城市土地集约利用政策效率评价研究：以南京市为例. 资源科学，37（11）：2193-2201.

简兆权，令狐克睿，李雷. 2016. 价值共创研究的演进与展望：从"顾客体验"到"服务生态系统"视角. 外国经济与管理，38（9）：3-20.

姜广辉，张凤荣，孔祥斌，等. 2011. 耕地多功能的层次性及其多功能保护. 中国土地科学，25（8）：42-47.

揭懋汕，郭洁，陈罗烨，等. 2016. 碳约束下中国县域尺度农业全要素生产率比较研究. 地理研究，35（5）：898-908.

康庆，郭青霞，丁一，等. 2021. 山西省"三生"功能协同/权衡关系分析. 自然资源学报，36（5）：1195-1207.

柯新利，李红艳，刘荣霞. 2016. 武汉市耕地景观游憩功能与可达性的空间匹配格局. 长江流域资源与环境，25（5）：751-760.

孔祥斌. 2020. 中国耕地保护生态治理内涵及实现路径. 中国土地科学，34（12）：1-10.

匡兵，左剑. 2019. 政策工具影响耕地保护效果的区域异质性：基于中国省际面板数据的实证研究. 华中科技大学学报（社会科学版），33（6）：69-76.

李伯华，杨家蕊，刘沛林，等. 2018. 传统村落景观价值居民感知与评价研究：以张谷英村为例. 华中师范大学学报（自然科学版），52（2）：248-255.

李朝辉，金永生. 2013. 价值共创研究综述与展望. 北京邮电大学学报（社会科学版），15（1）：91-96.

李承嘉，廖丽敏，陈怡婷，等. 2009. 多功能农业体制下的农地功能与使用方案选择. 台湾土地研究，12（12）：135-162.

李谷成，尹朝静，吴清华. 2015. 农村基础设施建设与农业全要素生产率. 中南财经政法大学学报，（1）：141-147.

李广东，邱道持，王平. 2011. 三峡生态脆弱区耕地非市场价值评估. 地理学报，66（4）：562-575.

李海燕，蔡银莺，王亚运. 2016. 农户家庭耕地利用的功能异质性及个体差异评价：以湖北省典型地区为实例. 自然资源学报，31（2）：228-240.

李桦，姚顺波，郭亚军. 2011. 不同退耕规模农户农业全要素生产率增长的实证分析：基于黄土高原农户调查数据. 中国农村经济，（10）：36-43，51.

李佳层. 2019. 耕地多功能时空演变及其协同与权衡研究：以湖北省为例. 武汉：武汉大学.

李嘉仪，董玉祥. 2019. 珠海市镇域耕地多功能性与安全耦合协调度分析. 热带地理，39（3）：410-419.

李靖华，林莉，闫威涛. 2017. 制造业服务化的价值共创机制：基于价值网络的探索性案例研究. 科学学与科学技术管理，38（5）：85-100.

李俊岭. 2009. 东北农业功能分区与发展战略研究. 北京：中国农业科学院.

李丽娟. 2012. 旅游体验价值共创影响机理研究：以北京香山公园为例. 地理与地理信息科学，28（3）：96-100.

李梦燃. 2019. 耕地多功能供需错位与协同机制的多尺度研究. 武汉：华中农业大学.

李旻，赵连阁. 2010. 农村劳动力流动对农业劳动力老龄化形成的影响：基于辽宁省的实证分析. 中国农村经济，（9）：68-75.

李鹏，姜鲁光，封志明，等. 2012. 生态系统服务竞争与协同研究进展. 生态学报，32（16）：5219-5229.

李莎莎，朱一鸣，马骥. 2015. 农户对测土配方施肥技术认知差异及影响因素分析：基于11个粮食主产省2172户农户的调查. 统计与信息论坛，30（7）：94-100.

李士梅，尹希文. 2017. 中国农村劳动力转移对农业全要素生产率的影响分析. 农业技术经济，（9）：4-13.

李双成. 2014. 生态系统服务地理学. 北京：科学出版社.

李双成，刘金龙，张才玉，等. 2011. 生态系统服务研究动态及地理学研究范式. 地理学报，66（12）：1618-1630.

李双成，张才玉，刘金龙，等. 2013. 生态系统服务权衡与协同研究进展及地理学研究议题. 地理研究，32（8）：1379-1390.

李文腾. 2017. 农村环境污染控制及对策研究：基于农户家庭排污角度. 杭州：浙江大学.

李旭旦. 1985. 人文地理学概说. 北京：科学出版社.

李扬子，宋敏，胡灿. 2021. 耕地资源的关键性生态系统服务识别：以差别化耕地保护政策目标为导向. 农业技术经济，（10）：121-133.

李子奈，潘文卿. 2005. 计量经济学. 2版. 北京：高等教育出版社：360.

李宗伟. 2018. 内蒙古自治区农业经济与农业生态环境耦合研究. 中国农业资源与区划，39（3）：172-178.

连纲，虎陈霞，刘卫东. 2008. 公众对耕地保护及多功能价值的认知与参与意愿研究：基于浙江省苍南县的实证分析. 生态环境，17（5）：1908-1913.

梁水兰. 2013. 传统村落评价认定指标体系研究：以滇中地区为例. 昆明：昆明理工大学.

廖玉静, 宋长春, 郭跃东, 等. 2009. 基于 PRA 方法的社区居民对湿地生态系统稳定性及退耕政策的认知分析. 自然资源学报, 24（6）：1041-1048.

刘超, 许月卿, 卢新海. 2021. 生态脆弱贫困区土地利用多功能权衡/协同格局演变与优化分区：以张家口市为例. 经济地理, 41（1）：181-190.

刘春腊, 徐美, 刘沛林, 等. 2020. 传统村落文化景观保护性补偿模型及湘西实证. 地理学报, 75（2）：382-397.

刘丹, 巩前文, 杨文杰. 2018. 改革开放 40 年来中国耕地保护政策演变及优化路径. 中国农村经济, （12）：37-51.

刘丹丹. 2015. 基于价值共创理论的档案馆信息资源开发及服务研究. 太原：山西大学.

刘浩, 张毅, 郑文升. 2011. 城市土地集约利用与区域城市化的时空耦合协调发展评价：以环渤海地区城市为例. 地理研究, 30（10）：1805-1817.

刘洪彬, 王武林, 王秋兵, 等. 2018. 耕地土壤质量保护中农户认知行为影响因素研究：基于结构方程模型的估计. 土壤通报, 49（4）：801-806.

刘军萍, 荣文笏, 卢宏升. 2006. 北京农业功能区划研究. 中国农业资源与区划, （5）：49-54.

刘钦普. 2014. 中国化肥投入区域差异及环境风险分析. 中国农业科学, 47（18）：3596-3605.

刘恬, 胡伟艳, 魏安奇, 等. 2018. 基于多尺度的基本农田空间区位选择：以武汉城市圈为例. 资源科学, 40（7）：1365-1374.

刘卫东. 2008. 耕地多功能保护问题研究. 国土资源科技管理, （1）：1-5.

刘文超, 辛欣, 任俊生. 2011. "共同创造"思想的兴起及其内涵浅析. 税务与经济, （6）：28-32.

刘小燕. 2016. 游客参与旅行社价值共创行为研究：理论与模型. 旅游纵览（下半月）, （22）：74-75.

罗成, 蔡银莺. 2016. 湖北省农产品主产区耕地资源功能的时空演变. 经济地理, 36（3）：153-161.

吕立刚, 撒旭, 龙花楼, 等. 2023. 耕地多功能供需匹配研究进展与展望. 资源科学, 45（7）：1351-1365.

吕娜, 朱立志. 2019. 中国农业环境技术效率与绿色全要素生产率增长研究. 农业技术经济, （4）：95-103.

吕晓, 孙晓雯, 彭文龙, 等. 2022. 基于能值分析的沈阳市耕地利用可持续集约化时空分异特征研究. 中国土地科学, 36（9）：79-89.

马波, 马璠, 李占斌, 等. 2014. 模拟降雨条件下作物植株对降雨再分配过程的影响. 农业工程学报, 30（16）：136-146.

马蕊, 严国泰. 2019. 英国乡村景观价值认知转变下的保护历程分析及启示. 风景园林, 26（3）：105-109.

孟庆香, 张莉坤, 位贺杰, 等. 2022. 基于土地利用/覆被变化的伊河流域生态系统服务供需风险时空演变. 生态学报, 42（5）：2033-2049.

米建伟, 黄季焜, 陈瑞剑, 等. 2012. 风险规避与中国棉农的农药施用行为. 中国农村经济, （7）：60-71, 83.

芈凌云, 杨洁. 2017. 中国居民生活节能引导政策的效力与效果评估：基于中国 1996-2015 年政策文本的量化分析. 资源科学, 39（4）：651-663.

宁满秀, 袁祥州, 王林萍, 等. 2018. 乡村振兴：国际经验与中国实践：中国国外农业经济研究会 2018 年年会暨学术研讨会综述. 中国农村经济,（12）：130-139.

牛海鹏. 2006. 基于生态位理论的耕地数量相对变化研究：以焦作市为例. 地域研究与开发,（6）：112-117.

牛海鹏, 赵晓鸣, 肖东洋, 等. 2022. 黄河流域（河南段）耕地多功能时空格局演变及其权衡协同关系. 农业工程学报, 38（23）：223-236.

牛善栋, 方斌. 2019. 中国耕地保护制度 70 年：历史嬗变、现实探源及路径优化. 中国土地科学, 33（10）：1-12.

彭纪生, 仲为国, 孙文祥. 2008. 政策测量、政策协同演变与经济绩效：基于创新政策的实证研究. 管理世界,（9）：25-36.

彭建, 杨旸, 谢盼, 等. 2017. 基于生态系统服务供需的广东省绿地生态网络建设分区. 生态学报, 37（13）：4562-4572.

秦嘉励, 杨万勤, 张健. 2009. 岷江上游典型生态系统水源涵养量及价值评估. 应用与环境生物学报, 15（4）：453-458.

任国平, 刘黎明, 李洪庆, 等. 2019. 都市郊区乡村景观多功能权衡-协同关系演变. 农业工程学报, 35（23）：273-285.

申光龙, 彭晓东, 秦鹏飞. 2016. 虚拟品牌社区顾客间互动对顾客参与价值共创的影响研究：以体验价值为中介变量. 管理学报, 13（12）：1808-1816.

施园园, 赵华甫, 郧文聚, 等. 2015. 北京市耕地多功能空间分异及其社会经济协调模式解释. 资源科学, 37（2）：247-257.

史洋洋, 吕晓, 郭贯成, 等. 2019. 基于 GIS 和空间计量的耕地利用转型时空格局及其驱动机制研究. 中国土地科学, 33（11）：51-60.

单志鹏. 2013. 在宏观调控中土地政策对房地产市场的影响效果研究. 长春：吉林大学.

宋小青, 欧阳竹. 2012a. 耕地多功能内涵及其对耕地保护的启示. 地理科学进展, 31（7）：859-868.

宋小青, 欧阳竹. 2012b. 中国耕地多功能管理的实践路径探讨. 自然资源学报, 27（4）：540-551.

宋小青, 吴志峰, 欧阳竹. 2014. 1949 年以来中国耕地功能变化. 地理学报, 69（4）：435-447.

宋志军, 刘黎明. 2011. 北京市城郊农业区多功能演变的空间特征. 地理科学, 31（4）：427-433.

孙新章, 周海林, 谢高地. 2007. 中国农田生态系统的服务功能及其经济价值. 中国人口·资源与环境,（4）：55-60.

谈明洪, 吕昌河. 2005. 城市用地扩展与耕地保护. 自然资源学报,（1）：52-58.

谭淑豪, 汪浩. 2011. 土地要素部门间流动对农业环境的影响. 中国人口·资源与环境, 21（3）：99-105.

谭永忠, 王庆日, 陈佳, 等. 2012. 耕地资源非市场价值评价方法的研究进展与述评. 自然资源学报, 27（5）：883-892.

唐健, 魏西云, 戴劲. 2020. 国土空间视角下差别化耕地保护政策的选择. 中国土地,（8）：4-9.

唐秀美, 陈百明, 刘玉, 等. 2016. 耕地生态价值评估研究进展分析. 农业机械学报, 47（9）：256-265.

特尔格勒. 2017. 内蒙古宜农沙地多功能农地规划研究：以杭锦旗为例. 呼和浩特：内蒙古师范大学.

田国强, 杨立岩. 2006. 对"幸福—收入之谜"的一个解答. 经济研究,（11）：4-15.

汪容基，赵小敏，赵丽红，等. 2022. 基于 MCR-InVEST 模型的城郊耕地多功能评价及功能分区. 农业工程学报，38（20）：209-219.

王常伟，顾海英. 2013. 市场 VS 政府，什么力量影响了我国菜农农药用量的选择？管理世界，（11）：50-66，187-188.

王成，彭清，唐宁，等. 2018. 2005～2015 年耕地多功能时空演变及其协同与权衡研究：以重庆市沙坪坝区为例. 地理科学，38（4）：590-599.

王芳，张路路. 2019. 沧州市耕地多功能耦合协调度的演变. 河北农业科学，23（3）：37-43.

王洪政. 2019. 湖南省耕地多功能水平空间分异及耦合协调度研究. 武汉：华中科技大学.

王静，霍学喜. 2014. 技术创新环境对苹果种植户技术认知影响研究. 农业技术经济，（1）：31-41.

王静，王雯，祁元，等. 2017. 中国生态用地分类体系及其 1996-2012 年时空分布. 地理研究，36（3）：453-470.

王静，张洁瑕，段瑞娟. 2015. 区域农业生态系统研究进展. 生态经济，31（2）：102-108.

王利文. 2009. 中国北方农牧交错带生态用地变化对农业经济的影响分析. 中国农村经济，（4）：80-85.

王全喜，孙鹏举，刘学录，等. 2020. 黄土丘陵沟壑区"三生"空间的功能权衡与协同时空格局分析：以武山县为例. 中国农业资源与区划，41（11）：122-130.

王文旭，曹银贵，苏锐清，等. 2020. 基于政策量化的中国耕地保护政策演进过程. 中国土地科学，34（7）：69-78.

王雪禅. 2015. 农用地转用过程中生态价值补偿测算与分配研究. 杭州：浙江工商大学.

王亚辉，李秀彬，辛良杰. 2020. 近 30 年来耕地养老保障功能的时空演变及政策启示. 地理研究，39（4）：956-969.

王亚运. 2018. 农户家庭耕地利用功能对土地利用行为的影响研究：湖北省不同类型功能区的实证. 武汉：华中农业大学.

王兆峰，向秋霜. 2020. 景观感知和地方依恋对居民文化补偿认知的影响与分异. 经济地理，（5）：220-229.

韦惠兰，周夏伟. 2017. 封禁保护区农户对沙化土地治理的认知度及影响因素实证分析：基于甘肃省 659 个农户调查数据的对比研究. 干旱区资源与环境，（7）：33-37.

温海珍，卜晓庆，秦中伏. 2012. 城市湖景对住宅价格的空间影响：以杭州西湖为例. 经济地理，32（11）：58-64.

邬建国. 2007. 景观生态学：格局、过程、尺度与等级. 2 版. 北京：高等教育出版社：1-80.

吴平. 2017. 打好"三大攻坚战"/"污染防治与环保制度创新"系列笔谈之二 生态补偿的实际运作观察. 改革，（10）：71-74.

吴玉鸣. 2010. 中国区域农业生产要素的投入产出弹性测算：基于空间计量经济模型的实证. 中国农村经济，（6）：25-37，48.

向敬伟，李江风. 2018. 贫困山区耕地利用转型对农业经济增长质量的影响. 中国人口·资源与环境，28（1）：71-81.

向敬伟，廖晓莉，宋小青，等. 2019. 中国耕地多功能的区域收敛性. 资源科学，41（11）：1959-1971.

谢红. 2020. 乡村旅游者价值共创行为、感知体验价值和游客忠诚的关系研究. 蚌埠：安徽财经大学.

邢美华，张俊飚，黄光体. 2009. 未参与循环农业农户的环保认知及其影响因素分析：基于晋、鄂两省的调查. 中国农村经济，(4)：72-79.

熊昌盛，张永蕾，王雅娟，等. 2021. 中国耕地多功能评价及分区管控. 中国土地科学，35(10)：104-114.

许多艺，濮励杰，黄思华，等. 2022. 江苏省耕地多功能时空动态分析及对耕地数量变化响应研究. 长江流域资源与环境，31(3)：575-587.

许恒周，金晶. 2011. 耕地非农化与区域经济增长的因果关系和耦合协调性分析：基于中国省际面板数据的实证研究. 公共管理学报，8(3)：64-72，126.

许菁，李晓莎，许姣姣，等. 2015. 长期保护性耕作对麦-玉两熟农田土壤碳氮储量及固碳固氮潜力的影响. 水土保持学报，29(6)：191-196.

薛超，史雪阳，周宏. 2020. 农业机械化对种植业全要素生产率提升的影响路径研究. 农业技术经济，(10)：87-102.

杨凤妍子. 2021. 耕地多功能权衡与协同关系的多尺度研究：以武汉城市圈为例. 武汉：华中农业大学.

杨凤妍子，胡伟艳，刘恬，等. 2022. 耕地多功能权衡与协同关系的尺度效应：以武汉城市圈为例. 浙江农业学报，34(1)：184-195.

杨凤妍子，胡伟艳，余婷，等. 2021. 农地多功能权衡与协同研究进展与趋势. 国土资源科技管理，38(2)：31-39.

杨刚，杨孟禹. 2013. 中国农业全要素生产率的空间关联效应：基于静态与动态空间面板模型的实证研究. 经济地理，33(11)：122-129.

杨继东，章逸然. 2014. 空气污染的定价：基于幸福感数据的分析. 世界经济，37(12)：162-188.

杨雪，谈明洪. 2014. 近年来北京市耕地多功能演变及其关联性. 自然资源学报，29(5)：733-743.

姚山季，王永贵. 2011. 顾客参与新产品开发对企业技术创新绩效的影响机制：基于B-B情境下的实证研究. 科学学与科学技术管理，32(5)：34-41.

殷如梦，李欣，曹锦秀，等. 2020. 江苏省耕地多功能利用权衡/协同关系研究. 南京师大学报(自然科学版)，43(1)：69-75.

雍新琴，张安录. 2011. 基于机会成本的耕地保护农户经济补偿标准探讨：以江苏铜山县小张家村为例. 农业现代化研究，32(5)：606-610.

于昊辰，曾思燕，王庆宾，等. 2021. 多情景模拟下新时代中国耕地保护底线预测. 资源科学，43(6)：1222-1233.

于晓华，钟晓萍，张越杰. 2019. 农村土地政策改革与城乡融合发展：基于中央"一号文件"的政策分析. 吉林大学社会科学学报，59(5)：150-162，222-223.

余富祥，胡月明，刘振杰，等. 2019. 基于力学平衡模型的耕地多功能演变及其协调性分析：以珠江三角洲为例. 农业资源与环境学报，36(6)：728-737.

余亮亮，蔡银莺. 2015. 基于农户满意度的耕地保护经济补偿政策绩效评价及障碍因子诊断. 自然资源学报，30(7)：1092-1103.

余威震，罗小锋，李容容，等. 2017. 绿色认知视角下农户绿色技术采纳意愿与行为悖离研究. 资源科学，39(8)：1573-1583.

俞振宁. 2019. 重金属污染耕地区农户参与治理式休耕行为研究. 杭州：浙江大学.

郁建兴. 2013. 从行政推动到内源发展：中国农业农村的再出发. 北京：北京师范大学出版社.

袁弘,蒋芳,刘盛和,等.2007.城市化进程中北京市多功能农地利用.干旱区资源与环境,(10):18-23.

臧雷振,任婧楠.2023.从实质性政策工具到程序性政策工具:国家治理的工具选择.行政论坛,30(2):85-93.

曾杰,李江风,姚小薇.2014.武汉城市圈生态系统服务价值时空变化特征.应用生态学报,25(3):883-891.

张安录.2000.可转移发展权与农地城市流转控制.中国农村观察,(2):20-25.

张安录,杨钢桥,陆红生.1999.论农地城市流转对农业可持续发展的影响.理论月刊,(12):7-11.

张娇娇.2018.公众对农地多功能的态度、需求意愿与需求行为研究:计划行为理论拓展视角.武汉:华中农业大学.

张娇娇,胡伟艳,李梦燃.2018.农地景观文化功能需求及影响因素研究:基于计划行为理论拓展视角.资源开发与市场,34(7):925-929.

张乐敏.2012.青海省海晏县土地利用多功能评价.武汉:中国地质大学.

张丝雨,胡伟艳,赵可,等.2022.耕地多功能与农业绿色全要素生产率的耦合协调发展研究.世界农业,(11):83-97.

张雄,张安录.2009.湖北省城乡生态经济交错区农地价值测算.中国土地科学,23(8):18-23.

张晏维,卢新海.2022.差异化政策工具对耕地保护效果的影响.资源科学,44(4):660-673.

张英男,龙花楼,戈大专,等.2018.黄淮海平原耕地功能演变的时空特征及其驱动机制.地理学报,73(3):518-534.

张玉强.2014.政策"碎片化":表现、原因与对策研究.中共贵州省委党校学报,(5):102-109.

赵华甫,张凤荣,许月卿,等.2007.北京城市居民需要导向下的耕地功能保护.资源科学,(1):56-62.

赵京,杨钢桥.2011.耕地集约利用与经济发展的耦合关系.中国土地科学,25(9):35-41.

赵志尚.2017.耕地多功能权衡与协同的时空变化研究:以湖北省为例.武汉:华中农业大学.

赵志尚,胡伟艳,魏安奇.2018.湖北省耕地多功能变化及障碍因素诊断.江苏农业科学,46(5):268-272.

郑世开.2017.崇明岛耕地多功能规划设计研究.北京:中国地质大学(北京).

郑准镐.2004.非政府组织的政策参与及影响模式.中国行政管理,(5):32-35.

钟涨宝,汪萍.2003.农地流转过程中的农户行为分析:湖北、浙江等地的农户问卷调查.中国农村观察.(6):55-64,81.

周丁扬,李抒函,文雯,等.2020.基于供需视角的河南省耕地多功能评价与优化.农业机械学报,51(11):272-281.

周亮,车磊,周成虎.2019.中国城市绿色发展效率时空演变特征及影响因素.地理学报,74(10):2027-2044.

周小靖,马仁锋,林玲.2019.浙中城镇群耕地多功能时空格局演变.上海国土资源,40(2):43-48.

朱从谋,李武艳,杜莹莹,等.2020.浙江省耕地多功能价值时空变化与权衡-协同关系.农业工程学报,36(14):263-272.

朱俊林,蔡崇法,杨波,等.2011.基于星座图法的湖北省农业功能分区.长江流域资源与环境,

20（6）：666-671.

朱庆莹，胡伟艳，赵志尚. 2018. 耕地多功能权衡与协同时空格局的动态分析：以湖北省为例. 经济地理，38（7）：143-153.

朱一中，王哲，潘英健. 2015. 基于特征价格理论的土地增值影响因素及其效应：以中山市商品住宅用地为例. 经济地理，35（12）：185-192.

Aarikka-Stenroos L，Jaakkola E. 2012. Value co-creation in knowledge intensive business services：a dyadic perspective on the joint problem solving process. Industrial Marketing Management，41（1）：15-26.

Aizaki H，Sato K，Osari H. 2006. Contingent valuation approach in measuring the multifunctionality of agriculture and rural areas in Japan. Paddy and Water Environment，4：217-222.

Ala-Hulkko T，Kotavaara O，Alahuhta J，et al. 2019. Mapping supply and demand of a provisioning ecosystem service across Europe. Ecological Indicators，103：520-529.

Ambrey C L，Fleming C M. 2011. Valuing scenic amenity using life satisfaction data. Ecological Economics，72：106-115.

Ambrey C L，Fleming C M. 2014. Valuing ecosystem diversity in South East Queensland：a life satisfaction approach. Social Indicators Research，115：45-65.

Anselin L. 2019. Quantile local spatial autocorrelation. Letters in Spatial and Resource Sciences，12：155-166.

Asadolahi Z，Salmanmahiny A，Sakieh Y，et al. 2018. Dynamic trade-off analysis of multiple ecosystem services under land use change scenarios：towards putting ecosystem services into planning in Iran. Ecological Complexity，36：250-260.

Balmford A，Bruner A，Cooper P，et al. 2002. Economic reasons for conserving wild nature. Science，297（5583）：950-953.

Basavalingaiah K，Paramesh V，Parajuli R，et al. 2022. Energy flow and life cycle impact assessment of coffee-pepper production systems：an evaluation of conventional，integrated and organic farms in India. Environmental Impact Assessment Review，92：106687.

Bastian O，Syrbe R U，Rosenberg M，et al. 2013. The five pillar EPPS framework for quantifying，mapping and managing ecosystem services. Ecosystem Services，4：15-24.

Bertram C，Rehdanz K. 2015. The role of urban green space for human well-being. Ecological Economics，120：139-152.

Blanchflower D G，Oswald A J. 2004. Well-being over time in Britain and the USA. Journal of Public Economics，88（7/8）：1359-1386.

Bradford J B，D'Amato A W. 2012. Recognizing trade-offs in multi-objective land management. Frontiers in Ecology and the Environment，10（4）：210-216.

Brander L M，Koetse M J. 2011. The value of urban open space：meta-analyses of contingent valuation and hedonic pricing results.Journal of Environmental Management，92（10）：2763-2773.

Brereton F，Clinch J P，Ferreira S. 2008. Happiness，geography and the environment. Ecological Economics，65（2）：386-396.

Brouwer F，van der Heide C M. 2009. Multifunctional Rural Land Management：Economics and

Policies.London：Routledge.

Burkhard B，Kroll F，Nedkov S，et al. 2012. Mapping ecosystem service supply，demand and budgets. Ecological Indicators，21：17-29.

Candel J J L，Biesbroek R. 2016. Toward a processual understanding of policy integration. Policy Sciences，49：211-231.

Cao Y，Li G Y，Tian Y H，et al. 2020. Linking ecosystem services trade-offs，bundles and hotspot identification with cropland management in the coastal Hangzhou Bay Area of China. Land Use Policy，97：104689.

Carpenter S R，DeFries R，Dietz T，et al. 2006. Millennium ecosystem assessment：research needs. Science，314（5797）：257-258.

Carroll N，Frijters P，Shields M A. 2009. Quantifying the costs of drought：new evidence from life satisfaction data. Journal of Population Economics，22：445-461.

Chaparro L，Terradas J. 2009. Ecological Services of Urban Forest in Barcelona Barcelona. [2024-07-05]. https://www.itreetools.org/documents/302/Barcelona%20Ecosystem%20Analysis.pdf.

Chen Q Z，Sumelius J，Arovuori K. 2009. The evolution of policies for multifunctional agriculture and rural areas in China and Finland .European Countryside. 1（4）：202-209.

Ciftcioglu G C，Ebedi S，Abak K. 2019. Evaluation of the relationship between ornamental plants-based ecosystem services and human wellbeing：a case study from Lefke Region of North Cyprus. Ecological Indicators，102：278-288.

Cohen J. 1988. Statistical Power Analysis for the Behavioral Sciences. 2nd. New York：Routledge.

Cord A F，Bartkowski B，Beckmann M，et al. 2017. Towards systematic analyses of ecosystem service trade-offs and synergies：main concepts，methods and the road ahead.Ecosystem Services，28：264-272.

Czembrowski P，Kronenberg J. 2016. Hedonic pricing and different urban green space types and sizes：insights into the discussion on valuing ecosystem services. Landscape and Urban Planning，146：11-19.

D'Amato G. 2000. Urban air pollution and plant-derived respiratory allergy. Clinical and Experimental Allergy，30（5）：628-636.

de Bell S，Graham H M，Jarvis S W，et al. 2017. The importance of nature in mediating social and psychological benefits associated with visits to freshwater blue space. Landscape and Urban Planning，167：118-127.

de Groot R. 2006. Function-analysis and valuation as a tool to assess land use conflicts in planning for sustainable，multi-functional landscapes. Landscape and Urban Planning，75（3/4）：175-186.

Deng X Z，Huang J K，Rozelle S，et al. 2006. Cultivated land conversion and potential agricultural productivity in China. Land Use Policy，23（4）：372-384.

Drake L. 1992. The non-market value of the Swedish agricultural landscape. European Review of Agricultural Economics，19（3）：351-364.

Ekkel E D，de Vries S. 2017. Nearby green space and human health：evaluating accessibility metrics.Landscape and Urban Planning，157：214-220.

Elgar F J，Davis C G，Wohl M J，et al. 2011. Social capital，health and life satisfaction in 50 countries.

Health & Place, 17 (5): 1044-1053.

Fanfani D, Duží B, Mancino M, et al. 2022. Multiple evaluation of urban and peri-urban agriculture and its relation to spatial planning: the case of Prato territory (Italy). Sustainable Cities and Society, 79: 103636.

Fang D L, Chen B, Hayat T, et al. 2017. Emergy evaluation for a low-carbon industrial park. Journal of Cleaner Production, 163: 392-400.

Ferrer-i-Carbonell A, Frijters P. 2004. How important is methodology for the estimates of the determinants of happiness?. The Economic Journal, 114 (497): 641-659.

Ferretti V, Pomarico S. 2013. Ecological land suitability analysis through spatial indicators: an application of the Analytic Network Process technique and Ordered Weighted Average approach. Ecological Indicators, 34: 507-519.

FitzRoy F, Franz-Vasdeki J, Papyrakis E. 2012. Climate change policy and subjective well-being. Environmental Policy and Governance, 22 (3): 205-216.

Fleskens L, Duarte F, Eicher I. 2009. A conceptual framework for the assessment of multiple functions of agro-ecosystems: a case study of Trás-os-Montes olive groves. Journal of Rural Studies, 25 (1): 141-155.

Frey B S, Luechinger S, Stutzer A, et al. 2004. Valuing public goods: the life satisfaction approach. [2023-11-27]. https://www.econ.uzh.ch/apps/workingpapers/wp/iewwp184.pdf.

Frijters P, Haisken-DeNew J P, Shields M A. 2004. Investigating the patterns and determinants of life satisfaction in Germany following reunification. Journal of Human Resources, 39 (3): 649-674.

Gebauer H, Johnson M, Enquist B. 2010. Value co-creation as a determinant of success in public transport services a study of the swiss federal railway operator (SBB). Managing Service Quality, 20: 511-530.

Glebe T W. 2007. The environmental impact of European farming: how legitimate are agri-environmental payments? Review of Agricultural Economics, 29 (1): 87-102.

Gouillart F, Billings D. 2013. Community-powered problem solving. Harvard Business Review, 4: 78-91.

Grassauer F, Herndl M, Nemecek T, et al. 2021. Eco-efficiency of farms considering multiple functions of agriculture: concept and results from Austrian farms. Journal of Cleaner Production, 297: 126662.

Gu X K, Xu D Y, Xu M Y, et al. 2022. Measuring residents' perceptions of multifunctional land use in peri-urban areas of three Chinese megacities: suggestions for governance from a demand perspective. Cities, 126: 103703.

Hailu Y G, Rosenberger R S. 2004. Modeling migration effects on agricultural lands: a growth equilibrium model. Agricultural and Resource Economics Review, 33 (1): 50-60.

Hall C, McVittie A, Moran D. 2004. What does the public want from agriculture and the countryside? A review of evidence and methods. Journal of Rural Studies, 20 (2): 211-225.

He S, Lin L, Xu Q, et al. 2021. Farmland zoning integrating agricultural multi-functional supply, demand and relationships: a case study of the Hangzhou metropolitan area, China. Land, 10: 1014.

He S, Su Y, Shahtahmassebi A R, et al. 2019. Assessing and mapping cultural ecosystem services supply, demand and flow of farmlands in the Hangzhou metropolitan area, China. The Science of the Total Environment, 692: 756-768.

Hox J. 2003. Multilevel Analysis: Techniques and Applications. New York: Routledge.

Hu B D, McAleer M. 2005. Estimation of Chinese agricultural production efficiencies with panel data. Mathematics and Computers in Simulation, 68 (5/6): 474-483.

Hu W Y, Zhang S Y, Song Y, et al. 2018. Effects of multifunctional rural land use on residents' wellbeing: evidence from the Xinzhou district of Wuhan city, China. Sustainability, 10 (10): 3787.

Hu W Y, Zhang X L, Song Y, et al. 2014. Life satisfaction approach to farmers' compensation for land acquisition: empirical study from the suburbs of Wuhan City. Chinese Journal of Population Resources and Environment, 12 (4): 316-323.

Huang J, Tichit M, Poulot M, et al. 2015. Comparative review of multifunctionality and ecosystem services in sustainable agriculture. Journal of Environmental Management, 149: 138-147.

IPCC. 2007. Climate change 2007: mitigation: contribution of working group III to the fourth assessment report of the inter governmental panel on climate change: summary for policy makers and technical summary. Cambridge: Cambridge University Press.

Ives C D, Oke C, Hehir A, et al. 2017. Capturing residents' values for urban green space: mapping, analysis and guidance for practice. Landscape and Urban Planning, 161: 32-43.

Jiang G H, Wang M Z, Qu Y B, et al. 2020. Towards cultivated land multifunction assessment in China: applying the "influencing factors-functions-products-demands"integrated framework. Land Use Policy, 99: 104982.

Jiao L M, Liu Y L. 2010. Geographic Field Model based hedonic valuation of urban open spaces in Wuhan, China. Landscape and Urban Planning, 98 (1): 47-55.

Jopke C, Kreyling J, Maes J, et al. 2015. Interactions among ecosystem services across Europe: bagplots and cumulative correlation coefficients reveal synergies, trade-offs, and regional patterns. Ecological Indicators, 49: 46-52.

Kazadi K, Lievens A, Mahr D.2016. Stakeholder co-creation during the innovation process: identifying capabilities for knowledge creation among multiple stakeholders. Journal of Business Research, 69 (2): 525-540.

Kroll F, Müller F, Haase D, et al. 2012. Rural-urban gradient analysis of ecosystem services supply and demand dynamics. Land Use Policy, 29 (3): 521-535.

Larondelle N, Lauf S. 2016. Balancing demand and supply of multiple urban ecosystem services on different spatial scales. Ecosystem Services, 22: 18-31.

Leclercq T, Hammedi W, Poncin I. 2016. Ten years of value cocreation: an integrative review. Recherche et Applications En Marketing, 31(3): 26-60.

Li M M, Brown H J. 1980. Micro-neighborhood externalities and hedonic housing prices. Land Economics, 56 (2): 125-141.

Li S N, Shao Y Z, Hong M J, et al. 2023. Impact mechanisms of urbanization processes on supply-demand matches of cultivated land multifunction in rapid urbanization areas. Habitat International, 131: 102726.

Liebelt V, Bartke S, Schwarz N. 2018. Revealing preferences for urban green spaces: a scale-sensitive hedonic pricing analysis for the city of Leipzig. Ecological Economics, 146 (7): 536-548.

Lio M, Liu M C. 2008. Governance and agricultural productivity: a cross-national analysis. Food Policy, 33 (6): 504-512.

Liu T, Hu W Y, Song Y, et al. 2020. Exploring spillover effects of ecological lands: a spatial multilevel hedonic price model of the housing market in Wuhan, China. Ecological Economics, (170): 106568.

Liu Y, Bi J, Lv J S, et al. 2017. Spatial multi-scale relationships of ecosystem services: a case study using a geostatistical methodology. Scientific Reports, 7 (1): 9486.

Lu N, Fu B J, Jin T T, et al. 2014. Trade-off analyses of multiple ecosystem services by plantations along a precipitation gradient across Loess Plateau landscapes. Landscape Ecology, 29 (10): 1697-1708.

Luechinger S. 2009. Valuing air quality using the life satisfaction approach. The Economic Journal, 119 (536): 482-515.

Luechinger S, Raschky P A. 2009. Valuing flood disasters using the life satisfaction approach. Journal of Public Economics, 93 (3/4): 620-633.

Luukkanen J, Vehmas J, Panula-Ontto J, et al. 2012. Synergies or trade-offs? A new method to quantify synergy between different dimensions of sustainability. Environmental Policy and Governance. 22 (5): 337-349.

Lyu L G, Gao Z B, Long H L, et al. 2021. Farmland use transition in a typical farming area: the case of Sihong County in the Huang-Huai-Hai Plain of China. Land, 10 (4): 347.

Maddison D, Rehdanz K. 2011. The impact of climate on life satisfaction. Ecological Economics, 70 (12): 2437-2445.

Markevych I, Schoierer J, Hartig T, et al. 2017. Exploring pathways linking greenspace to health: theoretical and methodological guidance. Environmental Research, 158: 301-317.

Maron M, Mitchell M G E, Runting R K, et al. 2017. Towards a threat assessment framework for ecosystem services. Trends in Ecology & Evolution, 32 (4): 240-248.

Masuda Y, Oka T, Yoshinari E, et al. 2022. Analysis of the description of the multifunctionality of farmland in the administrative plans of local municipalities//Nakamura F. Green Infrastructure and Climate Change Adaptation. Singapore: Springer: 487-501.

McCool D K, Brown L C, Foster G R, et al. 1987. Revised slope steepness factor for the universal soil loss equation.Transactions of the ASAE, 30 (5): 1387-1396.

Mehdi M R, Arsalan M H, Gazder U, et al. 2018. Who is the bigger culprit? Studying impacts of traffic and land use on noise levels in CBD area of Karachi, Pakistan. Environment Development and Sustainability, 20 (3): 1421-1438.

Melichar J, Kaprová K. 2013. Revealing preferences of Prague's homebuyers toward greenery amenities: the empirical evidence of distance-size effect. Landscape and Urban Planning, 109 (1): 56-66.

Metzger J P, Villarreal-Rosas J, Suárez-Castro A F, et al. 2021. Considering landscape-level processes in ecosystem service assessments. The Science of the Total Environment, 796: 149028.

Mijnheer C L, Gamble J R. 2019. Value co-creation at heritage visitor attractions: a case study of gladstone's land. Tourism Management Perspectives, 32: 100567.

Minkiewicz J, Evans J, Bridson K. 2014. How do consumers co-create their experiences? An exploration in the heritage sector. Journal of Marketing Management, 30 (1/2): 30-59.

Nickerson C J, Hellerstein D. 2003. Protecting rural amenities through farmland preservation programs. Agricultural and Resource Economics Review, 32 (1): 129-144.

Odum H T. 1984. Systems ecology: an introduction. Journal of Animal Ecology, 53 (2): 695.

OECD. 2001. Multifunctionality: towards an analytical framework. Paris: OECD Publishing.

Ohe Y. 2007. Multifunctionality and rural tourism: a perspective on farm diversification. Journal of International Farm Management, 4 (1): 1-23.

Palacios-Agundez I, Onaindia M, Barraqueta P, et al. 2015. Provisioning ecosystem services supply and demand: the role of landscape management to reinforce supply and promote synergies with other ecosystem services. Land Use Policy, 47: 145-155.

Peterson J M, Boisvert R N. 2000. Optimal Land Conversion at the Rural-Urban Fringe with Positive and Negative Agricultural Externalities. American Agricultural Economics Association Meeting. Tampa: Agricultural and Applied Economics Association.

Pischke J S. 2011. Money and happiness: evidence from the industry wage structure. National Bureau of Economic Research.

Plieninger T, Bieling C, Ohnesorge B, et al. 2013a. Exploring futures of ecosystem services in cultural landscapes through participatory scenario development in the Swabian Alb, Germany. Ecology and Society, 18 (3): 39.

Plieninger T, Dijks S, Oteros-Rozas E, et al. 2013b. Assessing, mapping, and quantifying cultural ecosystem services at community level. Land Use Policy, 33: 118-129.

Pond B, Yeates M. 1993. Rural/urban land conversion I: estimating the direct and indirect impacts. Urban Geography, 14 (4): 323-347.

Prahalad C K, Ramaswamy V. 2000. Co-opting customer competence. Harvard Business Review, 78: 79-87.

Ranjan K R, Read S. 2016. Value co-creation: concept and measurement. Journal of the Academy of Marketing Science, 44: 290-315.

Raudsepp-Hearne C, Peterson G D, Bennett E M. 2010. Ecosystem service bundles for analyzing tradeoffs in diverse landscapes. Proceedings of the National Academy of Sciences of the United States of America, 107 (11): 5242-5247.

Rodie A R, Kleine S S. 2000. Customer participation in services production and delivery. Handbook of Services Marketing and Management, 111-125.

Rodríguez J P, Beard T D, Jr, Bennett E M, et al. 2006. Trade-offs across space, time and ecosystem services. Ecology and Society, 11 (1): 28.

Rosen S. 1974. Hedonic prices and implicit markets: product differentiation in pure competition. Journal of Political Economy, 82 (1): 34-55.

Rousseeuw P J, Ruts I, Tukey J W. 1999. The bagplot: a bivariate boxplot. The American Statistician, 53 (4): 382-387.

Sander H A，Haight R G. 2012. Estimating the economic value of cultural ecosystem services in an urbanizing area using hedonic pricing. Journal of Environmental Management，113：194-205.

Sanders R. 2006. A market road to sustainable agriculture? Ecological agriculture，green food and organic agriculture in China.Development and Change，37（1）：201-226.

Sandvik E，Diener E，Seidlitz L. 1993. Subjective well-being：the convergence and stability of self-report and non-self-report measures. Journal of Personality，61（3）：317-342.

Schröter M，Barton D N，Remme R P，et al. 2014. Accounting for capacity and flow of ecosystem services：a conceptual model and a case study for Telemark，Norway. Ecological Indicators，36：539-551.

Shields M A，Price W S，Wooden M. 2009. Life satisfaction and the economic and social characteristics of neighbourhoods. Journal of Population Economics，22：421-443.

Song B J，Robinson G M. 2020. Multifunctional agriculture：policies and implementation in China. Geography Compass，14（11）：e12538.

Song Y，Knaap G J. 2004. Measuring the effects of mixed land uses on housing values. Regional Science and Urban Economics，34（6）：663-680.

Stürck J，Verburg P H. 2017. Multifunctionality at what scale? A landscape multifunctionality assessment for the European Union under conditions of land use change. Landscape Ecology，32：481-500.

Su C H. 2011. Study on spatiotemporal change of ecosystem services and its anthropogenic driving mechanisms：a case study in yanhe watershed. Beijing：Graduate University of Chinese Academy of Sciences.

Su Y，Qian K，Lin L，et al. 2020. Identifying the driving forces of non-grain production expansion in rural China and its implications for policies on cultivated land protection. Land Use Policy，92：104435.

Sumner W. 1996. Welfare，Happiness and Ethics. New York：Oxford University Press：140-156.

Swallow B M，Sang J K，Nyabenge M，et al. 2009. Tradeoffs，synergies and traps among ecosystem services in the Lake Victoria basin of East Africa. Environmental Science & Policy，12（4）：504-519.

Sylla M，Hagemann N，Szewrański S. 2020. Mapping trade-offs and synergies among peri-urban ecosystem services to address spatial policy. Environmental Science & Policy，112：79-90.

Troy A，Grove J M. 2008. Property values，parks，and crime：a hedonic analysis in Baltimore，MD. Landscape and Urban Planning，87（3）：233-245.

Tukey J W. 1975. Mathematics and the picturing of data. Proceedings of the International Congress of Mathematicians，2：523-531.

Tzilivakis J，Warner D J，Holland J M. 2019. Developing practical techniques for quantitative assessment of ecosystem services on farmland. Ecological Indicators，106：105514.

van Huylenbroeck G，Vandermeulen V，Mettepenningen E，et al. 2007. Multifunctionality of agriculture：a review of definitions，evidence and instruments. Living Reviews in Landscape Research，1（3）：1-43.

van Praag B M S，Baarsma B E. 2005. Using happiness surveys to value intangibles：the case of airport noise. The Economic Journal, 115 (500): 224-246.

van Praag B, Ferrer-i-Carbonell A. 2007. Happiness quantified: a satisfaction calculus approach. Oup Catalogue, 96 (3): 289-293.

Verburg P H, Schot P P, Dijst M J, et al. 2004. Land use change modelling: current practice and research priorities. GeoJournal, 61: 309-324.

Wang B Y, Tian J F, Wang S J. 2022a. Process and mechanism of transition in regional land use function guided by policy: a case study from Northeast China. Ecological Indicators, 144 (3): 109527.

Wang G, Yue D P, Niu T, et al. 2022b. Regulated ecosystem services trade-offs: synergy research and driver identification in the vegetation restoration area of the middle stream of the Yellow River. Remote Sensing, 14 (3): 718.

Wang L J, Zheng H, Wen Z, et al. 2019. Ecosystem service synergies/trade-offs informing the supply-demand match of ecosystem services: framework and application. Ecosystem Services, 37: 100939.

Wang X Y, Peng J, Luo Y H, et al. 2022c. Exploring social-ecological impacts on trade-offs and synergies among ecosystem services.Ecological Economics, 197: 107438.

Welsch H. 2002. Preferences over prosperity and pollution: environmental valuation based on happiness surveys. Kyklos, 55 (4): 473-494.

Wilson G A. 2009. The spatiality of multifunctional agriculture: a human geography perspective. Geoforum, 40 (2): 269-280.

Wu J S, Feng Z, Gao Y, et al. 2013. Hotspot and relationship identification in multiple landscape services: a case study on an area with intensive human activities. Ecological Indicators, 29: 529-537.

Xia H, Yuan S F, Prishchepov A V. 2023. Spatial-temporal heterogeneity of ecosystem service interactions and their social-ecological drivers : implications for spatial planning and management. Resources, Conservation and Recycling, 189: 106767.

Xie H L, He Y F, Xie X. 2017. Exploring the factors influencing ecological land change for China's Beijing-Tianjin-Hebei region using big data.Journal of Cleaner Production, 142: 677-687.

Yamagata Y, Murakami D, Yoshida T, et al. 2016. Value of urban views in a bay city: hedonic analysis with the spatial multilevel additive regression (SMAR) model.Landscape and Urban Planning, 151: 89-102.

Yi Y, Gong T. 2013. Customer value co-creation behavior: scale development and validation. Journal of Business Research, 66 (9): 1279-1284.

Yoshida K. 2007. An economic evaluation of the multifunctional role of agriculture and rural areas injapan. Ecosystem & Environmrnt, 120 (1): 21-30.

Zasada I. 2011. Multifunctional peri-urban agriculture: a review of societal demands and the provision of goods and services by farming. Land Use Policy, 28(4): 639-648.

Zhang F, Zhang C Y, Hudson J. 2018. Housing conditions and life satisfaction in urban China. Cities, 81: 35-44.

Zhang S Y, Chen L, Hu W Y, et al. 2023. Mechanism of rural land landscape cultural value co-creation: scenario, cognitions, and farmers'behavior. Environment, Development and Sustainability, (18): 1-22.

Zhang S Y, Hu W Y, Huang L J, et al. 2019. Exploring the effectiveness of multifunctional cultivated land protection linking supply to demand in value engineering theory: evidence from Wuhan metropolitan area. Sustainability, 11 (22): 6229.

Zhang S Y, Hu W Y, Li M R, et al. 2021. Multiscale research on spatial supply-demand mismatches and synergic strategies of multifunctional cultivated land. Journal of Environmental Management, 299: 113605.

Zwass V. 2010. Co-creation: toward a taxonomy and an integrated research perspective. Landscape Ecology, 15 (1): 11-48.

后　记

党的二十大报告着眼全面建设社会主义现代化国家的战略全局，对建设农业强国、全面推进乡村振兴做了系统阐释，意义十分重大。如何保护和利用耕地，确保粮食安全，实现农业可持续发展，已是关系我国国民经济发展、国家安全和社会稳定的全局性重大战略问题。本书针对当前耕地保护与利用存在的问题，重新梳理与系统总结了作者已有耕地多功能相关研究成果，历时多年《耕地多功能供需协同与价值提升机制》一书得以完成，以期为优化耕地功能、提升耕地价值提供依据，为农业强国建设、农业高质量发展略尽绵薄之力，也为土地资源管理相关专业的同仁们提供学习参考。

本书构建了耕地多功能"供需错位—权衡与协同关系—供给侧效应—需求侧效应—价值提升机制"的分析框架，利用土地遥感数据、社会经济统计数据、网络爬虫大数据以及问卷调查数据，采用偏相关分析方法、空间自相关分析方法、多元回归分析方法、多层空间计量模型，评价了耕地多功能的尺度效应，分析了耕地多功能供需特征结构与规律以及供需错位类型和时空变化特征，揭示了耕地多功能的权衡与协同作用区域类型及驱动机制，探索了耕地多功能数量/结构与农业经济增长的关系、耕地多功能与农业绿色增长的关系，评估了耕地多功能的福利效应与价值，提出了耕地多功能供需协同与价值提升的分区规划机制、主体合作机制以及政策整合机制，对耕地保护、规划与管理以及农业农村可持续发展具有重要的理论价值与实践意义。本书主要侧重于利用社会经济统计数据、土地遥感数据进行研究，尽管开展了问卷调查的微观主体研究，但调查研究还不够深入，对耕地多功能主体认知、期望与行为的空间制图，耕地多功能实践的典型案例，以及微观主体行为与宏观空间分布的作用机理等研究还有待进一步深入展开。在本书的写作过程中，参考了大量国内外有关著作与文献，在此对引用文献中的作者表示诚挚的谢意。

本书的出版得益于国家社会科学基金重大项目"长江经济带耕地保护生态补偿机制构建与政策创新研究"（项目编号：18ZDA054）、国家自然科学基金项目"农地多功能供需错位及协同作用机制研究——以武汉城市圈为例"（项目编号：71673105）、教育部人文社会科学规划基金项目"耕地多功能价值共创机理与激励制度研究"（项目编号：22YJA630029）的资助。最后，感谢研究生刘恬、张宇、刘帆、陈云洁、肖婷、王婧、李洁琪、崔心珏、张小庆、李昱樨等在部分资料收集及图表数据处理工作上的协助，同时感谢科学出版社编辑对本书的细致校对与耐心反馈，特此致谢！由于本书为阶段性研究成果，作者当前研究仍有局限，若书中存在不足之处，恳请同行专家与各位读者斧正。